社交礼仪

主 编 廖超慧
编 写 （按姓氏笔画为序）
　　　王　燕　方　蔚
　　　卢云芳　江锦年

华中科技大学出版社
中国·武汉

前　　言

当今，在社会交往中以礼仪的准则来规范自身的行为举止，已成为国人自觉追逐的时尚。

这是因为礼仪是文明的标志。伴随着20世纪中国社会的"现代化"转型，中华民族从古代文明迈进了现代文明的门槛，乘着改革开放的东风，前进的中国收获了前所未有的丰硕而繁荣的物质成果。当时间老人引领我们走进21世纪，人们在享受物质文明的富庶之时，愈发强烈地渴望领略精神文明的真谛，成就自己，做一个真正意义上的"现代人"。

精神文明的内涵丰富多彩，它要求人们在思维方式、价值取向、理想人格、品位风貌、审美情趣诸多方面都具有现代意识和现代精神。在社会交往中，约定俗成的礼仪，则是它的一个组成部分。从表面上看，礼仪似乎只是在社交范畴中显现精神文明的一种外在表现方式，而从深层次上探究，它却是积淀在人们思想中的各种知识，经过长久历练，隐形内化为真善美的价值理想，然后显形式外化为现代意识的素质修养。

中华民族素以"礼仪之邦"闻名于世。"礼"和"仁"构建了儒家代表人物孔子的政治伦理思想。古代的"礼"包含礼节仪式、政治制度和道德规范等许多内容。孔子认为最完善、最美好、永远适用的"礼"是周礼。而他生活的春秋时代社会动荡，邪说暴行，犯上作乱之事屡屡发生，孔子将其根源归结为"礼崩乐坏"。于是提出"克己复礼"的"仁"的学说，即克制、约束自己，使自己的言行恢复到周礼的状态，这样便实现了"仁"。可见，孔子的"礼"和"仁"是紧密联系的，"礼"其实是实现"仁"的保证。

"仁"是孔子的核心思想，是一个广泛全面的道德要求，是修己治人和实现道德的最高原理。孔子强调达到"仁"的标准，主要在于主观自觉的行动，而不是客观的被动行为。即"为人由己"。《论语·八佾》说："人而不仁，如礼何？"其意是，一个人只有在内以仁修养自己，在外才可能遵循礼仪规范，才算是仁人。

正因为孔子的"礼"和"仁"是从政治伦理出发的，故而他认为讲究礼仪、修养道德的目的无非是教会奴隶主贵族怎样施行以德服人的手段，协调君与臣、臣与臣、臣与民的关系，以实现社会和谐，政局稳定。《论语》说得明白："上好礼，则民莫敢不敬；上好义，则民莫敢不服；上好信，则民莫敢不用情。夫如是，则四方之民襁负其子而至矣。"在孔夫子看来，执政者必须把自己修炼成"君子"，具备文明礼仪、道德修养的品质，才会取信于民，受民众的拥戴，国家方可昌盛强大。而与"君子"相对的"小人"是不具备礼仪修养的。孔子又说："礼不下庶人。"孔子与子游还有一段对话："子之武城，闻弦歌之声。夫子莞尔而笑曰：'割鸡焉用牛刀？'子游对曰：'昔者偃也闻诸子曰："君子学道则爱人，小人学道则易使也。"'子曰：'二三子！偃之言是也。前言戏之耳。'"它不仅进一步论证了孔子倡导讲究礼仪，道德修养的目的，而且说明孔子对平民百姓学习礼仪并不似要求执政者那样认真。

孔子阐述的"礼"和"仁"的关系，以及完善道德修养，提高人的素质的途径，是建设现代精神文明可资依傍的一笔宝贵财富，而孔子所谓的"仁人"，不过是一个非自我形象，在外延上，它并不能涵盖"人"的全部，其实施的目的也是与现代社会存在着差异的。

现代社会倡导精神文明，讲究礼仪道德，这固然是构建富强文明、自由民主、和谐安定的社会主义现代强国的需要，但它重在提高全体人民的素质，尤其是培养高素质的创新人才。通常所说的"素质"，是指人一贯具有的基本品质，即潜质。从哲学的角度看，人的素质应包括知识结构、意志结构和情感结构等诸多因素。由此看来，高素质的创新人才不仅要具有渊博的自然科学知识和社会科学知识，具有战胜困难和挫折的坚强意志，还要具有文明的礼仪修养，高尚的道德情操，从而完美地体现出人文精神的魅力。正如有的学者所言："人文精神以真善美等崇高的价值理想为核心，以人的自由和全面发展为终极目的。"这才称得上一个真正意义上的"现代人"。而有别于孔夫子所期望的在等级森严的伦理网络中，只能以"周礼"规范自我、约束克制自我的"仁人"。

礼仪是一帖润滑剂，礼仪是一把钥匙。改革开放的急速脚步，催动着我国制度文明、经济体制和文化精神等方面的现代化变革，深刻地改变了人与社会、人与人的关系，改变了人们的思维方式和价值体系。特别是市场经济的成功确立，牵动了每一个中国公民的心，如今遨游商海已蔚然成风，人们纷纷在经济大潮的浪涛中，争做时代的弄潮儿，事业的成功人士。这股汹涌的潮流波及教育，带来了教育大众化发展时代，引发了衡量教育质量标准的思考，迫使敏感的毕业分配机制进入市场。从此，大学生真正成为自己的主人，他们走出校园，搏击在人才市场青睐和淘汰的两极生存空间，磨砺意志，经受考验。

大千世界，芸芸众生好恶悬殊，追求各异，人际关系纷繁复杂。商海沉浮，职场多变。在茫茫人海中，如何抓住商机，如何争取职位，严峻地挑战着全民的素质，无情地考核着教育的质量。现代社会对高素质人才的渴求，在很多时候，首先考察的往往是情感结构。即在首次面对面接触中，所表现出的礼仪修养、道德情操以及交际沟通、推销自我、表现自我的能力。

为适应现代社会的需求，提高就业竞争力，教育在人才培养方面，力求转变以往只重视智商教育，忽视情商激活的单一模式，力求转变重视专业知识的传授，忽视协调组织、管理能力训练的片面理念。因此，加大情商教育的力度已成为当今教育关注的热点，而"社交礼仪"则是其中一个重要的环节。它旨在帮助人们运用科学的规范的礼仪，在各种社交场合沟通情感，以情影响人，以情感染人，通过自己得体的仪态服饰，训练有素的言谈举止和待人接物等行为方式，营造出宽松和谐的氛围，给人留下美好的第一印象，让人感受到尊重和友好。进而在经商求职等方面，则可借此氛围，感悟对方心理以及用人之道，及时调整心态，展示推销自己，令其从中体味到自己素质修养的深厚底蕴，达到乐于接纳相处，合作使用的目的，从而实现自身价值。

正是礼仪这帖润滑剂，它为你顺利交往疏通渠道，它为你事业成功架起桥梁；也是礼仪这把钥匙，它为你赢得商机，谋得职位打开希望之门，它为你获得财富，迈向白领阶层开启曙光之门。

现代礼仪融本民族古代礼仪与西方礼仪之精华于一体。古代礼仪是构建我国现代礼仪的基石，我们将执著地以传承精神或继承、或发扬、或剔除；而于西方礼仪，我们将积极地吸收其能为我所用之处，丰富本民族礼仪，同时尊重了解其特征，以便在国际交往中熟练运用，展现中华民族精神文明的风采。

可以预见，一个缺乏现代文明精神的人，是很难立足于 21 世纪知识经济时代的竞争舞台，实现追求高素质人才的梦想的。同样，也可以预见，一个具有现代文明精神的人，在各种社交场合，他都能以高贵的气质，典雅的格调，不俗的品位，绽放出内在的不凡智商和永不言败的坚毅，焕发出令人注目的光彩，呈现出别一样精神。

宠儿的桂冠非他莫属！

廖超慧
二〇〇六年岁末于喻家山山麓

目 录

第一章 社交礼仪概述 (1)
 第一节 礼仪的起源和发展 (1)
  一、中国礼仪的起源 (1)
  二、中国传统礼仪的发展 (2)
  三、中国现代礼仪的形成期 (5)
 第二节 礼仪的内涵和特点 (6)
  一、社交礼仪的内涵 (6)
  二、社交礼仪的特点 (7)
 第三节 礼仪的原则和功能 (9)
  一、社交礼仪的原则 (9)
  二、社交礼仪的功能 (12)
 思考与练习 (12)

第二章 个人礼仪 (14)
 第一节 仪容礼仪 (14)
  一、仪容美的内容 (14)
  二、仪容美的标准 (15)
 第二节 体态礼仪 (15)
  一、站——如松一般挺拔 (16)
  二、坐——如钟一般端庄 (17)
  三、行——如风一般潇洒 (19)
 第三节 表情礼仪 (20)
  一、眼睛——心灵的窗户 (20)
  二、微笑——友好的伴侣 (22)
 第四节 着装礼仪 (23)
  一、着装的原则 (24)
  二、色彩的搭配 (26)
  三、男士着装礼仪 (29)
  四、女士着装礼仪 (32)
 第五节 配饰礼仪 (34)

    一、首饰 (34)
    二、饰品 (35)
    三、领带 (36)
  思考与练习 (37)
第三章 交际礼仪 (38)
  第一节 见面介绍 (38)
    一、建立良好的第一印象 (38)
    二、见面礼仪 (40)
    三、介绍与称呼礼仪 (43)
  第二节 交谈交往 (48)
    一、寒暄 (49)
    二、交谈 (51)
    三、交往 (57)
  第三节 舞会沙龙 (61)
    一、舞会 (61)
    二、沙龙 (63)
  第四节 社交禁忌 (65)
    一、忌开玩笑过度 (65)
    二、忌随便发怒 (66)
    三、忌恶语伤人 (67)
    四、忌飞短流长 (68)
    五、忌言而无信 (69)
    六、忌衣冠不整 (69)
    七、忌忘恩负义 (69)
    八、忌不尊重女性 (69)
  思考与练习 (71)
第四章 求职应聘礼仪 (72)
  第一节 求职前的礼仪 (72)
    一、认识自己，尊重对方 (72)
    二、收集信息，了解对方 (74)
    三、简历设计，展示自我 (78)
    四、思想准备，摆正位置 (80)
  第二节 面试中的礼仪 (84)
    一、仪容仪表礼仪 (84)
    二、言谈举止礼仪 (87)

第三节 面试后的礼仪 (90)
　　一、表达谢意 (90)
　　二、询问结果 (90)
思考与练习 (91)

第五章 公务礼仪 (94)

第一节 公务活动礼仪 (94)
　　一、会议礼仪 (94)
　　二、宴请礼仪 (102)
　　三、公务迎送礼仪 (114)
第二节 公务人员礼仪 (119)
　　一、一个好领导应具备的礼仪 (119)
　　二、员工必须具备的礼仪 (121)
第三节 公务人际关系礼仪 (122)
　　一、新单位的人际关系 (122)
　　二、与上司的相处 (124)
　　三、与同事的相处 (127)
思考与练习 (130)

第六章 商务礼仪 (131)

第一节 销售礼仪 (131)
　　一、零售商业礼仪 (131)
　　二、产品推销礼仪 (137)
　　三、电子商务礼仪 (139)
第二节 服务业礼仪 (140)
　　一、客房服务礼仪 (141)
　　二、餐饮服务礼仪 (145)
　　三、旅游业服务礼仪 (147)
第三节 商务谈判礼仪 (152)
　　一、谈判前的礼仪 (152)
　　二、谈判中的礼仪 (155)
　　三、谈判中的艺术 (158)
第四节 商务仪式礼仪 (159)
　　一、签字仪式 (159)
　　二、开业仪式 (162)
　　三、庆典仪式 (165)
思考与练习 (167)

第七章　涉外礼仪 (169)

第一节　日常礼仪 (169)

一、见面礼仪 (169)

二、往来礼仪 (172)

三、出国礼仪 (176)

第二节　外事礼仪 (179)

一、迎送礼仪 (180)

二、会务礼仪 (181)

三、其他礼仪 (185)

思考与练习 (188)

后记 (189)

参考文献 (191)

第一章 社交礼仪概述

第一节 礼仪的起源和发展

自从人类社会形成以来,礼仪便相伴而生。那么,礼仪因何而产生?中国礼仪的发展进程又有何特点呢?

一、中国礼仪的起源

中国素有"礼仪之邦"的美称,礼仪传统源远流长,其产生可以追溯到远古时代。

远古时代,原始人类对自身的认识、对自然的把握都很欠缺。一方面,原始人类认为在肉身之外一定存在某样东西,它能使自己在睡眠时做梦,这就是灵魂。推己及其他,不仅人有灵魂,日月星辰、虫鱼鸟兽、花草树木等也皆有灵魂,这便是"万物有灵"的原始观念。在原始人类的心目中,满世界都是神灵。另一方面,原始人类深深感到大自然变幻莫测,他们力图以神话的方式对此作出解释,同时,他们还尝试以某种方式与周遭威力无比、时时欺压自己的神灵沟通,达成和解,并博得佑护,于是宗教祭祀活动就产生了,而其中的祭祀仪式就称为"礼"。

【案例】 你知道"礼"这个字构成的奥妙吗?

【分析】 "礼"的繁体写作"禮",左边的"示"指神灵,右边的"豊"是一种专门用于祭祀活动的盛满美食的器皿,所以,"礼"的意思就是端着供品向神灵表示敬意。东汉学者许慎在《说文解字》里写道:"礼,履也,所以事神致福也。"也就是说,"礼"是一种敬神祈福的仪式,它起源于原始的宗教祭祀活动。

人类不仅敬畏力量强大的自然诸神,而且崇拜对人类发展做出重要贡献的前辈英雄,如传说中造人补天的女娲氏,教民农桑的伏羲氏、教民取火的燧人氏、尝百草的神农氏,乃至黄帝、颛顼、帝喾、唐尧、虞舜等,他们由人升格为神,受到后世的祭奠。进而,人们觉得死去的祖先也须享受祭祀,因为他们生前养育了后人,死后还会以鬼魂的形态看护后人。死去的祖先值得缅怀,活着的长辈亦应该受到尊敬,因此,礼仪不仅是人神之间的沟通方式,也是人与人之间的交流方式。处于原始社会的人类开始讲究男女有别,长幼有序,形成一种天然的人伦关系,并且随着历史的演变,逐渐发展成为一种尊卑贵贱的等级关系,但这种人伦等级关系还需要以一些特定的人际交往方式加以确认,于是礼仪便形成了。

二、中国传统礼仪的发展

(一) 传统礼仪的滥觞期

在远古时期,华夏先民已经形成了一套社会生活的礼仪规范,包括敬神礼仪、政治礼仪、婚嫁礼仪、丧葬礼仪等。从原始人类的文化遗址中,大体能够了解从旧石器时代到新石器时代丧葬礼仪的发展状况。距今几十万年前的北京猿人将同伴的尸骨随意地扔在遗址中,说明他们尚无灵魂观念,彼时也不存在丧葬礼仪。而距今一万八千年前的北京山顶洞人则在同伴的遗骸周围撒上含赤铁矿的红粉末,并用钻孔的兽齿、石珠、骨坠等装饰品作为陪葬,说明他们已经产生了灵魂不死、崇拜鬼神的观念,丧葬礼仪开始萌芽。

距今六七千年前的陕西半坡人的丧葬礼仪则更进一步。死者的骸骨一般头部朝西,以此表明灵魂的去向;儿童和成人分开安葬,反映当时人们认为灵魂因年龄大小而有区别;骸骨中有的肢体作仰卧伸展状,有的肢体作伏卧屈身状,研究者猜测伏卧屈身的尸骸当属于非正常死亡者,比如被处死的战俘、死于某些疾病的人,他们死得不甘心,死后灵魂也不得安宁,为了避免其怨魂作祟,故以特殊方式安葬他们。

炎黄时代,我国的原始社会慢慢解体,私有制、阶级、国家渐渐现出雏形,与此同时,各种礼仪的发展日趋制度化。《商君书·画策》记载:"神农之世,男耕而食,妇织而衣,刑政不用而治,甲兵不起而王。神农既没,以强胜弱,以众暴寡,故黄帝作为君臣上下之义、父子兄弟之礼、夫妇妃匹之合,内行刀锯,外用甲兵,故时变也。"礼仪最初是一种氏族社会的习俗,用以体现男女长幼等方面的差别,发展到黄帝时代,则逐渐转变成一种阶级社会里分辨上下尊卑的制度。礼仪的制度化使之带上了法律的色彩。

尧舜时代,正是国家建立的前夜,各种礼仪的发展更加系统化。《尚书·虞书·舜典》记载:"慎徽五典,五典克从;纳于百揆,百揆时叙。"大意是舜谨慎地调理五种人伦道德,用之教导臣民,臣民都能听从舜的教导而不违背。"五典"即五种人伦道德——父义、母慈、兄友、弟恭、子孝,推而广之,即成为包括人与人之间一切交往的道德规范,而这些道德规范需要一定的举止行为加以强化,于是跪拜、作揖、拱手等传统的礼节便广泛地应用于社会交往当中了。

【案例】 相传舜的父亲、继母和异母弟弟待他都不好,甚至要加害他,但舜毫不怨恨,仍旧对父母孝顺,对弟弟友爱,使得天帝为之感动,派大象为他耕地,鸟儿为他除草。尧听说他的德行后,将两个女儿娥皇、女英嫁给他,并最终禅位于他。这个传说被列为二十四孝故事之首,你知道其中有何含义吗?

【分析】 中国传统文化非常崇尚圣贤的典范作用,礼仪道德的制定和倡导者应该成为遵行礼仪道德的模范,舜就是这方面的表率。同时,礼仪作为外部的行为规范,应该以内心的仁德为支撑。一方面端正内心,提高思想境界,另一方面修正行为,培养良好的修养。自己只有身心俱正,才会具有巨大的道德感召力,使大家信服并且追随。

(二) 传统礼仪的形成期

夏商周三代是我国礼仪的形成期。这一时期,我国进入奴隶制社会,生产力比原始社会大大提高,社会财富越来越丰富,社会文化也发生了长足的进步。奴隶主阶级为了巩固国家的统治,维护自身的利益,编订了较为完备的王朝礼乐制度,提出了许多重要的礼仪概念,确立了影响后世的礼仪文化传统。

《论语·为政》记载:"殷因于夏礼,所损益可知也。周因于殷礼,所损益可知也。其或继周者,虽百世可知也。"诚如孔子所言,后代的礼通常是前代的礼的继承和发展,而在悠久的中国古代历史里,"周礼"具有深远的影响力。

周礼不仅是指人们的行为规范,还包括国家政治、经济、军事、外交等各个方面的典章制度。礼具有法律的性质和作用,从个人到国家的一切行动都必须纳入它的轨道,以体现"上下有义,贵贱有分,长幼有序,贫富有度"的阶级社会原则,从而维护周代的王朝统治。《周礼》是第一部有关礼的专著,它与后世编撰的《仪礼》和《礼记》一起,合称"三礼",它们可谓涵盖各种礼仪制度的百科全书。

周礼包罗万象,极其庞杂,按照性质和内容划分,其可分为五大类,称为"五礼",分别指吉礼、凶礼、军礼、宾礼和嘉礼。吉礼是与祭祀有关的礼仪,包括祭天、祭地、祭人鬼,以此祈福,所谓"礼莫重于祭",在五礼之中,吉礼是最重要的。凶礼是与葬丧灾变有关的礼仪,比如对不同关系的人的死亡,须表示出不同程度的哀悼,或某国遭遇自然灾害,天子和群臣须派遣使者表示慰问。军礼是与军事有关的礼仪,包括征伐、狩猎、检校户口、营建工程以及勘定疆界等。宾礼是与外交有关的礼仪,比如诸侯朝见天子,天子聘于诸侯,或者诸侯会盟。嘉礼则是用来协调人际关系、沟通感情的礼仪,它体现在各种喜庆活动中,主要包括饮食、婚冠、宾射、飨宴、脤膰、贺庆等六个方面的内容。

【案例】 你知道古代的求婚讲究哪些礼仪和步骤吗?

【分析】 古代的婚礼属于嘉礼之一,婚前礼一般包括纳采、问名、纳吉、纳征、请期和亲迎等六个步骤。第一步纳采，男方到女方家求婚，带上大雁作为见面礼；第二步问名，男方得到同意后，询问女子姓名、排行、出生年月日及时辰；第三步纳吉，男方回家占卜男女双方的生肖是否相克，生辰八字是否相配，如果是吉兆，则派遣使者携雁到女方家报喜，婚姻正式确定；第四步纳征，男方派遣使者向女方送聘礼财物；第五步请期，男方决定婚期，通知女方；第六步亲迎，新郎接受父亲的赐酒，一饮而尽，动身前往女方家迎娶新娘，仍以大雁作为礼物，上门拜亲。复杂的婚前礼以及其后隆重的正婚礼、讲究的婚后礼一同彰显了人们对婚姻的郑重态度。

周礼便是以方方面面的礼仪形式来组织王朝的社会生活，确认人民的等级身份的，它的内容和形式与五帝、夏、商时代一脉相承，"五礼"更是成为典章制度而为后世继承，一直延续到20世纪初。

（三）传统礼仪的变革期

春秋战国时代是我国礼仪的变革期。这一时期，经济形态发生变化，土地国有制瓦解，土地私有制产生，同时各诸侯国势力增强，东周王朝无力以传统的礼乐制度对之加以约束，于是出现了"礼崩乐坏"的局面。

春秋战国时代，士阶层异峰突起，学术界百家争鸣，以孔子为代表的儒家学者系统地研究了礼的起源、本质和功能，全面地阐释了与等级社会配套的礼仪规范和道德义务。儒家学者认为社会纷乱源自物欲横流，名分紊乱，要匡正时弊，必须重建周礼的权威。孔子非常推崇周代的礼制，认为"克己复礼为仁"，要求以周礼来约束人的一切行为，"非礼勿视，非礼勿听，非礼勿言，非礼勿动。"（《论语·颜渊》）

【案例】　颜回品德学问都十分出众，是孔子最喜欢的学生，他年纪轻轻不幸离世，孔子非常悲痛，直呼："噫！天丧予！天丧予！"但是当孔子的其他学生出于同窗之谊想厚葬颜回时，孔子却断然地表示："不可。"（《论语·先进》）这是为什么呢？

【分析】　颜回是庶人，按照周代的礼制不应厚葬，葬礼的厚薄体现了"君君、臣臣、父父、子子"的等级秩序，孔子主张严格遵守礼制，私人感情不能凌驾于礼制之上。后来，孔子的学生们不顾他反对，还是厚葬了颜回，孔子感叹道："回也视予犹父也，予不得视犹子也。非我也，夫二三子也。"他相信越礼的做法颜回本人也会不同意的。

孔子对于礼的观点具有保守倾向，而在春秋战国时代，旧式的具有法律性质的礼不再符合时代的需要，随着各国制定成文法，礼当中关于典章制度的内容越来越少，更多地显现为道德原则，以及体现道德原则的繁复形式。

(四) 传统礼仪的强化和衰弱期

从秦汉时代到清朝末年是我国封建礼仪逐渐强化并走向衰弱的时期。

公元前 221 年，秦始皇统一中国，建立中国历史上第一个中央集权的封建王朝。秦朝以法治国，严刑峻法，施行过度，二世而亡；汉初采用黄老学说，讲求无为，与民休息，有利于国家的经济恢复，却不利于王朝的集权统治。汉武帝时代，封建君主专制制度进一步理论化、系统化。董仲舒提出"天人感应学说"，使皇权神圣化，并将"三纲五常"定为儒家礼仪的核心，使封建社会的人伦道德关系更加规范化。董仲舒的学说为皇权采纳后，儒家礼教推行全国，对后世产生了巨大的影响。以礼治国，成为中国历代封建王朝的核心统治政策。

从积极的方面看，礼限定了社会成员的地位、责任和义务，使之举止有度，行动有节，从而保障了社会的和谐和国家的安定。从消极的方面看，礼压抑了人的主体意志，使个体丧失主动性和创造力，妨碍了人际间的平等交往、人性的自由舒张和思想的蓬勃发展。

三、中国现代礼仪的形成期

从近代直到今天是我国现代礼仪形成的时期。

当中国被全球工业化发展大势裹挟，步入近现代后，传统礼仪渐渐显露出不合时宜的弊端。传统礼仪具有复杂的动作程式，比如臣见君、下级见上级、平民见官员、晚辈见长辈须行跪拜之礼，平级、平辈相见也须拱手作揖，这一套繁文缛节从原始氏族社会、奴隶社会，一直延续到封建社会末期，它与农业时代慢节奏的生活方式相匹配，却与工业时代快节奏的生活方式相背离。于是，传统礼仪由此衰弱，具有浓烈西方色彩的现代礼仪开始进入人们的日常生活。

中国现代礼仪的形成大致经历了以下两个阶段。

第一阶段，半殖民地半封建社会时期。自 1840 年鸦片战争始，帝国主义列强用坚船利炮强行打开了中国封建王朝闭关锁国的大门，中国逐步沦为半殖民地半封建社会。这一时期，人们对封建礼教进行了深刻的反思，一方面，封建礼教本身具有强烈的等级色彩；另一方面，历代统治者以封建礼教钳制百姓，自己却不遵行，满嘴里道德仁义，一肚子男盗女娼，封建礼教越来越暴露出它的虚伪面目。诸多近现代启蒙思想家指出"三纲五常"、"存天理，灭人欲"、"三从四德"等种种封建行为规范，发展到封建社会后期，已经成为桎梏思想、扭曲人格、灭绝人性，甚至扼杀生命的罪恶渊薮。随着人们对封建礼教本质认识的深化，与之相伴的传统礼仪也逐渐衰弱，而现代礼仪趁着强劲的西风东渐的社会风潮，进入中国的日常生活。这是一个社会动荡、思想活跃、风俗芜杂的过渡时代，传统与现代的道德思想、礼法观念交错并存，社会礼仪形成大杂烩的局面和特色。

第二阶段，中华人民共和国成立至今。新中国建立，标志着中国礼仪发展进入了一个崭新的阶段。这一时期，男女平等、互助合作的新型人际关系确立起来，尊老爱幼、诚信待人、礼尚往来等传统礼仪的精华得到很好的继承和发扬。毋庸讳言，新中国的发展走过弯路，"文化大革命"带来的十年动乱使人与人之间最基本的真诚和信任遭到毁灭性的打击，诸多优秀的古典文化和外来文化被当作封建主义的流毒和资本主义的杂草抛弃，社会风气发生恶劣的剧变，礼仪之邦失落了本应令它骄傲的传统和风范。值得庆幸的是，当代社会逐步回归常规，社会经济的发展促进人们追求文明而和谐的生活，人们共同努力建设相互尊重、相互关爱、友好共处的现代人际交往关系，而现代礼仪作为现代人际交往必需的润滑剂和推动器越来越受到重视和青睐。

第二节 礼仪的内涵和特点

社交礼仪是人们在社会交往中应遵循的社会规范，它通过人的仪容、仪表、语言、举止等方面表现出来，以体现对他人的尊重和友善之情。那么，它包括哪些内涵，具有哪些特点呢？

一、社交礼仪的内涵

想要真正理解礼仪，除了弄清礼仪形成和发展的来龙去脉外，还需要了解几个跟礼仪相关的概念。

礼，本意是敬神，泛指奴隶社会、封建社会贵族等级制度的社会规范和道德规范，又称礼教、礼数等。现在泛指对交流对象的敬意，是社交中约定俗成的行为规范，涵盖礼貌、礼节和礼仪等方面。礼貌、礼节和礼仪含义相近，常常可以通用，不过仔细分析起来，它们之间也存在细微的差别。

礼貌，是在待人接物中表示谦虚恭敬的行为方式。表示礼貌的语言有敬语、谦语、雅语等，表示礼貌的举止有点头、微笑、握手、鞠躬等。一个人在与他人交往中是否懂礼貌，说明其是否具有较好的道德品质。

礼节，是在社会交往中表示尊敬、友善、祝福、安慰等情感和态度的惯用形式。如慰问病人送花篮或果篮，清明上坟行鞠躬礼或跪拜礼等。一个人在社交场合中是否能得体地运用礼节，体现了其是否具有较好的文化教养。

如果说礼节是表示礼貌的具体行为，那么，礼仪则是表示礼貌的具体仪式。

如迎接外国首脑鸣礼炮,新楼落成进行剪彩,大型工程开工前举行奠基仪式等。礼仪的运用在某种程度上体现着社会的文明程度。

二、社交礼仪的特点

(一) 继承性

礼仪是人类在社会交往中逐步形成并积累起来的,它按照人们的交往习惯以准则的形式固定并传承下来,是人类精神文明的财富之一。中国传统礼仪讲究尊老爱幼、敬贤扶弱、礼尚往来、遵时守约等准则,这些准则仍旧是现代社会交往中所倡导的,理应继承并发扬光大。当然,中国传统礼仪是在漫长的阶级社会中形成的,主要体现了等级制度下的社交规范,是阶级社会的统治者为维护自身高高在上的地位,强迫臣民们遵守的,对其中不符合现代平等交往原则的部分礼仪,应该加以甄别和摒弃。

【案例】某酒店正在举行婚礼,在司仪的主持下,新郎跪下身向岳父岳母敬茶。一名旁观者小声地评价:"跪都没有跪相,摇摇晃晃的,茶都要洒出来了。"另一人接口道:"这种礼节很久不用了,现在又开始时兴起来。"第三人不禁问道:"什么时候废除的呢?"

【分析】跪拜礼在中国具有悠久历史,在中国古代曾经是臣民向君主、下级向上级、平民向官员、晚辈向长辈表示顺服和敬意的隆重礼节,它在辛亥革命后被废除。1912年孙中山就任中华民国临时大总统,成立临时政府,颁布《中华民国临时约法》,约法中明确规定下级对上级政府官员不再行跪拜礼,这反映出以孙中山为首的资产阶级革命派除旧布新、矢志共和的决心和精神。此后,鞠躬礼逐渐取代跪拜礼成为表示敬意的隆重方式。

不过,民间对跪拜礼有所保留,跪拜礼在剔除了自我贬低、奴性服从的意味后,继续存在于某些特殊的场合,比如婚庆时新人以跪拜礼向双方父母表示感激,扫墓时子孙以跪拜礼对先人表示尊敬等。

(二) 民族性

礼仪具有民族性,它与一个民族的民风、民俗、心理文化和历史演进密不可分。从这个角度说,礼仪反映了一个民族文明的发展程度。一方面,在认同和遵守国际通行礼仪的同时,继承本民族优良的礼仪传统,这是保存和发扬民族文化的一种有效方式。交际时遵守民族礼仪也会使交际对象觉得自己被当成家人,倍感亲切和温暖。另一方面,入乡随俗,尊重其他民族的礼仪特点,了解其他民族的礼仪禁忌,处处留心,切勿触犯。

【案例】几个来自南方的汉族大学生慕名到长春一家小有名气的清真餐馆聚

餐，一进去就唧唧喳喳，大声讨论为什么回民不吃猪肉，其中一个说："因为他们崇拜猪，所以不吃。"汉族学生一阵哗笑，但他们立刻发现周围的回民正满怀戒备地瞪着他们，而餐馆售票员则生气地表示不卖票给他们。

【分析】 穆斯林的经典《古兰经》第6章145节里提到："血、猪肉、自死的、以及未以真主之名宰杀的，不可食。"此外还有几处明确提到猪肉不可食用。穆斯林信仰安拉，认为《古兰经》是先知记录下的安拉之语，理应遵守，所以穆斯林不吃猪肉。猪在穆斯林心目中是污秽之物，猪肉触碰过的锅、碗、盆、筷、案板等一律不用，猪皮制品也尽量避免使用。案例中的汉族大学生不明就里，妄加猜测，触犯了回民的禁忌，并且态度轻佻而不友好，所以遭致排斥和敌视。

（三）变更性

礼仪具有变更性特点，它随着时代和地域的变化而变化。在过去，跪拜礼经常使用；而今，它已经淡出了人们的日常生活。在中国，用手抚摸小孩的头是对小孩表示喜爱的方式，孩子的父母会欣然接受；而在东南亚地区，位于身体最高部位的头被认为是神明停留的地方，神圣无比，尤其是小孩的，绝对不要去触摸，以免惹恼其父母。

【案例】 章欣就要赴美国留学了，临行前她去拜访十多年前也曾经留学美国的小姑妈，攀谈中小姑妈向她讲述了一件留学中的经历："那时，和我同宿舍的也是一个中国留学生，我们非常要好，可以说情同姐妹，出入总是肩并肩，手牵手。我们性格都比较活泼，喜爱交友，英语表达也不成问题，可奇怪的是，那些对别的中国学生表示友好的美国同学总是有意地和我们保持距离，后来我们终于弄清楚为什么了。"章欣好奇地问："为什么呀？"小姑妈哈哈大笑起来："因为我和我的室友总是手牵手，出双入对。"

【分析】 在西方，同性间手牵手，容易被误解为同性恋。20世纪90年代，西方社会对同性恋的宽容度也是相当低的。

（四）针对性

礼仪具有针对性，它针对不同的交际对象，因为性别、年龄、阶层的差别，其表达和效能都会有所区分。比如，男士行握手礼时，如果对方也是男士，不妨主动一些，但如果对方是女士，则应该等女士先做出表示，过于主动是唐突的行为，甚至被认为是一种骚扰。

【案例】 1960年，周恩来总理赴印度新德里就中印边界问题进行磋商、谈判，努力在不违背原则的前提下与印方达成和解。其间，周恩来召开记者招待会，从容应对西方和印度记者的种种刁难，当时一个西方女记者忽然提出一个非常私人化的问题,她说:"据我所知,您今年已经 62 岁了,比我的父亲还要大 8 岁,可是,为什么您依然神采奕奕,记忆非凡,显得这样年轻、英俊?"这个问题使得紧张的会场气氛松弛下来,人们在笑声中等待周恩来的应对。周恩来略作思考,回答道:"我是东方人,我是按照东方人的生活习惯和生活方式生活的,所以依然这么健康。"会场顿时响起经久不息的掌声和喝彩声。

【分析】 在周恩来简洁的回答中,令人惊叹的是"东方人"这一平常称谓的运用。一方面,它针对西方人而言,暗示东西方生活习惯和生活方式存在着差异,而东方优于西方;另一方面,它针对邻邦印度,暗示同为东方人,具有相近的生活习惯和生活方式,中国和印度理应友好共处。如此温和而委婉的回答,既化解了西方人咄咄逼人的势头,又赞扬了邻邦印度,表示出同胞之谊,可谓一举两得,意蕴深远,有礼有节,精彩绝伦。

第三节 礼仪的原则和功能

孔子曰:"礼之用,和为贵。"社交礼仪作为一种约定俗成的行为规范,需要遵循尊重、宽容、适度和自律等原则。同时,社交礼仪是一种信息性和情感性较强的行为方式,人们一面传递和收获信息,一面相互沟通和联络感情,并且在此基础上建立广泛而友好的友谊,从而促进人际关系的和谐发展。

一、社交礼仪的原则

(一)真诚尊重的原则

真诚是一种实事求是、真心实意的态度和品质,表现为不说谎、不骗人、不虚伪、不矫饰;尊重是对他人人格尊严的维护,表现为彬彬有礼地与对方交往,不刺探其隐私,不干扰其私生活。真诚和尊重是社交礼仪中首先要遵守的原则。

俗话说:"骗人一次,终身无友。"想要获得他人的友谊,先要争取对方的信任,取信于人则须坦坦荡荡、待人以诚。孟子曾说:"爱人者人恒爱之,敬人者人恒敬之。"尊重也是双向的,想要获得他人的尊重,先要做到尊重他人。一味要求别人真诚,无条件地尊重你,而自己却不付出,结果往往会愿望落空,人际交往失败。

人际交往中,是否真诚很容易从言行中辨别出来,如果功利态度表现得露骨,容易招人反感。是否尊重人则容易从一些小事中表现出来。在银行里与正在取款的人保持一定的距离,在医院里不围在正在看病的病人周围等,这些都是尊重他人隐私的最基本的行为;又比如,上门拜访前需预约,没有预约就贸然打扰，会给别人造成不便，引起不快；再比如，登门拜访时不应乱翻、乱动主人的私人物件，如果未经允许就挪动他人的物品，或者翻阅其书信和日记等，则是相当不礼貌的，而如果偷窥到别人的隐私后还进一步散布，则是非常恶劣的行为了。

【案例】 吴青和周悦是一对好朋友。有一回学校发放"贫困生助学贷款申请表"，吴青了解周悦家境贫寒，符合申请资格，并且也急需这一笔助学贷款，便催促周悦去领表。可是周悦迟迟不肯行动，吴青急了，叫起来："你不是跟我说过，你爸妈都下岗了，家里没钱供你读书，只有找亲戚借，但是亲戚借钱的脸色不好看吗？与其看人脸色，还不如直接向银行贷款。"当时正是课间，很多同学的目光都被吸引到两人身上。周悦的脸一直阴着，仍旧一言不发。吴青自悔失言，却不知道如何补救，两个好朋友好长一段时间都没有说话。

【分析】 吴青明显是好心办坏事，她劝说朋友的环境和方法都不对。家境贫富属于个人隐私，贫寒的学生大多不愿将自家的实际情况公之于众，以免遭到有贫富等级心态倾向的人或社会舆论的歧视。吴青不仅在公众场合暴露了周悦的家贫，而且暴露了其家内部的矛盾，将周悦置于非常尴尬的境地，由此破坏了两人的友谊。如果担心好友因为犹豫而错过了贷款的机会，不妨先代好友领一张申请表，然后私底下劝说好友，既顾全了好友的自尊，又充分表达了自己的好意和关心。

(二) 守信宽容的原则

守信，也就是讲求信用。所谓"与朋友交，言而有信"，取信于人是社会交往中必须遵守的原则。守信，主要表现在两个方面：一是守时，约定好时间的见面、会议和会谈等，一定要准时到场，决不要迟到推延；二是守约，无论是口头约定，还是书面约定，一定要做到、完成，即所谓"言必信，行必果"。在社交场合，如果没有十足的把握不要轻易许诺，许诺而不实践诺言，会给人留下没有信用的印象，从此失信于人。

宽容，是一种宽大的气度和美德，也主要体现在两个方面。一是对他人不同于自己的人生观、价值观和个性等方面的容纳。人上一百，形形色色。人与人之间由于出身、经历、文化、修养等方面的差异会产生不同的见解、观念和信仰等，从而在沟通中形成一道道或大或小的障碍，社交的目的就是要跨越种种障碍以交流情感和建立友谊。二是对他人的失误或非原则性错误的包容。金无足赤，人无完人。推己及人，以德报怨，严于律己，宽以待人，有助于扩大交往空间，消除人际间的紧张和矛盾，有时甚至能以自身的道德力量感化对方，使之认识到自己的错误，积极改过。

【案例】 田某即将大学毕业，为筹集一笔求职经费，他通过校网论坛联系到大一学生叶某，低价出售了自己的旧电脑。大约半个月后，叶某带同学携电脑找到田某，声称电脑质量有问题，显示器黑屏，不能使用，要求退货。田某认为电脑已售出，当初已说明了是旧货，而且出故障可能是叶某操作不当而导致的，自己不必承担任何责任，不答应退货。双方谁也不让步，争执起来。叶某越争越气，一时脑热，将显示器砸到地上，结果激怒了周围围观的大四学生，"要给不懂事的新生一点颜色看。"叶某及其同学被殴伤，送进医院，田某和参与打架的同学按照过失轻重，分别受到学校赔付医疗费、记大过、记过和严重警告等处罚。

【分析】 二手商品的买卖往往会由于商品质量等各种原因发生争执，但案例中的不良后果是可以避免的。首先，在买卖过程中签订相关协议，注明商品保质期，发生质量问题买卖双方各自需承担的责任等，这样万一发生纠纷就能够有章可循。其次，即使没有签订协议，或口头协议被单方面否定，也应找仲裁机关调解纠纷，学校里则应找辅导员、班主任、教师或者领导处理此事。再次，如果想要私下里解决该问题，则应该理性对待，讲事实，摆道理，充分听取对方的观点，双方互作让步，达成一致。

总而言之，遇到类似纠纷，应该掌握有理、有礼、有节的原则，大度一点儿，宽容一点儿，宁可自己吃点儿亏，也绝对要避免寻衅滋事，借题发挥，以免将事态闹大，给自己和他人带来更严重甚至不可收拾的后果。

（三）平等适度的原则

平等，是现代社会交往中普遍遵循的原则，也是和传统的等级社会人际交往的最大不同之处。平等表现在不目空一切，不自以为是，不我行我素，不厚此薄彼，不以貌取人，不以势压人等。平等谦虚地与人交往，才能获得更多的朋友。

适度，表现为行为举止既不冷淡，也不过分热情，既不倨傲无礼，也不低三下四。人与人之间具有一定的社交距离，所以在交往中应该把握好相应的情感尺度。交谈时过多地吹捧，会让人觉得你很虚伪，爱谄媚；筵席间一个劲儿地劝酒，会陷不胜酒力的人于尴尬境地，让人觉得你难缠、强势、不好打交道，这些都是不适度的行为。

常言道："君子之交淡如水，小人之交甘若醴。"每个人都需要保持自己的私人空间，不善于调整距离，总试图长时间与对方紧密地粘在一处，不给对方以喘息的机会，其结果大都会与良好的愿望相反。一旦私人空间被挤占、侵犯，友谊也到了行将终结的时候。

【案例】 蒋莉莉毕业于某校外语专业，应聘到沿海某生产外贸商品的公司从事公关工作。她活泼大方，英语口语好，表达能力强，很快得到老板信任，接到一个接待来华外商的任务。蒋莉莉为完成任务，做了大量工作，将外商在华期间的行程安排得仔仔细细，并全天候陪同。当每天的活动结束后，她会主动地询问外商：今天感觉怎么样？饮食是否习惯？住宿的地方是否舒服？对会谈是否满意？是否准备跟公司签合同？如果外商当天是独自活动的，她会表示关心：今天逛商场了吗？玩得好不好？买了什么东西？准备都带回国吗？等等。可正当蒋莉莉工作在兴头上时，外商却向她的老板提出换一位接待员。

【分析】 蒋莉莉的工作失误在于热情过度，关心的分寸没有把握好。饮食和住宿问题一次性了解即可，无须每日征询；外商对会谈的态度，是否有与公司签约的意向，应留意观察，而不是直接询问，否则有点像强迫对方在未定夺的情况下表态；对于外商的私人活动，如游玩的地方、购买的物品等，如非对方主动提及，也无须问得太仔细，否则他会认为你有"窥视癖"，妨碍到其私生活，也会引起不快。

二、社交礼仪的功能

（一）沟通的功能

人们在社会交往中，只要双方都自觉地遵守礼仪规范，就容易沟通感情，交际往来也容易成功。

（二）协调的功能

在社会交往时，只要人们注重礼仪规范，就能够互相尊重，友好合作，并可缓和或避免不必要的冲突和障碍。

（三）维护的功能

礼仪是社会文明发展程度的反映和标志，同时也对社会的风尚产生广泛、持久和深刻的影响。讲礼仪的人越多，社会便越和谐安定。

（四）教育的功能

礼仪通过评价、劝阻、示范等教育形式纠正人们不正确的行为习惯，倡导人们按规范的礼仪协调人际关系，维护社会正常生活。讲究礼仪的人同时也起着榜样的作用，潜移默化地影响着周围的人。

思考与练习

1.《荀子·礼论》里记载了荀子对于礼的起源的另一种观点，他说："礼起于何也？曰：人生而有欲，欲而不得，则不能无求。求而无度量分界，则不能不争。争则乱，乱则穷。先王恶其乱也，故制礼义以分之，以养人之欲，给人之求。使欲必不穷于物，物必不屈于欲。两者相持而长，是礼之所起也。"你认为这种观点是否有道理？

2．我国传统礼仪的发展经过了哪些阶段？

3．举例说明礼仪的特点。

4．礼仪具有哪些功能？

第二章 个人礼仪

个人礼仪是社交礼仪的起点和基础，是社会个体的生活行为规范和社会活动准则，包括个人仪容仪表、举止言谈、接人待物等方面的个体规定，集中体现了个人的道德品质、文化素养、审美情趣以及文明程度。

个人礼仪有五大基本特征，分别是：以个人为支点，对社会成员个人自身行为进行种种规定；以修养为基础，将"诚于中"的内在品格"形于外"；以尊敬为原则，促进人与人之间相互尊重、友好合作；以美好为目标，使个人形象日臻完美，社会交往日趋文明；以长远为方针，促使个人长期不断地努力和社会持续不断地发展。

《礼记·冠义》云："凡人之所以为人者，礼义也，礼义之始，在于重容体、齐颜色、顺辞令。容体正，颜色齐，辞令顺，而后礼义备。"从古至今，人们都很注重个人礼仪，力求做到体态端正、颜容和悦、言辞顺达，因为这是个人走向社会，顺利展开社交生活的第一步。本章主要介绍仪容、仪态、表情、着装、配饰等关于个人形象的基本礼仪，以帮助大家塑造富有魅力的社交形象。

第一节 仪容礼仪

一、仪容美的内容

仪容，即人的容貌，是个人在社交场合给他人的第一印象。第一印象在人际交往中十分重要，根据心理学上的首因效应，它能在很大程度上影响甚至决定人们对你的总体评价。人际交往中，人与人之间传递的信号主要有三种：视觉信号、声音信号和语言信号。其中视觉信号包括容貌衣着、面部表情、肢体语言等，它在你给人的整体印象中所占的比例达百分之五十以上，这也是在相互陌生的社交场合人们会不自觉地选择跟仪表出众的人攀谈的原因。所以，希望给人留下好印象，应从塑造仪容美开始。

仪容美包括三个方面：自然美，指仪容的先天条件好，天生丽质，令人赏心悦目；修饰美，指根据个人条件和社会规范，对仪容进行修饰，扬长避短；内在美，指通过文化训练、艺术熏陶、道德培养而修炼于心、表露于外的气质。自然美是人们的心愿，是非人力可以左右的，但后天的修饰和气质的修炼可以弥补先天的不足，其中外在的修饰比较容易和直接实现，因此也是仪容礼仪关注的重点。

二、仪容美的标准

塑造仪容美，要求达到三个标准：自然、协调、美观。

所谓"大音稀声，大象无形"，修饰仪容的最高境界就是自然。林清玄在《生命的化妆》这篇文章里引用了一位专业化妆师的评述，"最高明的化妆术，是经过非常考究的化妆，让人家看起来好像没有化过妆一样，并且这化出来的妆与主人的身份匹配，能自然表现那个人的个性与气质。次级的化妆是把人凸显出来，让她醒目，引起众人的注意。拙劣的化妆是一站出来别人就发现她化了很浓的妆，而这层妆是为了掩盖自己的缺点或年龄的。最坏的一种化妆，是化妆以后扭曲了自己的个性，又失去了五官的协调，例如小眼睛的人竟化了浓眉，大脸蛋的人竟化了白脸，阔嘴的人竟化了红唇……"自然的修饰使人的面目真实而生动，更显精神；反之，刻意而不当的妆容则会使人显得虚假而呆板，从而缺少生命力，不仅不美，反而可能遭人厌恶。

协调是达到妆容自然的必要条件，它包括四个方面：面部协调，指针对化妆的重点部位——脸，根据个人的面部特点进行设计，在色彩搭配和浓淡程度上协调一致；形体协调，指面部妆容跟发型、服饰协调一致；角色协调，指妆容与自己在社交圈所扮演的角色相匹配；场合协调，指妆容与自己将要身处的场合氛围协调一致。

美观是修饰仪容的目标。人人都希望自己在社交场合美丽，受人青睐。如何通过化妆将自己打扮得更漂亮呢？首先要具备正确的审美观，对自己的容貌有充分的了解，哪些是优点，哪些是缺憾，哪些部位需要彰显，哪些部位需要掩饰，做到胸有成竹；其次选择合适的化妆品，运用一定的技巧，仔细打理，小心勾画，做到"浓妆淡抹总相宜"。

第二节 体态礼仪

体态，即人们的行为举止，日常生活中的站、坐、走等姿态。达·芬奇曾说："从仪态知觉人的内心世界，把握人的本来面目，往往具有相当的准确性和可靠性。"同样，如果想含蓄地向别人传达某种适当的态度，就需要准确地运用体态语言。一般而言，如果希望在别人心目中留下好的印象，那么，就请从立、坐、行等基本的体态姿势开始修炼吧。

一、站——如松一般挺拔

站立是一种人体静态造型，是人们生活中一种最基本的举止，也是全部仪态的核心。"站有站相"是对人的仪态修养的基本要求，正确健美的站姿能衬托出良好的精神面貌和气质风度，给人以挺拔笔直、舒展俊美、庄重大方、精力充沛、信心十足、积极向上的印象。

（一）标准的站姿

（1）头摆正，双目平视，嘴角微闭，下颌微收，面容平和自然。
（2）双肩放松，稍向下沉，人有向上的感觉。
（3）躯干挺直，挺胸，收腹，立腰。
（4）双臂自然下垂于身体两侧，中指贴拢裤缝，两手自然放松。
（5）双腿立直、并拢，脚跟相靠，两脚尖张开约60°，身体重心落于两脚正中。

（二）常用的站姿

（1）肃立。身体立直，双手置于身体两侧，双腿自然并拢，脚跟靠紧，脚掌分开呈"V"字形。面部表情严肃、庄重、自然。这种站姿一般用于参加升降国旗仪式或参加遗体告别仪式等庄重严肃的场合。

（2）直立。身体立直，右手搭在左手上，自然贴在腹部（前搭手式），或两手背后相搭在臀部（后背手式），两腿并拢，脚跟靠紧，脚掌分开呈"V"字形。这种姿势日常使用，男女都适用，男士两脚可以略分开站立以更显洒脱。

① 女士直立姿态。身体立直，右手搭在左手上，自然贴在腹部，右脚略向前靠在左脚上成丁字步。

② 男士直立姿态。身体立直，两手背后相搭贴在臀部，两腿分开，两脚平行，比肩宽略窄。

（三）不雅观的站姿

歪头、缩颈、耸肩、含胸、塌腰、撅臀都是不雅观的姿态，无论男女都应避免。站立久了，未免很累，可以适当地调节，将身体中心偏移到左腿或右腿上，另一条腿微微前屈，脚步放松。但身体不要歪斜、颤抖，腰不能弯，背不能驼，手脚不要随意摆放，否则会给人以轻浮或者没有精神的印象。站立的时候更不要做一些小动作，比如摆弄打火机、玩弄发辫、咬手指甲等，否则会给人留下拘谨、不自信或者没有教养的印象。

(四) 站姿的训练

不同的行业对站姿有不同的要求，但作为一种基本体态，站姿应遵循的基本要求是一致的。站姿看似普通，但要达到自然、挺拔、优美的标准，则需要反复训练。下面几种训练方法可供参考，要求每天至少一次，每次至少十分钟，长期坚持，直到日常站立与训练规格一致。

(1) 贴墙法。靠墙，将后脑、双肩、臀部、小腿肚、两脚跟部紧贴墙壁。

(2) 贴背法。两人背对背，后脑、双肩、臀部、小腿肚、两脚根部相贴，肩背处夹一张纸板使其勿掉。

(3) 顶书法。头顶书本，面向正前方，收下巴，挺直颈部和上身，勿使书落。

【案例】 冯齐轩到一家公司应聘销售人员，秘书将他领到办公室门口，对他说："老总就在里面，进去吧。"办公室里站着三个人：一个年长的微微地弯着腰，皱着眉，靠着墙；一个年轻的两脚别着交叉而立，双手轻轻地揉搓着；第三个年龄介于前两人之间，两手叉腰，望着窗外。冯齐轩小声地问秘书："哪一位是老总？"秘书一笑，反问："你觉得呢？"冯齐轩略一思考，向第三人走去。你认为他的判断正确吗？

【分析】 冯齐轩的判断是对的。一个人的姿势往往能暗示他的心态，而他的心态又能一定程度地反映他的处境和地位。叉腰而立是一种开放型的动作，显示出一种自信的心态和精神上的优势，暗示做出此动作的人是这间房间的主人。而弯腰、别脚都是一种防卫型的动作，显示出精神上的劣势和不自信，暗示做出此动作的人在这间房间里感到不安和拘束。

二、坐——如钟一般端庄

坐，也是一种人体静态造型，日常社交活动的基本举止之一。无论是伏案学习、参加会议，还是会客交谈、娱乐休息都应该讲究坐相。端庄优美的坐姿让人觉得安详、文雅、稳重、舒展大方，是展现自我气质和风度的重要形式。

(一) 正确的坐姿

(1) 入座讲究次序。在社交场合，与他人一起入座时，应请对方首先入座，或者与对方同时入座。如果对方是尊长，应主动将上座(面门的、居中的、右侧的或者舒适的座位)让给对方。抢先入座是不礼貌的。

(2) 入座要求轻、稳、缓。走到座位前，转身后轻稳地坐下，不要慌张、用力。女士入座，若是裙装，应用手将裙子稍稍拢一下，不要坐下后再拉拽衣裙，否则有失优雅。正式场合一般从椅子的左边入座，离座时也要从椅子左边离开，这是一种礼貌。如果椅子位置不合适，则应先移椅子，然后入座。坐在椅子上移动位置是不礼貌的。

（3）入座后，神态保持从容自如，双肩平正放松，两臂自然弯曲放在腿上，亦可放在椅子或是沙发扶手上，以自然得体为宜，掌心向下。

（4）入座后，注意立腰，挺胸，上身自然挺直，保持十分钟左右时间不靠椅背。时间久了，可轻靠椅背。坐椅子既不要坐满，也不要只坐边缘，大约以坐在椅面三分之二处为宜。

（5）落座时，双膝自然并拢，双腿正放或侧放，双脚并拢或交叠或成小"V"字形。男士两膝间可分开一拳左右的距离，双脚可摆成小八字步或稍分开以显自然洒脱之美，但不可尽情打开腿脚，以免显得粗俗和傲慢。

（6）座谈时，应根据交谈者方位，将双膝侧转向交谈者，上身仍保持挺直，表示既尊重对方又不失自尊。

（7）离座时，要自然稳当，一只脚向后收半步，而后站起。

（二）常用的坐姿

（1）男士坐姿。坐正，上身挺直，两手分别放在双膝上，两脚略向前伸，双腿略分开。

（2）女士坐姿。坐正，上身挺直，双手叠放，置于左腿或右腿上，双腿并拢，两脚交叉。

（3）S形女士坐姿。坐正，上身挺直，双手叠放，置于左腿或右腿上，双腿并拢，同时侧向左或侧向右，两脚并放或交叠。

（4）搭腿式坐姿。将左腿微向右倾，右大腿放在左大腿上，脚尖朝向地面。

（三）不礼貌的坐姿

搭腿式坐姿应与跷二郎腿区别开，跷二郎腿是将悬空的脚尖朝天，脚底朝向人，并伴有上下抖动的动作。这种坐姿带有挑衅、不满、轻视、愤怒等情感暗示，是粗俗不雅的举止。

【案例】周文德陪同事陆铮拜访其朋友，由于跟主人家不熟，插不上话，便斜靠在沙发上，顺手拿起一叠报纸翻看，并随意地将一只脚搁在身前的茶几上。后来主、客告别，陆铮的朋友悄悄地对陆铮说："你有空常来，我随时欢迎，但你这位朋友，下次就不要再带他来了吧。"

【分析】到陌生人家拜访，尤其应当注意作为客人的礼节，将脚搁在茶几上非常不雅观，是对主人的一种藐视态度，自然会引起主人的不快。作为客人，与主人不太熟悉，更应该端正坐姿，注意倾听别人的交谈，积极融入到会话当中，借此机会多交一个朋友。

三、行——如风一般潇洒

行走的姿势，又称步态，是一种人体动态造型。俗话说"行如风"，是指人行走时，如风行水上，有一种轻快自然的美。当然不同的人在行走时会显示出不同的性格和脾气。有的步伐矫健、轻松灵活、富有弹性，令人精神振奋；有的步伐稳健、自然、大方，给人以沉着、庄重、斯文之感；有的步伐雄壮、铿锵有力，给人以英武、勇敢、无畏的印象；有的步伐轻盈、敏捷，给人以轻巧、欢悦、柔和之感。不论何种步态，都应遵循一个标准，从容、平稳、走直线，体现行走之人朝气蓬勃、积极向上的精神面貌。

（一）标准的行姿要求

（1）双目向前平视，微收下颌，面容平和自然，不左顾右盼，不回头张望，不盯着旁人乱打量。

（2）双肩平稳，肩峰稍后张，大臂带动小臂自然前后摆动，肩勿摇晃；前摆时，手不要超过衣扣垂直线，肘关节微屈约 $30°$，掌心向内，勿甩小臂，后摆时勿甩手腕。

（3）上身自然挺拔，头正、挺胸、收腹、立腰，重心稍向前倾。

（4）步位准确。行走时，假设下方有条直线，男士两脚跟交替踩在直线上，脚跟先着地，然后迅速过渡到前脚掌，脚尖略向外，距离直线约 5 cm。女士则应采取一字步走姿，即两腿交替迈步，两脚交替踏在直线上。

（5）步幅适当。男士步幅约 25 cm，女士步幅约 20 cm。或者说前脚的脚跟与后脚尖相距约为一脚长。步幅与服饰也有关，如女士穿裙装时步幅应小些，穿长裤时步幅可大些。

（6）步态优雅。性别不同，行走的态势也应有所区别。男士宜步伐矫健、稳重、洒脱，好似雄壮的进行曲，气势豪迈，具有阳刚之美，步伐频率每分钟约 100 步；女士则应步伐轻盈、玲珑、娴雅，好似柔和的小夜曲，姿态秀雅，具有阴柔之美，步伐频率约每分钟 90 步。

（7）步韵和谐。跨出的步子应全部是脚掌着地，膝和脚踝不可过于僵直，应该富有弹性，膝盖要尽量绷直，双臂应自然摆动，使步伐因有韵律节奏感而显得优美柔韧。

（二）常用的行姿

行走姿态是一种微妙的语言，它能反映一个人的情绪。心情好时，步态轻盈；情绪差时，步态迟缓；自信时，步态坚定；生气时，步态强硬。在交际场合，脚步的轻重、快慢、幅度以及行走姿势，也因地点、对象和事情的不同而有不同的讲究。比如在公园散步需轻而缓，在图书馆走路需轻而柔，婚礼上的步子欢快，丧礼上的步子沉重。下面谈谈走路变向时需要注意的地方。

(1) 引导步。为宾客带路时，应尽量走在宾客的左侧前方，整个身体半转向宾客，左肩稍前，右肩稍后，与宾客保持两三步的距离。遇到上下楼梯、拐弯、进门时，应伸出左手示意，请宾客先上。

(2) 转身步。在行进中要拐弯时，如果左转，则以右脚掌为轴，转过全身，迈出左脚；如果右转，则以左脚掌为轴，转过全身，迈出右脚。

(3) 后退步。与人告别时，不能扭头就走。应先后退几步，再转身离去。退步时轻擦地面，小腿不要抬得过高。转体时应先转身，后转头。

(三) 不得体的行姿

走路时，方向不定，忽左忽右；眼睛游移，左顾右盼；身体不稳，摇头、晃肩、扭臀；走"外八字步"或者"内八字步"；与人同行，勾肩搭背，奔跑喊叫。如有这些走路习惯，应该尽早纠正。

第三节　表情礼仪

表情，即面部表情，主要指人脸上各部位对情感体验的反应动作。罗曼·罗兰曾经指出："面部表情是多少世纪培养成功的语言，是比嘴里讲的要复杂千百倍的语言。"的确如此，专家们研究认为，信息的传达＝7％语言＋38％声音＋55％表情动作。也就是说，人们在相互交流的时候，不仅语言内容起作用，而且语音语调和表情动作也都传达着丰富的信息，而其中表情动作所蕴含的信息占到了一半以上。因此，我们应该用心研究人的表情，一方面通过观察来正确把握交流对象的感情和思想，另一方面通过运用来准确传达自己的感情和思想。

一、眼睛——心灵的窗户

眼睛被人们称为心灵的窗户，是因为心灵深处的奥秘都会自觉不自觉地从眼神中流露出来。印度诗人泰戈尔说："一旦学会了眼睛的语言，表情的变化将是无穷无尽的。"眼睛语言的表现力极为丰富，极为微妙，是其他举止无法比拟的。透彻了解并精确运用这种复杂的语言，有助于你在瞬息万变的社交活动中把握先机。

（一）眼神的含义

眼神主要有以下含义：

(1) 逼视表示命令；
(2) 白眼表示反感；
(3) 正视片刻表示坦诚；
(4) 行注目礼表示尊敬；
(5) 双目大睁表示吃惊；
(6) 瞪眼相视表示敌意；
(7) 斜扫一眼表示鄙视；
(8) 眼睛眨个不停表示疑问；
(9) 不住地上下打量表示挑衅；
(10) 左顾右盼、低眉偷觑表示困窘；
(11) 眯着眼看既可表示高兴，也可表示轻视；
(12) 交谈时注视对方，表示对其重视；
(13) 走路时双目直视、旁若无人，表示高傲；
(14) 频频左顾右盼，表示心中有事；
(15) 对来访者只招呼而不看对方，表示工作忙而不愿接待。

（二）眼神的礼仪

社交中，眼神通常用来表达友好、尊重、礼貌和热情，注视对方时需注意时间、位置和场合。

1. 注视的时间

交谈时，不可长时间地凝视对方。一般情况下，眼睛有一半的时间注视对方，另外一半的时间注视对方脸部周围的地方。在社交场合，无意与别人的目光相遇不要马上移开，应自然对视一两秒，然后慢慢离开。与异性目光对视时，不宜超过两秒，否则容易引起对方无端的猜测。

2. 注视的位置

用目光注视对方，应自然、稳重、柔和，而不能死盯住对方某部位，或不停地在对方身上上下打量，这是极失礼的表现。注视对方什么位置，要依据传达什么信息、造成什么气氛而定；要依据不同场合、不同对象而选择目光具体所及之处和注视的区间。

人们在普通的社交场合采用的注视区间称为社交注视区间，其范围是以两眼为上线，以下颌为顶点所连接成的倒三角区域。由于注视这一区域最容易形成平等感，容易营造良好的社交氛围，所以人们常在茶话会、舞会、酒会、联欢会以及其他一般社交场合运用。注视谈话者这一区域，能让谈话者感觉轻松、自然，能比较自由地把他们的观点、见解表达出来。

具有亲密关系的人在交谈时采用的注视区间称为亲密注视区间，它主要是看着对方的眼睛、嘴部和胸部。恋人之间、至爱亲朋之间，注视这些区域能激发感情，表达爱意。

3. 不同地区的眼神禁忌

不同国家、不同民族、不同文化习俗对眼神的运用也有差异。比如在美国，一般情况下，男士是不能盯着女士看的；男士之间对视的时间也不能过长，除非是得到对方的默许。日本人对话时，目光要落在对方的颈部，四目相视是失礼的。阿拉伯民族认为，不论与谁说话，都应看着对方。大部分国家的人们忌讳直视对方的眼睛，甚至认为这种目光带有挑衅和侮辱的性质。

（三）发言和交谈时眼神的运用技巧

在集体场合开始发言讲话时，需用目光扫视全场，表示"我要开始讲了，请予注意"。演讲时，应当不断地通过各种目光与听众交流，调整交谈的气氛。随着话题、内容的变换，作出及时恰当的反应，或喜或惊，或微笑或沉思，使整个演讲融洽、和谐、生动、有趣。

近距离交谈时，礼貌地正视对方，是一种坦荡、自信的表现，也是对他人的尊重。谈话中眼睛往上、往下、眯眼、斜视、闭眼、游移不定、目光涣散、漫不经心等，都是在交际中所忌讳的。交谈中，应始终保持目光的接触，这是表示对话题很感兴趣。长时间回避对方目光而左顾右盼，是不感兴趣的表示。另外，当别人难堪时，不要去看他；交谈休息或停止谈话时，不要正视对方。

【案例】 相传艺术大师梅兰芳少年时候，眼睛缺少神采，因而他的舞台表演不无缺憾。但他喜欢放鸽子、养金鱼，每天仰视鸽子在天空中飞翔，俯视金鱼在鱼缸里游动，跟踪寻迹，紧追不舍，不知不觉之间其双眸明亮起来，逐渐变得神采飞扬，顾盼生辉，大大增加了他舞台表演的魅力。

【分析】 眼睛最能够透露隐私的情感，但眼睛也不是总能够准确地表达内心的意愿，有时眼神的误会甚至会导致一场流血事件。所以，眼神是需要训练的。梅兰芳的故事提供了训练眼神的可行方案，有兴趣者不妨试试，寻一处远距离移动的目标，培养灵动而不呆滞的眼神。

二、微笑——友好的伴侣

人的感情是非常复杂的，表现在面部有哭、笑、惊、怒等多种形式，其中，"笑"在人际交往中，有着突出重要的作用。如果面对不同的场合、不同的情况，都能用微笑来接纳对方，可以反映出当事人高超的修养，待人的至诚。微笑是处理好人际关系的重要手段，因而被称为"社交通行证"。微笑不仅是一种外化的形象，也是内心情感的写照。它是一种富于感染力的表情，能有效地缩短沟通双方的距离，给对方留下美好的心理感受，从而形成融洽的交往氛围。

微笑可以表现良好的心境。面露平和欢愉的微笑，说明心情愉快，充实满足，乐观豁达，善待生活，这样的人才会产生吸引别人的魅力。微笑可以表现自信的风度。面带微笑，表明对自己的能力有充分的信心，能以不卑不亢的态度与人交往，使人产生信任感，容易被别人真正地接受。微笑可以表现友善的态度。微笑反映自己心底坦荡，善良友好，待人真心实意，而非虚情假意，使人在与其交往中自然放松，不知不觉地缩短了心理距离。

微笑的功能是巨大的，但要笑得恰到好处，也是不容易的，所以微笑是一门学问，又是一门艺术。微笑的要求是：发自内心，自然大方，显示出亲切，要由眼神、眉毛、嘴巴、表情等协调完成。要防止生硬、虚伪、笑不由衷。要笑得好并非易事，必要时应当进行训练。可以自己对着镜子练习，一方面观察、调整自己的笑的表现形式，另一方面注意进行心理调整，想象对方是自己的兄弟姐妹，或是自己多年不见的朋友。还可以在几个同伴中间，讲一段话，讲话时自己注意显现出笑容，并请同伴给以评议，帮助矫正。

【案例】 有几家电脑公司同时相中一名名牌大学毕业的计算机博士，通过多次电话交流，这名博士最后与其中一家最小、最没有名气、待遇和工作条件相比也不算特别优厚的公司签约。那家小型电脑公司的经理又高兴又意外，忍不住询问博士究竟看重自己公司的哪一点。博士回答说："其他公司的经理在电话里都是冷冰冰的，商业味很重，那使我觉得好像只是一次生意上的往来而已。同你交流，我似乎看到，电话的那一边，你正在微笑着与我交谈，你很乐意我成为公司的一员。你可以相信，我在听电话的时候也是笑着的。"

【分析】 卡耐基曾说："笑容能照亮所有看到它的人，像穿过乌云的太阳，带给人们温暖。" 的确，如果说行动比语言更具有力量，那么微笑就是无声的行动，它所表示的是："我很满意你。你使我快乐，我很高兴见到你。"正是这家小型公司的经理在微笑中传递的信息，使博士对这家公司产生归属感，为公司赢回了一名高级人才。

第四节　着装礼仪

俗话说："佛要金妆，人要衣妆。"衣着服装是个人形象的重要组成部分，体现着个人的性格、气质、品位和身份。整齐、洁净、得体的着装不仅能给自己带来好的心情，使自己充满自信，也能给别人留下良好的印象，使人乐意亲近；而污损、不洁、不合体的着装不仅会令自己情绪低落，显得自卑，还会令别人不快，使人敬而远之。所以，在社交场合里，按照一定的着装原则，精心地挑选服装，打扮自己，显示自己的形象魅力，是非常重要的。

一、着装的原则

（一）整洁原则

在任何情况下，无论是高档时髦的服装，还是朴素简单的衣着，都应该保持整洁，避免肮脏和邋遢。首先要保持完好，无破损，无补丁；其次要保持平整，仔细熨烫，消除褶皱；最后要保持干净，勤换勤洗，不能存在明显的污垢、油渍、汗味和体臭。

（二）文明原则

男士在公开场合应穿戴整齐，借口天热而不着上衣，是不文明的表现。

女士在公共场合应避免四种错误的着装——过于暴露，过于透明，过于短小，过于紧身。这四种错误的着装方式或者容易使胸部、腋窝、大腿等身体部位裸露，或者容易使内衣、内裤等隐私曝光，或者给自身行动带来不便，失之轻浮，遭致轻视或耻笑。

（三）个性原则

着装应该充分体现自身个性，盲目地追逐时髦，只会使自己变成流水线上毫无特色的产品。一个人的着装应该根据自身的特点，突出长处，掩盖缺陷。性格外向者可以多选择色泽鲜艳、款式别致的服装，性格内向者可以多选择色泽素雅、款式正统的服装，从而体现各自的风格和内涵。

（四）和谐原则

1. 符合身份

办公室工作中，太寒酸或太高贵的服装都不宜穿。与不同身份的人接触，也有不同的穿着技巧，既要配合自己的身份，也要配合对方的身份，这样会有助于彼此的沟通。与性格开朗的人接触，宜穿颜色较鲜明的衣服；对方若是较保守严肃的，应穿颜色较低调、款式较保守的服装；与公司职位较高的人会晤，宜穿较老成的服装，以表示个性成熟。

2. 符合职业

不同的职业对着装有不同的要求。比如教师、医生、公务人员一般要穿得庄重一点，不要打扮得过分妖艳，衣着款式也不要过分怪异，这样才能给人以信任之感，才有助于顺利地开展工作；青少年学生衣着以朴素、大方为宜，避免过于成人化；而演艺人员则应根据其职业特点，穿得时尚一些。

3. 符合环境

着装技巧是指懂得在什么场合穿什么服装。日常工作，衣服颜色宜以素淡为主，款式简单而整齐，给人以亲切感。在喜庆场合，切忌以黑色为主色，白色亦不宜。在丧礼上，白和黑均宜，但全套服装颜色须一致，也可以点缀其他颜色的配饰，只要忌用红色即可。

4. 符合体型

衣不合身会给人留下可笑的印象，每个人均要明了自己体型的优点和缺点，不要强撑。许多偏胖的女性喜穿紧身衣服，以为可以显得稍瘦及突出身材，但事实刚好相反，紧身衣服只会令肥胖的人看起来更胖。

5. 符合年龄

选择服装应考虑年龄问题。比如三十岁出头的女性，穿着有蝴蝶结的服装，或者印满俏皮英文字母的 T 恤，会给人老天真的感觉。又如二十来岁的女孩，经常穿黑色为主调的服装，则把青春都掩藏了。

（五）TPO原则

T——time，时间；P——place，地点；O——object，目的。TPO 原则，即着装与时间、地点、目的相配的原则。

1. 时间原则

时间涵盖了每一天的早间、日间、晚间等三个时间段，也包括每年春、夏、秋、冬四个季节的更替，以及不同时期、时代。着装时必然要考虑这些不同的时间层面，做到"随时更衣"。

从时间段上说，白天穿的衣服需要面对他人，应当合身、严谨；晚上穿的衣服不为外人所见，可以宽松、随意。从时令上说，夏天要穿通气、吸汗、凉爽的夏装，穿太多容易出汗，破坏妆容；冬天要穿保暖、御寒的冬装，穿太少，面色发青，嘴唇发乌，甚至本能地缩肩、弓背，毫无美感可言。从时代上看，过分复古、过分逐新都不妥当，比如在二十世纪五六十年代穿着西装革履、涂脂抹粉，或者在当下穿着满身补丁的老式服装都会遭人侧目。

2. 地点原则

置身在室内或室外，驻足于闹市或乡村，停留在国内或国外，身处于单位或家中，在这些变化不同的地点，着装的款式理当有所不同，切不可以不变应万变。例如，穿泳装出现在海滨、浴场，是人们司空见惯的，但若是穿着它去上班、逛街，则非令人哗然不可。在国内，女子在休闲时可以穿小背心、超短裙，但她若以这身行头出现在着装保守的阿拉伯国家，则会引起当地人的愤怒和谴责。

在通常情况下，在家中和户外活动，无论是外出跑步做操，还是在家里盥洗用餐，着装都应以方便、随意为宜。比如可以选择运动服、便装、休闲服等，这样会透出几分轻松温馨之感。在办公地点，则应以典雅端庄为基本着装格调。而在宴请、舞会、音乐会等正式社交场合，着装则须更加讲究，以晚礼服为宜，体现高雅大方的礼仪形象。

3. 目的原则

从目的上讲，人们的着装往往体现着其一定的意愿，即对自己留给他人的印象如何，是有一定期待的。着装只适合自己扮演的社会角色，而不讲其目的性，在现代社会中是不大可能的。服装的款式在表现服装的目的性方面发挥着一定的作用。自尊，还是傲慢；颓废，还是嚣张；等等，俱可由此得知。一个人身着款式庄重的服装前去应聘新职、洽谈业务，说明他很重视此事，渴望成功。而在这类场合，若选择款式暴露、性感的服装，则表示其自视甚高，对职业和事业的重视，远远不及其对自身的重视。

【案例】 大学应届毕业生唐高则前往一家文化公司应聘，为给公司留下良好的第一印象，他向父母要钱，购置了一套价格不菲的名牌西装。面试当天唐高则来到该公司，发现公司氛围宽松，许多员工穿着休闲衫或者T恤，自己一身正装与环境反倒格格不入，因此不免拘束起来。面试时，主考官问道："作为尚未正式工作的在校大学生，你不觉得你的着装超过了自己的经济能力，太过超前了吗？"唐高则一时语塞，无以作答。这次应聘以失败告终。

【分析】 上述案例告诉我们，求职场合并非着装越正式越好，不同的行业和企业具有不同的文化特征，对员工的着装要求也有差别。应聘政府行政机关、事业单位，着正装为妥；应聘广告、文化公司，着装可以考虑带入一些时尚元素；应聘影视娱乐行业，着装则应该更加时尚一些。总之，求职装束应该根据不同的情况灵活搭配，以适应不同的公司文化，赢得该公司的认同感。

二、色彩的搭配

色彩是人的眼睛对物体反射的不同波长的光所产生的印象。服装色彩是服装感观的第一印象，它有极强的吸引力，若想让其在着装上得到淋漓尽致的发挥，必须充分了解色彩的特性及其搭配的基本方法。

（一）色彩的基本特性

1. 色彩的冷暖

每种色彩都有区别于其他色彩的独特的相貌特征，即色相。色彩因色相不同，而使人产生温暖或寒冷的感觉。使人有温暖、热烈、兴奋之感的色彩，叫做暖色，如红色、橙色、黄色。使人有寒冷、抑制、平稳之感的色彩，则叫做冷色，如蓝色、紫色、绿色。在四季色彩理论中，以黄色为基调的色彩被归为暖色，而以蓝色为基调的色彩被归入冷色，所以色彩的冷暖是相对的，每一种色彩中都会有冷暖色的存在，如红色中有温暖的橘红色，也有偏冷的玫瑰红色。

2. 色彩的轻重

色彩明暗变化的程度叫做明度，不同明度的色彩，往往给人以轻重不同的感觉。色彩越浅，明度就越强，使人有上升感、轻盈感。色彩越深，明度就越弱，而使人有下垂感、沉重感。轻而明亮的色彩，会给人一种安静、柔软的感觉，重而黯淡的色彩，会让人感觉硬而厚重。人们平日的着装，通常讲究上浅下深，即是为了满足视觉上的稳定感。

3. 色彩的前进与后退

偏暖的色彩看上去显得比较近，因为它具有视觉上的膨胀功效，偏冷和黯淡的色彩看上去要显得比较远，因为它具有收缩感。因此，偏暖的色彩好像在前进，偏冷的色彩好像在后退，对比度强的色彩具有前进感，对比度弱的色彩具有后退感，明快的色彩具有前进感，黯淡的色彩具有后退感。应用到着装上，喜庆的场合适宜用前进色，庄重严肃的场合适宜用后退色。

4. 色彩的膨胀与收缩

色彩的波长不同，给人的收缩感或膨胀感便有所不同。一般来讲，冷色、深色属收缩色，暖色、浅色则为膨胀色。应用到服装上，前者使人苗条，后者使人丰满。两者皆可使人在形体方面避短遮羞，但若运用不当，也会令人在形体上出丑露乖。

5. 色彩的性格和意义

每一种色彩都有自己的性格特征。它们独立存在时用最直接的方式表达着自己的个性，让人一见便明了它的心意。但每一种色彩当它的明度和纯度(色彩鲜艳明亮的程度)发生变化，或者与其他色彩搭配时，其所传达的情感就会随之改变，因此想要确切说出各种色彩的性格特征，就像要说出世界上每个人的性格特征一样困难，然而对于独立存在的色彩的典型性格，却具有无言的表达。

每一种色彩均有其独特的内涵和意义，选择特定的色彩反映自身的性格、气质和情绪，是一种无声的语言暗示。

红：活跃、热情、勇敢、爱情、健康、野蛮

橙：富饶、充实、未来、友爱、豪爽、积极

黄：智慧、光荣、忠诚、希望、喜悦、光明

绿：公平、自然、和平、幸福、理智、希望

蓝：自信、永恒、真理、真实、沉默、冷静

紫：权威、尊敬、高贵、优雅、信仰、孤独
黑：神秘、寂寞、黑暗、压力、严肃、气势
白：神圣、纯洁、无私、朴素、平安、诚实

（二）色彩的搭配方法

1. 统一法

统一法，即配色时尽量采用同一色系之中各种明度不同的色彩，按照深浅不同的程度进行搭配，以便创造出和谐之感。它适用于工作场合或庄重的社交场合着装的配色。

2. 对比法

对比法，即在配色时运用冷暖、深浅、明暗两种特性相反的色彩进行组合的方法。它可以使着装在色彩上反差强烈，静中有动，突出个性。此法适用于各种场合的着装配色。

3. 呼应法

呼应法，即在配色时，在某些相关的部位刻意采用同一种色彩，以便使其遥相呼应，产生美感。例如，穿西装的男士讲究鞋与包同色，即为此法的运用。它也适用于各类场合的着装配色。

4. 点缀法

点缀法，即在采用统一法配色时，为了有所变化，而在某个局部小范围里，选用某种不同的色彩加以点缀美化。此法若运用得当，会有很好的效果。这种方法主要适用于工作场合的着装配色。

5. 时尚法

时尚法，即在配色时酌情选用时下正在流行的某种色彩。它多用于普通的社交场合与休闲场合着装的配色。

【案例】 陶圆圆暑假期间到一所幼儿园做义工，被园长委托看护中班的幼儿。第一天上班，尽管陶圆圆使出各种招数，班上的孩子却并不太愿意亲近她，"也许是因为刚刚接触吧。"她自我安慰道。可是第二天情况似乎并没有多大好转，她倍感挫折，这时园长说道："下次来的时候别再穿一身黑衣服，换一套色泽明亮的衣服试试。"第三天，陶圆圆换了一件橙色的外套，果然，孩子们的情绪发生了明显的变化，对她变得热情，不再以畏惧的眼神瞧着她了。

【分析】 色彩对人的心理具有微妙的影响。黑色象征着权威，同时也意味着冷漠和防御，不适合幼儿园的氛围，会给小孩子的心理带来一种压迫感和隔膜感。而橙色给人亲切、坦率、开朗、健康的感觉，富于母爱或大姐姐的热心特质，是受小孩子欢迎的色彩。

三、男士着装礼仪

由于性别的差异,男女在着装方面的要求存在差别。由于场合的不同,个人着装也需随之进行改变。服装,对于一名初次步入社交圈的男士而言,是他亮出的第一张名片,如何通过这张名片充分而得体地介绍自己,其中大有学问。

(一) 男士服装的种类

男士的服装一般分为礼服、职业装和休闲服等。

男士的礼服是指婚庆、丧悼、访问、庆典、酒会等特别场合所穿着的正式服装,一般分为晨礼服、日间准礼服、燕尾服和小礼服。

晨礼服是日间正统大礼服。一般是前面裁成大幅后斜圆摆的黑色长外套,配以灰色背心、黑底灰条纹礼服裤,打黑白相间斜纹或银灰织纹领带,戴白色或灰色手套。适合日间结婚、隆重庆典和迎接国宾等场合。

日间准礼服是晨礼服的简化。上装采用黑色礼服布料制成,有单排扣和双排扣两种款式。其中单排扣款式以一颗扣较为正式,搭配灰色背心,黑底灰条纹裤,打银灰织纹领带,双排扣款式免穿背心。其适用场合与晨礼服相同,如今更为通行。

燕尾服是晚间最正式的大礼服。黑色外套后面长摆成燕尾状,丝光缎面的领子,裤管两侧加两条与领子相同质料的丝缎饰带,中间穿白色礼服背心,打白色领结,着黑色漆皮光亮皮鞋。现代除了国家隆重庆典、授勋,外交官出席盛大宴会,指挥家指挥交响乐等场合,很少穿着。

小礼服是燕尾服的简化。款式有双排扣、单排扣之分,丝光缎面的领子有尖领、丝瓜领之别,裤管需有两条丝缎饰带,搭配丝光织纹质料的礼服背心、吊带裤、礼服专用竖领衬衫,打黑领结。小礼服是现代通用的晚间正式礼服,适用于晚宴、婚宴、舞会和歌剧院等场合。

目前,礼仪向简单化方向发展,除了特别隆重的场合,一般不必穿着礼服。现在社交场合比较正式和通行的男士着装是,黑色或深色西装,配白衬衣、黑领结和黑色硬底皮鞋。

职业装,即工作服,常用于工作会议、研讨会、日常办公等场合。休闲服,即便装,包括夹克衫、羊毛衫、运动服、牛仔服等,一般在业余时间穿着。样式则可根据个人爱好自由选择,不过也需考虑到场合、年龄和身份等问题。

(二) 西装的选择

西装又称西服,起源于欧洲,是当今世界最流行的一种服装,也是男士在正式场合着装的首选服饰。男士们要想使自己所穿着的西装真正称心如意，彰显翩翩风度，首先必须在西装的选择上多下工夫。一般而言，要挑选一身味道纯正、款式规整，适用于正式社交场合的西装，大致需要关注以下七个方面的细节，即面料、色彩、图案、款式、造型、尺寸、做工等。

1. 面料

西装的面料力求高档，穿着起来则具有轻、薄、软、挺等特点。轻，指的是西装不重、不笨，穿在身上轻如丝绸。薄，指的是西装的面料单薄，而不过分地厚实。软，指的是西装穿起来柔软、舒适、合身，不会给人以束缚、挤压之感。挺，指的是西装外表挺括雅观，不皱、不松、不起泡。

一般情况下，毛料为西装首选之面料，具体而言，纯毛、纯羊绒的面料以及高比例含毛的毛混纺面料，皆可用作西装面料。

不透气、不散热、发光发亮的各类化纤面料尽量不要用于制作西装。

2. 色彩

西装的色彩必须庄重、正统，不可过于轻浮和随便。

男士一般场合所穿的西装首选藏青色，也可选择灰色或棕色的西装。黑色的西装则更适于庄严、肃穆的礼仪活动。

正式场合不宜穿色彩过于鲜艳或者发光发亮的西装，朦胧色、过渡色的西装通常也不宜选择。

越是正规的场合，越宜穿单色的西装。

3. 图案

男士的西装一般以无图案为宜但也有例外。在着装异常考究的欧洲国家，男士最体面的西装往往就是深灰色的、条纹细密的竖条纹西装。竖条纹的西装，以条纹细密者为佳，以条纹粗疏者为劣。

不要选择绘有花、鸟、虫、鱼、人等图案的西装，更不要自行在西装上绘制或刺绣图案、标志、字母、符号等。用格子呢缝制的西装，一般难登大雅之堂，只适合在非正式场合穿着。

4. 款式

当前，区别西装的具体款式，主要有两种最常用的方法。

（1）按西装的件数来划分，西装有单件与套装之分。单件西装，即一件与裤子不配套的西装上衣，仅适用于非正式场合。西装套装，指的是上衣与裤子成套，其面料、色彩、款式一致，风格上相互呼应的多件西装。通常，西装套装又有两件套与三件套之分。两件套包括一件上衣和一条裤子，三件套则包括一件上衣，一条裤子和一件背心。按照人们的传统看法，三件套西装比两件套西装更为正规。男士在正式场合所穿的西装，必须是套装，在参加高层次的活动时，尤以穿三件套的套装为佳。

(2) 按西装上衣的纽扣数量来划分，西装上衣有单排扣与双排扣之别。单排扣的西装上衣比较传统，而双排扣的西装上衣则较时尚。单排扣的西装上衣，最常见的有一粒纽扣、两粒纽扣、三粒纽扣三种。一粒或者三粒纽扣的单排扣西装上衣穿起来较为时尚，而两粒纽扣的单排扣西装上衣则显得更为正规一些。双排扣的西装上衣，最常见的有两粒纽扣、四粒纽扣、六粒纽扣等三种。两粒或者六粒纽扣的双排扣西装上衣属于流行的款式，而四粒纽扣的双排扣西装上衣则明显地具有传统风格。

5. 造型

西装的造型又称西装的板型，指的是西装的外观形状。目前，世界上的西装主要有欧式、英式、美式和日式等四种主要的造型。

欧式西装洒脱大气，主要特征是：上衣呈倒梯形，多为双排两粒扣式或双排六粒扣式，而且纽扣的位置较低；衣领较宽，强调肩部与后摆，不甚重视腰部，垫肩与袖笼较高，腰身中等，后摆无开衩。

英式西装剪裁得体，主要特征是：不刻意强调肩宽，而讲究穿在身上自然、贴身；多为单排扣式，衣领是"V"形，并且较窄；腰部略收，垫肩较薄，后摆两侧开衩。

美式西装宽大飘逸，主要特征是：外观上方方正正，宽松舒适，较欧式西装稍短一些；肩部不加衬垫；其领型为宽度适中的"V"形，腰部宽大，后摆中间开衩，多为单排扣式。

日式西装贴身凝重，主要特征是：上衣的外观呈现为"H"形，不过分强调肩部与腰部；垫肩不高，领子较短、较窄，不过分地收腰，后摆也不开衩，多为单排扣式。

比较而言，英式西装与日式西装更适合中国人穿着。

6. 尺寸

一套西装，无论其品牌名气有多大，如果它的尺寸不适合自己，也坚决不要穿。一位男士所穿的西装不管是过大还是过小，过肥还是过瘦，都肯定会损害其个人形象。

西装要真正合身，就要做到：了解标准尺寸，量体裁衣，认真进行试穿。

7. 做工

一件西装是否做工精良，可从以下六个方面进行检查：一看其衬里是否外露；二看其衣袋是否对称；三看其纽扣是否缝牢；四看其表面是否起泡；五看其针脚是否均匀；六看其外观是否平整。

在选择西装时，除上述七个方面的主要细节必须加以关注外，还要了解正装西装与休闲西装的区别。一般而言，正装西装适合在正式场合穿着，其面料多为毛料，色彩多为深色，款式则讲究庄重、保守，且基本上是套装。而休闲西装大都适合在非正式场合穿着,其面料可以是棉、麻、丝、皮,也可以是化纤、混纺,色彩多半鲜艳、亮丽,款式则强调宽松、舒适、自然,有时甚至以标新立异见长。通常,休闲西装基本上都是单件的。

当然,西装的韵味不是单靠西装本身穿出来的,而是用西装与其他衣饰一道精心组合搭配出来的。选择好适合自己的西装后,还需选择与之相匹配的衬衫、领带、袜子和鞋子,以塑造出良好的整体效果为准则,此不赘述。

四、女士着装礼仪

当今的知识女性一方面要参加职场的激烈竞争,另一方面还要在家庭中付出更多的辛劳,可谓十分不易。如何在紧张的生活中保持充沛的精神?对于许多女性而言,穿着一套符合心意的服装有利于培养自己良好的心情和积极的心态。相比沉稳单调的男士装束,女士着装则更为个性化,亮丽、丰富许多,由此组成街头一道亮丽的风景。一套漂亮的女装,既能悦人,又能悦己,在这方面细下工夫,何乐不为?

(一)女士服装的种类

女士的服装也可分为礼服、职业装和休闲服等。

女士的礼服是指出席正式社交场合所穿着的服装,可分为大礼服、小礼服和常礼服。

大礼服,又称大晚礼服、晚宴服和舞会服等,一般在参加盛大而隆重的晚宴或者舞会时穿着,是女士礼服中档次最高、最具特色、最能展示个性的礼服样式。传统的大礼服多选用丝光面料或者闪光绸缎,其设计强调女性窈窕的身材,长裙拖地或长及鞋跟,多与披肩、外套、斗篷、手套之类的衣饰相配,辅之以华贵的首饰、新颖的皮鞋和别致的坤包,共同构成高雅的整体装束效果。

小礼服,又称晚礼服和便礼服,一般在参加比较正式的晚宴、舞会、音乐会或者婚礼时穿着,多为一种长及脚背的露背式单色连衣裙。

常礼服,又称晨礼服,一般在参加日间聚会、庆典和婚礼时穿着,多为长及膝盖的连衣裙,或者同质同色的两件套,或者包括衬衣的三件套。

职业装,即工作服,是工作时穿着的服装。休闲服,即便装,包括夹克衫、羊毛衫、运动服、牛仔服等,一般在业余时间穿着。女士的职业装和休闲服样式繁多,有的端庄大方,有的成熟含蓄,有的素雅简约,有的清纯秀丽。服装的风格犹如人的风格一样,多种多样,应根据自身的个性特征和所处的场合精心选择。

（二）女性职业套装的选择

作为经常出入写字楼、办公室的职业女性，选择服装时除了要因地制宜，符合自身身份，注重清洁、舒适外，还须以不妨害工作效率为原则，适当地展现女性的气质与风度。女性职业装一般以套装为主，其中西装套裙为标准装束，女士在选配职业装时应遵守如下原则。

（1）套装的质料宜挺括。衣料选择以不起皱为原则，同时不能太轻、太薄，否则给人以不庄重、不踏实的感觉。穿着之前，应该加以熨烫，特别是车缝线处，因为车缝线多为棉质，洗涤后容易卷曲。

（2）套装的款式宜素雅。最好穿着素色服装，花色服装则应挑选规则的图案或花纹，如方格、条纹、人字形纹等，这样才显得严肃端庄。

（3）套装的色彩宜中性。尽量从下列的色系中选择服装：海军蓝、中度灰色、暗红、骆驼色、红褐色、黑色、米色、棕色、深灰褐色、深栗色、奶油色、橄榄色、浊色系列等。某些色彩如红、蓝、绿等虽然显眼，但可以酌情考虑。而香蕉黄或鲜橙色则过于艳丽，用作西装套裙缺乏职业感。

（4）套装的配饰宜简洁。职业女性佩戴耳环，表示成熟，其他饰品如项链、手镯、戒指等不宜过多，恰到好处即可，脚链则不适合上班佩戴。

（三）女士鞋袜的讲究

鞋子和袜子被誉为"脚上时装"，尤其是穿着套裙时，它们会显得比较醒目，所以其挑选和搭配亦有规矩。

与套裙相配的鞋子应该是皮鞋，并且以黑色的牛皮鞋为宜，其他与套裙颜色一致的皮鞋也可以选择。款式上应该选择高跟、半高跟的船式皮鞋或盖式皮鞋，系带式皮鞋、丁字式皮鞋、皮靴、皮凉鞋等都不适合采用。正式社交场合中，绝对不能穿凉鞋，否则会被认为缺乏教养。

与套裙相配的袜子可以是尼龙丝袜或羊毛袜。袜子一般选择单色，颜色宜低调，比如肉色、黑色、浅灰、浅棕等，鲜红、明黄、艳绿、浅紫色等膨胀色最好不穿。袜子的款式也有一定规矩，长统袜和连裤袜是套裙的标准搭配，而中统袜或短统袜则绝对不要和套裙同时穿着。将袜子的最上端暴露在外面，是失礼的表现。不仅穿套裙时应自觉避免这种情形的发生，穿开衩裙的时候更要注意这个问题。

穿着套裙时，需要注意鞋子、袜子和裙子三者之间的颜色是否协调。鞋子和裙子的颜色应当深于或略同于袜子的色彩。如果一位女士在穿白色套裙和白色皮鞋时配上一双黑袜子，就只会给人以长着一双"乌鸦腿"的感觉。不论是鞋子还是袜子，图案和装饰都不要过多。一些加了网眼、镂空、珠饰、吊带、链扣，或印有时尚图案的鞋袜，只能给人肤浅的感觉。一点图案和装饰都没有的鞋袜，穿起来效果反而很好。另外，鞋袜应当大小相配，完好无损，不能随意乱穿，亦不能当众脱下。

第五节 配饰礼仪

配饰是一种无声的语言，暗示着佩戴者的地位、身份、修养和品位。饰品的佩戴在交际场合尤为抢眼，精心的选择会起到画龙点睛的作用，烘托出佩戴者高雅的气质。

一、首饰

（一）戒指

国际上较为通行的戒指佩戴规范是戴在左手上，拇指不戴戒指；戴在食指上，表示无偶求爱；戴在中指上，表示正在恋爱；戴在无名指上，表示已订婚或结婚；中指和无名指上同时戴，表示已婚并且夫妻感情很好；戴在小指上，表示奉行独身主义。

（二）项链

项链是戴于颈部的环形首饰，可装饰人的颈项、胸部，男女均可使用。项链可分为四种：第一种是短项链，约长 40 cm，适合搭配低领上装。第二种是中长项链，约长 50 cm，可采用名贵高雅的珍珠，富贵华丽的金、银，古朴神秘的珐琅、景泰蓝，妩媚柔美的玛瑙、象牙，以及朴实活泼的贝壳、菩提珠等材料制作。第三种是长项链，约长 60 cm，适合于女士用于社交场合。第四种是特长项链，约长 70 cm，适合女士在隆重的社交场合佩戴。体形较胖、脖子较短的人宜选佩较长的项链，身材苗条修长、脖子细长的人最好选佩宽粗一些的短项链。

与项链配套的项链坠，在选择时，要使两者整体上协调一致，在正式场合不要选用过分怪异或令人误解的图形或文字，也不要同时使用两个或两个以上的坠子。

（三）耳环

耳环是女性的重要饰品之一，由于它显露在人体的重要部位，直接刺激他人的注意力，因此选择耳环时要考虑自己的脸型、头型、发式、服饰等诸方面的因素。长脸型，特别是下颌较尖的脸型的人，应佩戴面积较大的扣式耳环，以使脸部显得圆润丰满；脸型较宽的，宜佩戴面积较小的耳环。

(四) 手镯

佩戴手镯，强调的是手腕和手臂的美丽，如果二者不美则应该慎戴。男士一般不戴手镯。手镯可以只戴一只，也可以同时戴两只。戴一只时，通常戴于左手，戴两只时，可一手戴一只或都戴在左手上。在正式场合，不要在一只手上同时戴多个手镯。

(五) 手链

手链男女均可戴，一只手上仅限戴一条，且不能与手表同时戴在一个手腕上。

二、饰品

(一) 胸针

胸针是别在胸前的饰物，多为女士所用。穿西装时，应别在左侧领上；穿无领上衣时，宜别在左侧胸前。发型偏左时，胸针居中，发型偏右时，胸针偏左。胸针的位置高度宜在自上往下第一与第二粒纽扣之间。

(二) 胸花

胸花是指女性胸、肩、腰、头等部位的各种花饰。最常见的是将胸花佩戴于左胸，也可按服饰设计要求和服饰整体效果将其佩带于肩部、腰部、前胸或发际。佩戴时，花茎向下，使之与花自然开放的姿态相同。个子矮小的女性宜选小一点的花，佩戴得稍高一点，个子高的女性宜选大一点的花，佩戴位置可稍低一点。

(三) 帽子

帽子既可正戴，也可歪戴。正戴显得庄重、严肃，可使脸型更加丰满、端庄。歪戴则显得活泼、妩媚，显出清瘦、俏皮。参加各种活动及上门做客时，进入室内后都应脱帽。女士的传统礼帽，作为服饰的一部分则允许在室内穿戴。

(四) 围巾

围巾不仅能御寒，而且还能使服装增色。围巾的配色原则是：深色衣服宜配鲜艳围巾，浅色衣服宜配素色围巾。比如，穿红色绒衣的女士，如配黑色透明围巾，会显得皮肤白皙；穿藏青色服装的中老年人，配一条淡素色围巾，会显得精神焕发。

(五) 提包

女士小型提包是女士日间出席正式场合时使用的重要饰物，可以使女性在动态中显示出独特的魅力。挂肩型提包是女士出席半正式或非正式社交场合时美观又实用的装饰品。

(六) 墨镜

墨镜也称太阳镜,原本是用作抵挡阳光保护眼睛的,现已成为一种装饰五官的脸部饰品了。戴上墨镜,会平添几分神秘感和魅力,给人以严肃、神气、深沉之感。礼仪规范对墨镜的要求是:在参加室内活动时,不要戴墨镜;在室外,遇有礼仪性活动,也不应戴墨镜。有眼疾须戴墨镜时,应向主人或客人说明并致歉意。在与人握手、说话时,应将墨镜摘下。

【案例】 孙女士是一家公司的高级管理人员,应邀参加一场高级商务酒会,她计划通过这一机会结交几个同行,以拓展人脉,因此精心挑选服装,并仔细地修饰、打扮了一番。来到会场,孙女士忽然不自在起来,原来她发现几乎所有的女客携带的都是真皮或者缎面的坤包,唯有自己带的是绒布包,顿时觉得尴尬,完全没有了应酬的心情。

【分析】 绒布包在家居或平时上班时使用比较合适,而在正式交际场合,真皮或缎面的高级坤包则更能体现携带者的身份和品位。孙女士百虑一疏,忽略了场合、服装、配饰之间的呼应关系,以致在席间显得不合体,影响了交际的信心和心情。

三、领带

一条打得漂亮的领带,在穿西装的人身上会发挥画龙点睛的作用。而要打好领带,就务必要注意场合、服装、位置、结法、长度、配饰等。

(1) 场合。领带有其特定的场合。打领带意味着郑重其事,因此在上班、办公、开会或走访等公共场合,以打领带为宜。在参加宴会、舞会或者音乐会的时候,为表示尊重主人,亦需打领带。而在休闲场合,通常是不必打领带的。

(2) 服装。打领带与否,必须注意与之配套的服装。一般而言,穿西装套装必须打领带。穿单件西装时,领带则可打可不打。在非正式活动中穿西装背心时,可以打领带。不穿西装的时候,比如穿风衣、大衣、夹克、猎装、毛衣、短袖衬衫的时候,通常不宜打领带。

(3) 位置。将领带打好后,需将其置于适当的位置。穿西装上衣与衬衫时,应将其置于二者之间,并令其自然下垂。在西装上衣与衬衫之间加穿西装背心或羊毛衫、羊绒衫的时候,应将领带置于西装背心或羊毛衫、羊绒衫与衬衫之间。切勿将领带夹在西装上衣与西装背心、羊毛衫、羊绒衫之间。

(4) 结法。领带打得漂亮与否,关键在于领带结打得如何。领带结的基本要求是，挺括、端正，并且在外观上呈倒三角形。领带结的具体大小，最好与衬衫衣领的大小成正比。要想使之稍有变化，则可在它的下面压出一处小窝或一道小沟来，即所谓"男人的酒窝"，是当今流行的领带结法之一。打领带时，最忌讳领带结松松垮垮、不端正。在正式场合露面时，务必提前收紧领带结。千万不要因为图爽快，而将其与衬衫的衣领"拉开距离"。

（5）长度。领带打好后，必须长短适度。最标准的长度是在领带打好之后下端的大箭头正好位于皮带扣的上端。

（6）色彩。从色彩上讲，领带有单色、多色之分。单色领带适用于公务活动和隆重的社交场合，并以蓝、灰、黑、棕、白、深红色为佳。多色领带一般不应超过三种色彩，可用于各类场合。色彩过于艳丽的领带，一般只在非正式的社交、休闲场合使用。

思考与练习

1．你平时是如何打点自己的个人形象的，你准备如何改进？
2．举例说明着装有哪些原则。
3．如果你正在求职并得到一家大型企业的面试通知，你准备如何设计自己的个人形象？
4．如果工作场合需要男士每天穿西装，是否需要每天更换西装，或者一周更换几次为宜？

第三章 交际礼仪

马克思曾经说过："人们之间的交往是一切社会心理现象的基础和根源。"人的社会交际，可以说是个体能够适应环境、适应社会生活，担当社会角色，形成丰富健全的个性的基本途径。离开了正常的社会交际，人的心理就不能健康发展。

要想获得社会交际中的成功，就要懂得社会交际中的礼仪。交际礼仪范围十分广阔，这里仅就一些经常涉及的场所和环境，谈谈应该注意的礼仪问题。

第一节 见面介绍

一、建立良好的第一印象

"第一印象"，是在与人初次接触时给对方留下的形象特征，心理学上称为"首因效应"。第一印象在人际交往中所具备的定式效应有很大的稳定性，一个人留给他人的第一印象往往如深刻的烙印，很难改变。所以，在社会交际中，一定要注意给别人留下良好的第一印象。

所谓第一印象，说得直白一些，也就是一个人的仪容、仪表、仪态所显示的外在形象，在社交对象头脑中形成的最初印象。仪容、仪表、仪态包括人的容貌、姿态、风度、衣着、修饰、言谈举止、待人接物的态度等。关于这些，在第二章中已有讲述，这里只强调以下几点。

（一）服饰打扮合乎时宜

中国有句俗语，"三分人才，七分打扮"，强调的是人要对自己的外型进行修饰。如果说五官、身材因先天因素而难以改变，或许会留有遗憾，但是服饰却能因个人而充满张力。服饰是人的外型中最富于变化、最能体现个性的元素，也是我们能在外在形象上充分体现自己性格、修养的舞台。

第二章中已经对服饰进行了详细的讲解，这里主要提出两个问题，提醒大家注意。

(1) 不同的场合对服饰有不同的要求。

求职面试时，着装应充分考虑所应聘职位的特点。比较严谨、正统的职业，一定要身着正装，相对开放的职位，则可以适当随意一点，但是不可随便。如果应聘教师职位，着装一定要简洁、大方、得体，以正装为佳；应聘技师职位，则以穿便装为佳，以免让人觉得你害怕油污。

出席一些庄重场合时，在服饰方面也一定不能随便。如果请柬上有着装要求，则一定要按照规定穿着，一般而言，都不宜穿夹克、T恤、牛仔裤等便装，更不能穿短裤、背心。另外特定的场合也会有特殊的要求，比如参加婚宴等，着装应该与气氛相协调，在注意款式新颖、色彩丰富的同时，也要注意不能过于随便。而参加葬礼、吊唁等活动时，着装一定要选择深色、素色的服饰，要给人庄重之感。当然朋友间的小型聚会，则宜选择休闲服饰，以显示亲近、随和，比较凸显自己个性的装束也会为你留给他人的第一印象增色不少。

(2) 同一职位，在不同的部门或单位，服饰也有不一样的要求。

比如同样是秘书职位，到一个时尚杂志社当秘书与到一个律师事务所当秘书，着装显然是有一定差异的。在律师事务所，着装应该更像一个律师而不是秘书；而在时尚杂志社，则应该注意时尚元素，以免与环境不符。

(二) 注意保持良好的精神面貌

面由心生。一个人面容上的表情，行走的步履、姿态都向周围的人传递着其心理状态的信息，所以可将通常看到的人的形象用精神面貌来概括。

(1) 不同的精神面貌产生不同的效果。

举动轻盈、敏捷，步伐矫健有力，姿势端正，松而不垮，直而不僵，所有这些传送给别人的信息是自信而不傲慢，健康而不粗俗，轻捷又井然有序，仪态万方，表示了欢迎、高兴、愉快等积极的愿望，给人以亲切、美好、舒畅之感。

歪歪倒倒的坐姿，杂乱粗重的步伐，勾腰驼背或是挺胸凸肚的站相，是很难为人所接受的。决定出现在别人面前时，最好以饱满的精神去面对，而不要露出疲惫之态，或是不情愿的姿态，以免让对方郁闷，而对自己不利。

(2) 时刻露出微笑是给人留下良好印象的法宝。

微笑，是自信的表现。微笑所表达的热情而积极的处世态度，很自然地具有极大的吸引力。微笑这种面部表情，是人们充实、自信、乐观、谦和、宽大、真诚等内心世界感情的流露，它传递给别人的信息不仅有时可以代替语言，而且有时甚至能够起到语言所不能起到的作用。

微笑是一种无声的语言，是人际交往中的"润滑剂"，是友好、善良、赞美的象征。有分寸的微笑，再配上优雅的举止，往往比有声语言更有想象力，可以达到"此时无声胜有声"的效果。一个心理健康的人，一定能将美好的情操、愉快的心境、温暖的情谊、善良的心地，水乳相融，变成微笑。

【案例】 小王忽然接到同学 T 的电话，问他什么时候来参加自己的生日聚会，这时小王才想起自己答应 T 今晚参加他的生日聚会。于是匆匆忙忙赶到聚会地点，发现来的人很多，有一些相识的同学，但也有很多不认识的人。小王一整天在外奔波，衣服穿得很随便，加之连日来事情很多，脸上也满是疲惫之色。当小王随随便便，拖着有些疲惫的步子走进聚会厅时，看到别人都衣着光鲜，神采飞扬，不觉心里有点不快，后悔自己勉强过来参加聚会，所以脸色更是难看，没有一点笑容。T 过来招呼小王，小王勉强表达了祝福，便坐在一旁喝了几杯啤酒，也不想与人寒暄，坐了一会便又借故离开了。

【分析】 小王的举动是很不适宜的，对于那些不曾相识的人而言，小王更是会给其留下不好的第一印象。其一，答应了别人，就不应该忘记，正是因为自己的忘记才导致了以后的被动；其二，既然已经出席，虽然因为自己的疏忽在衣着上令印象分大打折扣，但是精神面貌其实更重要，可是小王不能调整好自己的情绪，更不是积极用自己良好的精神面貌以及自信的微笑去挽回自己的衣着失误，却脸色难看，让人觉得小王很不善于与人打交道，给人留下性格比较怪癖的印象。

二、见面礼仪

见面是交往的开始，期望在社会交往中树立良好的印象，就应该从见面的瞬间开始。在第一印象中，服饰、外形固然很重要，但是良好的礼仪行为，友好的待人接物的态度也是在交往中获得对方好感的重要手段，所以了解见面时的礼仪常识十分必要。

人们在日常的社会交往中，见面时会有一些约定俗成的礼仪，一般情况下首先是相互致意，通常称为打招呼。世界各国、各地区、各民族由于长期以来形成了不同的习惯，其打招呼的礼仪、方式也各不相同，有点头、握手、拱手、拥抱、鞠躬等。其中，最为通行的是握手。

（一）握手礼

1. 握手的含义

握手，多数用于见面致意和问候。人们彼此之间通过介绍相互认识，以握手表示友好和愿意与对方见面的心情，以便更多地交谈和更深入地互相了解。对久别重逢或多日未见的友人，以握手表示对对方的关心、问候和亲近之意。人们之间经介绍、相识到交谈之后，或朋友来访之后，告别时，一般都以握手表示感谢对方、保持联系、欢迎再来的心情。

握手，除了是一种见面致意和问候的礼节外，还是一种祝贺、感谢或相互鼓励的形式。如某人在工作中取得了好成绩，同事们可同他握手表示祝贺，他也可以采取握手的方式向前来祝贺者表示感谢；运动员在比赛之前，教练员和同事们可以握手鼓励他取得好成绩，当他取得好成绩之后，教练员和同事们可以握手向他表示祝贺，他同样可以握手的方式对祝贺者表示感激。

2. 握手的程序

握手的程序应根据握手人双方所处的社会地位、年龄、性别和其他条件来确定。一般来说，握手的基本规则包括以下几个方面。

(1) 主人与宾客相互握手，主人应先伸出手来，宾客待主人伸出手后，方可伸手握之。

(2) 年长者与年轻者相互握手，年长者应先伸出手来，年轻者应待年长者伸出手后，方可伸手握之。

(3) 身份高者与身份低者相互握手，身份高者应先伸出手来，身份低者待身份高者伸出手后，方可伸手握之。

(4) 女士与男士相互握手，女士应先伸出手来，男士应待女士伸出手后，方可伸手握之。

3. 握手的要求

无论是什么条件、什么身份的人，握手时都应按照以下要求去做。

(1) 握手时，双方应先打招呼或点头示意，然后是相互握手，寒暄致意。

(2) 可边握手边问候，时间亦可长一些。初次见面者，则应听完介绍之后轻轻地相握，握一下即可。

(3) 年轻者与年长者，身份低者与身份高者握手，上身应稍稍前倾，以双手相握，表示尊敬。

(4) 男士与女士握手，往往只需握一下女士的手指部分或轻轻地碰一下；女士与男士握手，只需轻轻地伸出手掌。

(5) 握手时不要看着第三者或低头俯视地面，更不要无目标地四处张望或凝视远处，避免给人心不在焉或对对方不尊重的感觉。

(6) 对方如果伸出手来，千万不要拒绝，以免造成尴尬的局面。

(7) 当老人或贵宾向你伸出手时，最好能快步趋前，用双手相握，并热情问候与致意。

(8) 多人同时握手时，请不要交叉，应待他人顺次握毕，你再伸手。

(9) 男士握手前，应先脱下手套，摘下帽子，女士可以不脱手套；与女士、身份高者、年长者或贵宾握手时，要掌握好力度，不要抓住对方的手使劲摇动。

(10) 军人戴军帽与对方握手前，应先行军礼，然后握手。

（二）致意

致意是见面时常用的一种礼节，它表示问候之意。致意可以是相互还不认识的人之间的一种表示友好的方式。在某些特定场合下，比如共同出席某一个宴会，有心结识，但尚无人出面相互引荐，可以自己先致意，以示友好，这样的信号可能是结识的前奏。致意也可以是已相识的友人之间在相距较远或不宜多谈的场合用无声的动作语言相互表示友好与尊重的一种问候礼节。

致意时应诚心诚意，表情和蔼可亲。一般来说，致意是一种无声的问候，因此向对方致意的距离不能太远，以 2~5 m 为宜；也不能在对方的侧面或背面。当然，有时相遇者侧身而过时，施礼者在用非语言信号致意的同时，也可伴以"您好"、"早上好"等问候语，使致意增加亲密感，受礼者应用同样的方式以示答谢。

致意的方式多种多样，常用的有以下五种。

1. 举手致意

这种方法通常用于公共场合远距离遇到相识的人之时，不必吱声，只需举起右手，掌心朝向对方，轻轻摆摆手或挥挥手即可。但摆动幅度不要太大，手不要反复摇动。

2. 点头致意

这种方法适于交谈的场合，如在会场上或在与别人谈话时遇见熟人，只需点头致意即可。另外与相识者在同一地点多次见面，或仅有一面之交的朋友在社交场合相见，均可点头致意。点头致意的方法是，头轻轻向下一动，幅度不必太大。

3. 微笑致意

它可以用于同不相识者初次会面之时，也可以用于在同一场合反复见面的老朋友"打招呼"。

4. 欠身致意

致意者可以站着也可以坐着，在目视被致意者的同时，微微起身，身体向前倾，以表示对对方的尊敬之意。

5. 脱帽致意

（1）两人相遇可摘帽点头致意，离别后再戴上帽子。

（2）戴着礼帽遇到友人，特别是女士时，应微微欠身，摘下帽子，并将其置于与肩膀平行的位置，同时与对方交换目光；离开对方后，脱帽者才可以使帽子"复位"。

（3）若在室外行走时与友人迎面而过，则只要用手把帽子轻轻向上掀一下即可。

（4）如要停下来与对方谈话，则一定要将帽子摘下来，拿在手上，等说完话再戴上。

（5）如因头痛等原因不能摘帽，应先向对方声明，并致歉意。如男士向女士行脱帽礼，女士应以其他方式向对方答礼，因女士不行脱帽礼。

上述几种致意方式，在同一时间，对同一对象，可以用一种，也可以几种并用，依自己对对方表达友善恭敬的程度而定。相互致意时要注意文雅，不要一面致意，一面高声叫喊；也不要一手致意，一手插在衣裤兜里；嘴里叼着香烟致意更是不礼貌。

在社交场合遇见身份高或者年长者，应有礼貌地点头致意，不要主动向前伸手问候，只在其伸手时，才向前伸手问候。

（三）拱手礼

拱手礼，又名长揖，指以两手合抱致敬。它是我国古代一种重要的礼节，常在人们相见时采用，行拱手礼，不分尊卑，拱手齐眉，自上而下。它在我国已经有两千多年的历史了。

目前，在我国拱手礼主要适用于以下场合。

（1）团拜。这是组织内部公共关系活动的一项重要内容。逢年过节，机关团体成员大家聚在一起祝贺，领导干部到职工中间恭贺等，都常以拱手为礼，表示节日的祝贺。

（2）开会。在各种会议上，组织或企业的主要领导者，为了求得社会各界、各单位和上级部门的关心和支持，也常以拱手致敬，请求大家的关照。

（3）祝贺。祝贺寿辰、祝贺荣升、祝贺取得成就、祝贺乔迁新居等场合中，当祝贺者或被祝贺的人数很多时，常以拱手为礼来代替握手。

三、介绍与称呼礼仪

介绍是社会交际场合中互相了解的基本方式，它是人们互相认识、建立联系所不可缺少的手段。正确的介绍可以使素不相识的人相互认识，也可以通过落落大方的介绍和自我介绍，显示良好的交际风度。

（一）自我介绍

在社交活动中，如果想结识某个人或某些人，而又没有人引荐，则可以自己充当自己的介绍人，把自己介绍给对方。

自我介绍时应先向对方点头致意，得到回应后再向对方介绍自己的姓名、身份、单位等。

1. 自我介绍的具体形式

(1) 应酬式：适用于某些公共场合和一般性的社交场合。这种自我介绍最为简洁，往往只包括姓名一项即可。

"你好，我叫张强。"

"你好，我是李波。"

(2) 交流式：适用于社交活动中，希望与交往对象进一步交流与沟通之时。它大体应包括介绍者的姓名、工作、籍贯、学历、兴趣及与交往对象的某些熟人的关系。

"你好，我叫张强，我在金洪恩电脑公司上班。我是李波的老乡，北京人。"

"我叫王朝，是李波的同事，也在北京大学中文系，我教中国古代汉语。"

(3) 礼仪式：适用于讲座、报告、演出、庆典、仪式等一些正规而隆重的场合。包括姓名、单位、职务等，同时还应加入一些适当的谦辞、敬辞。

"各位来宾，大家好！我叫张强，我是金洪恩电脑公司的销售经理。我代表本公司热烈欢迎大家光临我们的展览会，希望大家……"

(4) 问答式：适用于应试、应聘和公务交往。问答式的自我介绍，应该是有问必答，问什么就答什么。

"先生，你好！请问您怎么称呼？（请问您贵姓？）"

"先生您好！我叫张强。"

主考官问："请介绍一下你的基本情况。"

应聘者："各位好！我叫李波，现年 26 岁，河北石家庄人，汉族……"

2. 自我介绍的注意事项

(1) 注意时间。要抓住时机，在适当的场合进行自我介绍，一般应选在对方有空闲，而且情绪较好，又有兴趣时，这样就不会打扰对方。自我介绍要简洁，尽可能地节省时间，以半分钟左右为佳。为了节省时间，作自我介绍时，还可利用名片、介绍信加以辅助。

(2) 讲究态度。进行自我介绍，态度一定要自然、友善、亲切、随和。应落落大方，彬彬有礼。既不能唯唯诺诺，又不能虚张声势，轻浮夸张。语气要自然，语速要正常，语音要清晰。

(3) 真实诚恳。进行自我介绍要实事求是，真实可信，不可自吹自擂，夸大其词。夸夸其谈不好，但是过于自谦，也不会给人特别好的印象。自信、真实会给人更好的印象。

(4) 推敲措辞。若能够在简短的自我介绍中，凸显出自己的某一个特点，则能为自己的第一印象增色不少，尤其是一些比较自然幽默的介绍方式。有一次，拳王阿里参加一次盛大宴会，席间，主人把一位钢琴家介绍给他，钢琴家幽默地说:"我们是同行,都是以手谋生!"阿里回答:"而你是出色的,你的身上没有一个伤疤!"显然钢琴家与阿里都有足够的智慧与幽默,都会给对方留下较为深刻的印象。

(二) 他人介绍

在社交场合,如想结识某人,除自我介绍之外,还可以通过他人介绍这一途径。

一般身份地位高者、年长者、特邀者和贵宾在社交场合与某些人相识时,常常由他人来做介绍。

由他人做介绍,自己处于当事人之中,如果自己是身份地位高者、年长者或是主人,在听完他人的介绍之后,应立即与对方互致问候,表示欢迎对方。如果你是身份地位低者或是宾客,当尚未被介绍给对方时,应耐心等待;当自己被介绍给对方时,应根据对方的反应做出相应的反应,如对方主动伸手,你也应及时伸手相握,并适度寒暄。

(三) **名片的使用**

1. **名片的种类**

名片是现代社会自我介绍的一种方式,可以分为普通社交名片和业务、职业性名片等。后两种名片与第一种的区别在于,除了姓名、地址、邮编、电话、电传外,还将所在单位、职务、职称、社会兼职等都印在上面,以求明了。现在,常见的名片大都属于后两者,但因它们具有通用价值,故而可不加区别。

2. **名片的使用**

名片通常在以下三种情况下使用:一是在带有商业性质的横向联系与交际中使用;二是在社交的礼节性拜访中使用;三是在某些表达感情或表示祝贺的场合中使用。

(1) 交际性名片。用于社交场合中相互了解,可在自我介绍或被介绍之后使用。在递、接名片时,如果是单方递、接,最好能用双手递、双手接;双方互送名片时,应右手递,左手接。两种情况都要求名片的正面(写中文字样的一面)朝着对方。接过对方的名片时应点头致谢,并认真地看一遍,最好能将对方的姓氏、主要职称或身份轻声读出来以示尊重。遇到看不明白的地方也可以请教。将对方的名片放在桌上时,上面不要压、放任何东西。收起名片时,要让对方感觉到,你是将其名片认真地放在了一个最重要、最稳妥的地方。不要接过对方的名片一眼不看就立即收起,也不要将其随意地摆弄,因为,这样会被对方感觉是一种不恭。

如果是事先约定好的面谈,或事先双方都有所了解,则不需要忙着交换名片。可在交谈结束、临别之时取出名片递给对方,以加深印象,表示保持联络的诚意。

(2) 拜访性名片，也可用于下列情况：寄送礼物时，可将名片附在其中；赠送鲜花或花篮时，可将名片附在其上；在非正式的邀请中，可用名片代替请柬，并写清时间、地点及内容；拜访好友或相识的人而未相遇，可以名片作为留帖，并附上适当的文字。

(3) 感谢与祝贺性名片，可在朋友送来礼品或书信时代作收条或谢帖；当朋友参加重要的庆典活动时，可寄送一张名片，并附上亲笔题写的祝语，作为对朋友的祝贺。如果收片人非单身，汉语应以夫妇俩人为对象。此外，寄送名片还可以用于对朋友及其亲属的问候等。

（四）称呼

称呼是指当面招呼对方，以表明彼此关系的名称，称呼是交际大门的通行证，是沟通人际关系的第一座桥梁。所以，称谓语使用得当与否，对社会交际有直接影响，一声充满感情而得体的称呼，不仅体现出一个人待人礼貌诚恳的美德，而且使对方感到愉快、亲切，易于交融双方情感，为深层次交往打下基础。

相互的称呼是日常交往中经常碰到的问题，特别是初次相识或不太熟悉的人，交往时首先就要考虑如何称呼。过去，在我国对人的称谓曾有十分严格而烦琐的规定，如有违反，不仅失礼、失面子，还会丢官、掉脑袋。后来相互称谓日趋简化实用，许多繁文缛节已被逐步淘汰，但一些传统的称呼仍沿用至今，成为社交礼仪的一个组成部分。

1. **传统称呼方式准则**

称呼对方用尊称通常有以下几种。

(1) 对德高望重者冠以"先生"、"前辈"称之。

(2) 冠以"贤"、"尊"、"高"、"长"、"令"等字眼以称呼对方的亲属和师生。如"贤契"、"高足"、"尊夫人"、"令尊"、"令堂"、"令郎"、"尊师"等。

(3) 职位身份显赫者、有爵位者常以"陛下"、"殿下"、"阁下"称之，其中"阁下"的称呼可以较广泛地使用。

自称往往用谦称，有以下几种。

(1) 谦称自己，如"鄙人"、"愚兄"；

(2) 用辈分低下谦称如"小弟"、"小婿"；

(3) 用地位低下谦称：如"在下"、"学生"、"晚生"等。

(4) 宣称自己名字不带姓氏，都有谦称的意思。

2. **常用传统称呼方式**

目前在年纪较大的人中间，文化界、艺术界、商界或是很正式的场合，有一些传统的称呼方式依然适用。总的原则称谓对方常加"令"、"尊"、"贵",自称常加"小"、"敝"、"愚"、"拙"等字。

(1) 询问别人。询问别人称"拜问",询问别人姓名单位常用"尊姓"、"贵姓"、"大名"、"贵处",问年龄为"贵庚"、"高龄"、"高寿",年轻女子用"芳龄"。

(2) 称呼对方。称对方住处为"府上"、"尊府";称别人意见为"高见";称对方神态相貌为"风采",女子的神态相貌还可称为"芳姿"、"倩影"等。

(3) 称呼自己。谦称自己姓名为"贱姓"、"草字";称自己家乡为"敝县"、"敝处";称自己年龄为"虚度××岁";称自己住处为"寒舍"、"蜗居";称自己意见为"愚见"、"拙见";称自己作品为"拙作"、"拙著"。

(4) 其他常见方式。访问看望别人称"拜望"、"拜见";回答别人称"呈报"、"上报"等。

3. 现代常用称呼

平时互相称呼"同志"就是有礼貌的,对年龄相差不太大的初交的陌生人一般都比较适用。对年长一些而身份不太清楚的称"师傅"。

有些特定职业也可作称谓,如"老师"、"大夫"、"律师"等。有些职称亦可作称呼,如教授、工程师、总工程师等,可称"×教授"、"×工"、"×总"。

同事、朋友之间彼此熟悉,对年长一些的加一个"老"字,如"老赵"、"老钱",可以互称;对年轻点的称"小",如"小孙"、"小李",也可互称。

对德高望重的老学者、老前辈,若直称"老×",就显得不够尊敬,称"×老",就比较适宜。目前我国南方称男同志为先生,称女同志为小姐,称已婚女人为×太太。

4. 称呼的原则

在社会交际中,人际称呼很有讲究,须慎重对待。人际称呼的格调有雅俗、高低之分,它不仅反映人的身份、性别、社会地位和婚姻状况,而且反映对对方的态度及与其亲疏关系。不同的称呼内容可以使人产生不同的情感。

(1) 礼貌原则。这是人际交往的基本原则之一。每个人都希望被他人尊重。合乎礼节的称呼,正是表达对他人尊重和表现自己礼貌修养的一种方式。交际时,称呼对方要用尊称,如贵姓、贵单位、贵方、贵校、张老、郭老等。

(2) 尊崇原则。一般来讲,汉族人都有从大、从老、从高的心态,比如对于一些副职,可以在姓氏后直接以正职相称;一些可以称"叔叔"、"伯伯"之类的传统称呼,由于现代社会的发展,这类的称呼也有一些变化,比如有一些女士在被人以"阿姨"相称时,她会觉得自己是不是显得很老了,所以可能更愿意接受"大姐"之类倾向年轻化的称呼。

(3) 适度原则。由于我国"先生"、"女士"、"太太"之类的西化称呼并不是很普及,这些称呼往往更适用于一些文化层次较高的人群。所以,在很多的时候要注意适度的原则。对于厨师、理发师、工人等,可能喊"师傅"显得更亲切,更让人乐于接受,但是对医生、教师、干部等工作者,可能喊"师傅"就不合适了。另外,因为要拉近彼此的距离,往往会选择更亲切的称呼以增进彼此的亲密感,比如一些拟亲称呼"×爷爷""×奶奶""×叔叔""×哥"等,但是这些拟亲称呼,也要注意分寸,有的时候并不能增进亲密感,反而让人觉得你过于随便。当然虽然我们强调礼貌、尊崇原则,但是一些年轻人聚会的场所,可能使用这种相对传统的尊称,会令你觉得比较拘谨,这时就可以适度随意一些。

【案例】 一次社交聚会上,孙先生穿着一身名牌,信心百倍地走进会场。他一眼看到自己很想结交的社会名流陆老,于是直接走上前去,伸出手,自我介绍道:"陆老,您好!我是××公司的经理孙××。"陆老伸出手,与他轻轻握了握,之后并没有理睬孙先生,而是与其他人寒暄去了,没有留给孙先生搭讪的机会。孙先生有些无趣,只好转向寻找其他的自己觉得有必要交往的人。这时有一位先生与他擦肩而过,那位先生礼貌性地点头致意,孙先生满脑子想的是这个人我认识吗?他是谁?所以有些木然地过去了。不久,孙先生才得知刚才与自己擦肩而过的是一位很成功的人士,而且正是自己想结交的能够在生意场上给自己很大帮助的人。

【分析】 孙先生的衣着与精神面貌都还是不错的。不过,他随后的行为却很不合适。首先与地位尊贵者握手,一般是需要等位尊者主动伸手方才伸手,而且在社交场合,想要结交这样的人,一般需要找人引荐,或是需要等到合适的机会,不能贸然主动去攀谈。另外,孙先生在这样的场合不能表现出应有的礼貌,而是功利性极强的冲着有地位、有利用价值的人而去,显然这样缺少真诚与修养的方式只能令他的社交失败。

第二节 交谈交往

人们在从事社会生产和日常生活中,要统一目标,协同步伐,以及满足精神生活的需要,都要交流感情,沟通信息,这就是交际。最理想的人际关系建立在恰当又较完美的交流上,这就离不开语言,也就是通常的交谈。因为语言是人类赖以沟通思想的最重要的工具。交谈的过程就是人际交往的过程,也即人际关系本身。交谈作为人类交流的重要手段,可以帮助人们传递信息,缔结友谊,协商事情，获得事业的成功。

当然交谈是短暂的接触，交往则是长期的往来。但前者短暂的接触如能取得预期的结果，会为后者长期的交往奠定良好的基础。在人们交往的过程中，又常常以交谈作为接触点。人们要想获得社会交往的成功，首先要学会怎样说话，如何交谈。

一、寒暄

寒暄是交谈的序幕，寒暄与交谈一样是社交活动中重要的内容，是人与人之间表达感情的一种方式。

（一）寒暄的类型

寒暄有很多类型，比较常见的寒暄方式有以下几种。

1. 问候式

常用的问候方式就是表现礼貌的问候语，比如"您好"、"节日好"、"新年好"之类的。交谈者可根据不同的场合、环境、对象进行不同的问候，比如，从年龄上考虑，对小孩子要问，"你几岁了？"或者"上几年级了？"从职业考虑，对老师可以问："今天有课吗？"对作家可以问："又有大作问世了吧？"

随着时代的发展一些常用的问候语也在慢慢改变，比如以前人们习惯见面就问："吃饭了没有？"20世纪80年代，有一阵人们喜欢问："在哪里发财？"之后，开始出现"混得怎么样"之类的问候语。不过，现在"你好"更多地为人们所接受。

然而"你好"这样的问候语更适合一般性的泛泛之交，简单的问候以及礼貌的微笑、点头，在一些时候需要更深入的交流或者表达特殊情谊的时候，这样的问候就显得有一些生疏，让人有距离感了。

2. 情谊式

适合关系更进一步的人之间，比如"好久不见，你近来怎么样？""多日不见，好想你呀！"

也可以根据一些实际情况，表现对对方的关心，比如"身体怎么样？""来这里多长时间了，还住得习惯吗？"等。

3. 交谈式

有一些问候，比如"生意好吗？""在忙什么呢？"这些貌似提问的话语，并不表明真想知道对方的起居行止，往往只表达说话人的友好态度，听话人则可把它当成交谈的起始语予以回答，或把它当作招呼语不必详细作答。这类话语只不过是一种交际的媒介。

另外可针对具体的交谈场景，临时产生问候语，比如早上刚出门遇到说："早上好，上班去呀？"在图书馆门口遇到说："借书了呀？"这种寒暄，随口而来，自然得体。

4. 夸赞式

这种方式是很讨人喜欢的，比如同事穿了一件新衣服，你可以用赞美的语言说："小张，这件连衣裙穿着真漂亮！"老李今早刮了胡子，你可以说："老李越来越年轻了。"不过这样的话必然是事出有因的，不要每天都用这一招，要是老李今天与往常没有任何不同，你这么说，让老李莫名其妙，反而让人觉得你不够真诚。

5. 言他式

有一些寒暄语比较适合陌生人之间见面，一时找不到话题的时候，比如"今天天气真好"、"下雨了，已经下了好几天雨了"。这种言他式的寒暄是初次见面较好的形式。

在初次见面时，寒暄攀亲确认某种关系，一见如故，立即转化为建立交往、发展友谊的契机。人际交往中，只要彼此留意，就不难发现双方有着这样那样的"亲"、"友"关系，如"老乡"、"同事"、"同学"，甚至远亲等沾亲带故的关系。三国时，鲁肃见诸葛亮第一句话："我，子瑜友也。"一句话，使得鲁肃与诸葛亮之间有了一种情谊。"我出生在武汉，跟您这位武汉人可算是老乡呀！""您是研究药物的，我妈妈在制药厂工作……""您是武大毕业的，说起来我们还是校友呢。"在交际中，善于寻找契机，发掘双方的共同点，从感情上拉拢对方，是十分重要的。

初次见面的人，表现出尊重、敬仰也是很常见的寒暄方式。比如，"久仰大名"，"您的大作我拜读过，得益匪浅"……

寒暄语的使用要根据环境、条件、对象以及双方见面时的感受来选择和调整，没有固定的模式，只要见面时让人感到自然、亲切，没有陌生感就行了。

(二) 寒暄要注意的问题

(1) 寒暄时要注意态度真诚，语言得体。客套话要运用妥帖、自然、真诚，言必由衷，为彼此的交谈营造融洽的气氛。要避免粗言俗语和过头的恭维话，对着一个普通人，说"久闻大名，如雷贯耳"、"今日得见，三生有幸"就显得不自然。

(2) 寒暄还要看对象，对不同的人应使用不同的寒暄语。在交际场合，男女有别，长幼有序，彼此熟悉的程度也不同，寒暄时的口吻、用语、话题也应有所不同。一般来说，上级和下级、长者和晚辈之间交往，如前者为主人，则最好能使对方感到主人平易近人；如后者为主人，则最好能使对方感到主人的尊敬和仰慕。

（3）寒暄用语要恰如其分。如中国人过去见面，喜欢用"你又发福了"作为恭维话，现在人们都想方设法减肥，再用它作为恭维话恐怕就不合适了。西方小姐在听到人家赞美她"你真是太美了"，会很兴奋，并会很礼貌地以"谢谢"作答。倘若在中国小姐面前讲这样的话就应特别谨慎，弄不好会引起误会。

（4）寒暄还要看场合，在不同的地方使用不同的寒暄语。拜访人家时要表现出谦和，不妨说"打扰您了!"接待来访时应表现出热情，不妨说："欢迎!"庄重场合要注意分寸，一般场合则可以随便些。有的人不分场合、时间甚至在厕所见面也问人家"吃饭了没有"，使人啼笑皆非。当然，也有适用场合较广的问候语和答谢语，如"您好"、"谢谢"这类词，可在较大范围、各类人物之间使用。

二、交谈

列宁说过："语言是人类最重要的交际工具。"在正常人际交往中，交谈是必不可少的，而且是十分重要的。交谈是靠语言、非语言和聆听艺术构成的沟通方式。

（一）创造良好的谈话气氛

良好的谈话气氛，可以保证谈话主题不断深入，使谈话双方精神松弛，从谈话中得到愉悦。这要从以下几个方面入手。

1. **真诚的态度**

坦诚相见、坦率谈论的态度，能使人感到亲切自然，意见也容易被对方接受。而虚情假意、言不由衷的态度，会使人们产生反感的情绪，从而可能会失去与对方交往的机会。

2. **专注的神情**

交谈时，双方都应该专注认真，正视对方，理解谈话的内容。如在谈话时东张西望，似听非听，或翻阅报纸、杂志，或处理其他事情，都是对对方不礼貌的表现。

3. **情绪的反馈**

交谈是双方的事情，一方阐发自己的观点时，另一方就应该通过适当的眼神、语气词和体势语来烘托气氛，激发对方谈话的兴致，以使双方的交流更充分、更愉快。

（二）掌握聆听的艺术

人与人交往中的每一次交谈，说到底是"说"和"听"两种行为方式的组合，因而聆听在交谈中是不可缺少的重要组成部分。善于听人讲话，不仅体现出对说话人的尊重，也有利于沟通彼此的思想感情，取得好的交谈效果。

听话的艺术很多，主要是掌握以下要领。

(1) 选择一个安静舒适的交谈环境，以减少外界的干扰。
(2) 倾心、注意地听，不要预先存在想法，消除心理障碍。
(3) 少讲多听，不要随意插话、抢话。
(4) 设法使交谈轻松自如，不要使对方有拘束感。
(5) 注意听清内容，不要过多地考虑对方的谈话技巧、谈话表现等。
(6) 保持冷静，不要受个人情绪和当时气氛的影响。
(7) 恰当地提出问题，以表明你听得十分认真，并力求理解对方谈话的含义。
(8) 不要过早地作出判断。
(9) 注意谈话者的神态、表情等非语言传播手段。
(10) 注意自己的"身体语言"，身体稍稍地倾向于说话人，同对方保持眼神接触，并面带微笑，适当地点头附和，以示同意对方谈话的观点。

（三）注重交谈的技巧

在交谈中，除了要注意聆听，还要学会一定的谈话技巧。这里简单说两点。

1. 学会寻找合适的话题

好的话题，是初步交谈的媒介，深入细谈的基础，纵情畅谈的开端。谈话是否投机，是否会出现两三句后就无话可说的情况，关键是看你能否找到好的话题。

(1) 中心开花法。在陌生人较多的场合，把话题指向大家的兴奋中心，是明智的做法。选择众人关心的事件为话题，围绕人们的注意中心展开，就会引出许多人的议论，形成"中心开花"的局面。

例如，不久前某市一家银行发生了一起建国以来所罕见的特大持枪抢劫案，关于该案的传闻很多。如果你在这段时间举行一个聚会，而又苦于找不到好的话题，你不妨这样开头："据说××银行抢劫案已有了侦破线索，不知现在情况怎样了。"这样，大家就会议论纷纷，有的补述自己所知道的一些情况，有的叙述当时现场的情况，有的发表幕后新闻，有的对当前的社会治安发表看法……总之，这是一个人人都感兴趣，人人都可以参与的话题。聚会有了这样的谈话兴奋点，就不会出现冷场。

当然，如果你找不到非同寻常的事件作为话题，或者说，你并没有过不同寻常的经历，你也不必缄默不语，平凡的生活也会给你提供大量的话题。我们身边的人大多是凡夫俗子，也大都对日常的事情感兴趣。孩子的入托上学问题，独生子女的教育问题，夫妻间的相处问题，甚至柴米油盐的价格问题等都是升斗小民所关心的问题。不要为显示你的"高雅"而回避这些问题，不要以为话题必须高雅而有学问。人们对重大的政治问题、国际问题感兴趣，对高深的学问深表敬意，但人们谈得更多的还是生活和爱情，吃喝和天气。其实，什么都可作为话题，你可以谈及烹调、编织、时装、家具；谈亲戚朋友；可以讨论书籍报刊、戏剧电影；可以谈论时事新闻、国家政治；可以讲述故事、逸闻等。

(2) 即兴引入法。在面对少数或一个陌生人时，可以巧妙地借用他的某些材料为题，借此引发交谈。

如当一位陌生的顾客带着孩子来买衣服时，就可以说："呀，这孩子多大了？长得真可爱。是不是不放心妈妈的眼光，要亲自来挑选呀？"这句话，可能会引起这位妈妈谈话的兴趣。她可能会跟你讲述孩子的故事，讲为人父母的难处和乐趣等。借用对方的姓名、籍贯、年龄、服饰、居室等，即兴引出话题，是一种聪明而不太费劲的做法。

再比如，看见女同事穿了一件不常穿的衣服，就夸赞她打扮得很时尚、很漂亮，并问她这件衣服在哪里买的，这样令对方很开心，话题也就自然而然地展开了。

(3) 循趣入题法。问明（了解）对方的兴趣，循趣生话，就能顺利地找到话题。因为是对方最感兴趣的事情，也就会很乐意交谈。

比如，对方喜欢摄影，以此为题，可以谈摄影的取景、色彩的搭配，也可以谈各类相机的优劣等。如果你对此也很了解，当然非常好，可以交流心得体会，如果你是门外汉，可以学到一些知识，增长见识。

如果你感到话题有限的话，就尽量找些新的话题。你每天读报纸杂志，听广播，看电视，你对顾客、营业员、大学生、家庭等颇有兴趣，这些都是谈话的话题。当你在报上看到某个喜爱的栏目时，用心记住它，可以在这些基础上建立自己的话题库，还可做些笔记和卡片。当记忆犹新的时候，提炼这些材料向家人和朋友谈论它们。用这种办法不断发现和提炼话题，你就不会感到无话可说。

(4) 选择话题的禁忌。有些事情是不适合做话题的。一般说来，对一个陌生人谈论你的私生活是不合适的；不要向一般人谈论你亲人和朋友的缺点；不要向不喜欢某部影片的人大谈该电影的情节；在欢乐的聚会中，切忌谈论忧郁的故事。提一些挑战性的、容易引起激烈争吵的话题时要慎重，最好等到"知己知彼"之后再进行；当你提出一个话题时，要确信自己对它有所了解，如果你刚接触汽车，最好不要大谈汽车维修方面的专业知识，因为在座的也许就有这方面的行家。

【案例】 某市文化单位计划兴建一座影剧院。一天，公司经理正在办公，家具公司李经理上门推销座椅。一进门便说："哇！好气派。我很少看见这么漂亮的办公室。如果我也有一间这样的办公室，我这一生的心愿就满足了。"李经理就这样开始了他的谈话。然后他又摸了摸办公椅扶手说："这不是香山红木么？难得一见的上等木料呀。"

"是吗？"王经理的自豪感油然而生，接着说："我这整个办公室是请深圳装潢厂家装修的。"于是亲自带着李经理参观了整个办公室，介绍了计算比例、装修材料、色彩调配，兴致勃勃、自我满足，溢于言表。

如此，李经理自然可拿到王经理签字的座椅订购合同。同时，互相都得到一种满足。

【分析】 这是一个选择合适的话题，拉近与陌生人的关系的典型事例。李经理进门没有直接赞赏王经理有品位、有见地，或者介绍自己的产品质量，以免给人以来做生意之感。进门之后，看似简单地称赞王经理办公室的豪华气派，他这种随意的方式让对方也会觉得亲切，而无唐突之感，同时因为正合对方心意，让对方倍感自豪，兴致大发，于是热情地向李经理介绍办公室的装潢设计，并非常乐意地与他签订了合同。

2. 巧妙、得体的发问与回答

（1）发问的技巧。

问答是语言沟通中最常用的要素，为了获得所需要的回答，就要讲究发问的技巧，做到问得好、问得妙。

发问不同于质问，其目的不是难倒对方，在日常生活中，许多问话都是征求对方的意见，统一对某个问题的看法。这种情形下向对方问话时，应多用选择型提问。选择型提问容易形成友好的谈话氛围。被提问者可以根据本人的意愿，自由地选择答案。

例如，客人来访，往往会倒一点饮料，但又不知他喜欢什么，你可以这样问他："你要不要来点茶？喜欢喝橙汁吗？或者是来点咖啡？"这样的方式会让人觉得很舒适，给了对方足够的自由做主的空间。

当然，也可适当地选用一些有暗示性、诱导性的问题以达到预期的效果。这种发问目的性较强，它能帮助提问者获得较为理想的回答，降低被提问者说出拒绝的或提问者不愿接受的回答的几率，有意识，有目的，让对方在限制的范围内作出回答。

【案例】 第二次世界大战结束后，日本许多商店人手奇缺，为减少送货任务，有的商店就将问话顺序进行了调整，将"是您自己拿回去呢，还是给您送回去"改为"是给您送回去呢，还是您自己带回去"，结果大奏奇效，顾客听到后一种问法，大都说："我自己拿回去吧。"

又如，有一家咖啡店卖的可可饮料中可以加鸡蛋。售货员就常问顾客："要加鸡蛋吗？"后来在一位人际关系专家的建议下改为："要加一个鸡蛋，还是加两个鸡蛋？"销售额大增。

【分析】 究其原因，十分简单。因为这种选择性提问带有一定的诱导性。人们一般在选择性问话中总是将着重强调的内容放在后边，这实际上是诱导对方尽量采用后一种方案。所以，第一个案例中商店将问话中包括的两个内容前后交换位置后，顾客有时会不由自主地选择了"自己拿回去"的方案，商店便巧妙地减少了送货的任务。而第二个案例中售货员的问话也是起着诱导作用的。"要加鸡蛋吗？"是诱导顾客"要"或"不要"，答案在这两者之间选择，就很容易出现顾客"不要"鸡蛋的情况。而"加一个，还是加两个"则是诱导顾客在"一"与"两"之间选择，因此，答案出现"不要"的可能性就小得多了。

(2) 发问的礼仪。

交谈中不善于提问，常常会使交谈失败。在交谈中发问要注意以下几点。

其一，适可而止地问。问答是双边活动，必须使对方乐于回答。问话要察言观色，从对方表情中获得信息反馈。对方低头不语或答非所问，可能是表示他不感兴趣或不能回答，就要换个提法或问题再说；对方面露难色或有疲劳厌倦感，就不能穷追不舍，应适时停止。一般不要冒昧地问对方的工资收入、家庭财产、个人履历等问题。

其二，彬彬有礼地问。在谈话过程中使用表示尊重的敬语"请教"、"请问"、"请指教"等，要恰当地使用表示谦恭的谦辞"多谢你提醒"、"您的话使我茅塞顿开"、"给您添麻烦了"等。

在对方偏离了你想要了解的话题时，也可以用委婉的方式控制话题，"请允许我打断一下……""这些事情你讲得很有意思，今后我还想请教，不过我还想再谈谈最开始谈的那个问题……"自然地把话题引过来。

其三，因人而异地问。对不同的人要用不同的方式发问。对性格直率者，不妨开门见山；对脾气倔强者，要迂回曲折；对平辈或是晚辈，要真诚坦率；对文化较低者，要通俗易懂；对心有烦恼者，要体贴亲近。

(3) 回答的艺术。

问与答是矛盾的统一体。回答，是对提问的反馈。问是一门学问，答也需要高超的技巧。

既然是回答问题，首先就一定要听清楚对方的提问，并且清楚对方问话的意图，做出简洁、针对性强的答复是最为重要的。但是很多时候，不能作答或者不好作答，就更需要一定的语言艺术了。

要学会"答非所问"。一个有经验的交谈者能在接到对方的提问后，迅速思考并选择一个最佳的回答方法。回答对方提问，需要头脑冷静，不能被提问者牵着鼻子走，对于提问，能答即答，不能回答的可以回避，"答非所问"。

【案例】 一外国参观者询问某厂飞机发动机的年产量，这属于机密，但直接回绝又显生硬。于是该厂总工程师非常巧妙地答道："计划下达多少，我们就生产多少。"

【分析】 这位总工程师避实就虚，避重就轻，用模糊但又是积极的话语来摆脱困境，非常机敏。

【案例】 日本影星中野良子来到上海，有人问她："你准备什么时候结婚？"中野良子笑着说："如果我结婚，就到中国度蜜月。"

【分析】 结婚这样的事情属于明星的个人隐私，是不会轻易公开的，但是记者往往会对这样的问题感兴趣。这时的回答就需要一定的艺术性了，若生硬地回答"这是个人隐私，我不予回答"，会令现场气氛比较尴尬。中野良子的回答十分巧妙，既没有说出任何实情，也照顾到中国影迷的感情。

在交谈中，可能会遇到这种情况：对方提出一些荒谬的问题，或以荒谬的想法发问，这时候，如果按照正常的理论，或从正面回答显得过于严肃，那就应该考虑不去揭露对方的荒谬，而是以对方的话为背景，以谬制谬，以毒攻毒。

【案例】 中国当代作家梁晓声在'文革'后写过大量有影响力的反映文革生活的小说。一日，一外国记者问梁晓声："如果没有'文化大革命'，您就写不出这么感人有影响力的作品，请问文化大革命是好还是不好呢？"梁晓声笑着回答："请问记者先生，你们国家有很多优秀的反映二战的小说与电影，并产生了深刻的影响，那么二战是好还是不好呢？"大家都笑起来。

【分析】 如果这个时候，梁晓声义正词严地说'文化大革命'给人们带来了沉重的伤害，自己只是在这场浩劫后进行思考与描述过去的历史，并不能因为'文革'提供给自己素材就认为'文革'是有意义的或者说是好的，这样的回答显然过于严肃、认真，似乎充满了辩论的火药味。这样会令对方有些尴尬，而且局面也过于沉闷，反之，梁晓声以对方的逻辑，反问对方，既巧妙地暗示了这种逻辑的错误性，同时又保持了记者会的轻松气氛，显示了作家的应变能力以及口才。

回答问题要注意简练，长篇大论往往让听者失去耐心，不知道你的中心意图是什么，所以虽然可以婉转、曲折地表达意图，但语言一定要简洁。如有一位记者问"球王"贝利："你踢得最好的一个球是哪一个？"贝利答："下一个。"这样的回答表现了贝利的永不满足，而且很简练，给人留下了深刻的印象。

3. 交谈中应注意的细节

(1) 在领导、长辈、女性面前，要多用敬语。

(2) 与人交谈，要做到表情自然，语气亲切。有时为了表达或强调某些话的意思，可以适当做点手势，但动作不宜过大，手势不宜过频，更不能用手指着对方讲话。与对方交谈距离要适当,对着别人讲话时,不能唾沫四溅。

(3) 交谈时要尽量让对方把话讲完,不要轻易打断或插话,以表示尊重。实在需要插话或打断对方的谈话时,应先征得对方的同意,用商量、请求的口气问一声"请允许我打断一下","我提一个问题好吗",这样做可避免对方产生你轻视他或不耐烦的误解。

(4) 如果有许多朋友在一起交谈,要照顾到在场所有的人,不应只与其中一两位交谈而冷落他人,要不失时机地向其他人打招呼,以示周全,切不可目无他人。如果别人正在与他人谈话,也不要凑前旁听,否则有失礼貌。

(5) 谈话切忌态度傲慢。无论与谁交谈都应平等相待,特别是与一些学识水平不如自己的人交谈时,更应多加注意。如果自视过高,目中无人,势必会出现不尊重对方的口气和动作,这是应该避免的。

(6) 与人交谈时应注意时间,要照顾到对方是否有其他事情,如是夜晚交谈,应注意到对方的休息和明天是否要早起,一般不宜谈得过晚。

(7) 交谈中的禁忌:①非议他人,探听他人隐私;②语无伦次,言语不清;③逢人诉苦,愁眉苦脸;④沉默寡言,心不在焉;⑤随意插话,喋喋不休;⑥措辞离奇,言语刻薄;⑦故作幽默,玩笑伤人;⑧谈论异性,有失体统。

交谈时忌讳的动作有:①倒背双手;②摆弄东西;③摸后脑勺;④抖动腿脚。

三、交注

(一) 拜访

拜访是人们社会交往活动中经常进行的交际方式。一次成功的拜访,有许多礼仪方面的问题值得注意。

(1) 预先约定,不做不速之客。无预先约定,在别人吃饭、休息的时间,如突然造访,将使彼此均感不便。一般来讲,不是主人盼望已久的亲友,不速之客总是不会让主人真正欢迎的。

(2) 初次登门拜访,应注意服装整洁,仪表端正,这是表示对主人的尊敬。衣冠不整、邋遢被视为是失礼的。初次拜望给主人家的老人、小孩带点小礼品以表心意,也属礼节范围,与行贿是截然不同的两码事。

(3) 进门时要先敲门或按门铃,即使门是开着的,也不可贸然闯入。这样会使主人没有精神准备或者措手不及,也是失礼的行为。

(4) 虽经事先约定,见面以后仍要先问主人是否有时间,是否方便。假如这时主人正有事情要办,面露难色,最好还是告辞,另约时间。因为在这种情况下的访问是不会有好效果的。再经约定访问就会大不一样。

(5) 在造访中不可太随便，不应随手乱翻，到处乱闯。询及主人的家庭情况也应适可而止，不要反复盘问，过于热心，这样会使人感到你粗鲁无礼。

(6) 在主人家做客，还是应当坐有坐相，站有站相，走有走相，落落大方，不卑不亢，互相尊重，彬彬有礼。

(7) 告辞时应对主人的款待致谢，并对自己的打扰表示歉意，若主人家有长辈在家，应向长辈告辞，闭门时应请主人"留步"，礼谢远送。

(二) 待客

(1) 接待来客，要做到热情、主动、周到。

已与人预约好的，事先要做些准备，把房间打扫干净，整理好。主人虽不必着意打扮，但也应穿戴整齐；准备些烟、茶、瓜、果以作招待，并置于最方便之处，不要等客人到后再到处翻找，手忙脚乱，而给人以缺乏诚意的印象。

客人到来后，应起立迎接，或出迎，入室后安排客人就座。主人应向家人作介绍，并互致问候。送茶、递烟、点火、端上瓜果盘，都应双手送上，以示敬客。

如是熟人或老朋友常来常往的，则可以略为随便一些，但也不应怠慢。如留客人用餐，主人要有分工，不可因忙于备饭而无人作陪，把客人冷落在一边；就餐时，礼敬客人是需要的，但不宜过分，如频频夹菜，一杯接一杯地劝酒，勉强客人多吃饭，都会使客人拘束不安。

(2) 与客人寒暄和谈话，应精力集中。

不要边听边来回走动，即使是为招待客人，走动也不宜多，不停地出出进进而间断交谈，会使人感到你对交谈不感兴趣。

若一面交谈一面看书报或做其他的事就更不礼貌了。临时遇到急事需要立即处理或有人叫，应先向客人致歉再暂时离开。

与客人交谈，千万不要频频看表或打哈欠、伸懒腰，因为这些小动作都有下逐客令之嫌，应尽量避免。

(3) 客人告辞时，应有礼有节。

主人应婉言挽留。如客人执意要走，也不要强留，拉拉扯扯更不适宜。

等客人起身告辞时，主人再站起来相送，为之递上衣帽。不要客人刚说要走，主人就马上站起来，好像急着赶客人走似的。

如客人坐的时间已经很长，夜已深，或你还有事情要办，也应很有礼貌地婉转向客人说一些诸如："今天能够接待你十分高兴，夜已深了，再迟回去怕路上不方便，家里人也会惦记的"，或"我还有些其他的事要办，很对不起，我们的交谈尚未尽兴，今天暂时谈到这里，期望你再次光临寒舍，促膝而谈"，等等，这样一些客气话，客人也会很识趣地告辞，而无不快之感。

送客人时，应请客人走在前面，主人走在后面。快到门口时，主人应上前替客人把门打开，让客人先出门，并送出门口，等客人走出一段路以后，主人再返回家门。

如是住在楼上而又是晚上送客，应打开路灯或用电筒照明，把客人送下楼。客人路径不熟，还应带他走过不好走的一段路。对稀客、长辈则均应送下楼或送至院外，目送客人离去。

切忌客人刚出门就马上转身进屋，"哐"地一声把门关上，让客人觉得主人不欢迎接待他做客，巴不得他快些走。这样会把你热情接待而建立起来的情谊和愉快冲得一干二净，并会产生不少误会。

(4) 对于不速之客，也要注意礼仪。

最好不要拒之门外，至少也要客客气气地打招呼，请他进来坐一坐，问明来意，简单地寒暄几句，诚恳地说明现在不能接待的理由，并致歉意，另行约定相会的地点、时间。千万不要表现得很不耐烦，或直截了当地拒绝接待，把人家赶走。

(三) 赠礼

俗话说："千里送鹅毛，礼轻情意重。"人们常以送礼来表达情谊。有时候，礼品本身并不贵重，却深深表达了送礼人的心意，使受礼人为之感动。自古以来，人们就用"赠礼"的方式，来表达相互的祝贺、敬意、友谊、爱情、感谢、慰问以至哀悼等。它是语言文字表达情意的一种辅助，是相互交往的一种礼节。送礼也是有很多讲究的。

1. 礼品的选择

礼品的选择应考虑以下因素。

(1) 注重真情。最好的礼物应融进送礼人真正的情感。如一件亲手织成的童衣送给亲友的孩子，一本久购方得的书籍送给亲密的朋友，一封热情洋溢的感谢信送给一名治病救人的医生，明信片上一句简单的问候送给远方孤独求学的游子等，都可能会使受礼者得到意外的喜悦。

送礼不能只着眼于物的价值，更要着眼于物中的情感，只要其间富有真情，就是好的礼物。如著名作家萧乾当年访问一位美籍华人朋友，特意捎去几颗生枣核。他深深知道：朋友身在异国他乡，年纪越大，思乡越切。送去几颗故乡故土的生枣核，让它们在异国他乡生根、开花、结果。果然那位美籍朋友一见到那几颗生枣核，勾起了缕缕乡情，他把枣核托在手掌上，仿佛它比珍珠玛瑙还贵重。

(2) 因人而异。对于儿童来说，他们最喜欢的东西莫过于玩具；嗜酒者，送他价值很高的金饰，不如送他两瓶酒；年轻貌美的小姐，最喜欢的是衣物和饰物,如此等等。因此,选择礼物时,一定要针对不同的对象,认真地选择,最好能事先通过巧妙的方式了解到对方喜欢什么,需要什么,以免出现送者一片真情,受者置之不理的不良后果。

(3) 投其所好。这是因人而异的一种延伸。因为,同样年龄、性格、职业的人,也许有不同的喜好。因此,必须要研究受礼者的心理。这一方面要靠平时注意观察,另一方面要靠直接与对方进行沟通、了解,以求掌握对方的喜好。同时,应注意避免犯忌。不要给健康的人送药,不要给年老多病者送钟(音同"终"),年轻的异性朋友之间不要送贴身的物品,还要注意不同民族的习惯与禁忌。

对于很多人来说,送礼是一件颇费脑筋的事。一种比较现代的做法是送礼之前,先问一下受礼人喜欢什么。如果关系非常亲近,可直截了当地告诉对方,"我要送你一件礼物,但不知你喜欢什么";如果你不想让受礼人知道你想送他礼品,那只好通过观察、分析与了解了。

2. 送礼的时机

馈赠礼品的时机表现为多种多样。选择恰当的时机,可以使馈赠礼品显得自然亲切。这要根据实际情况灵活掌握。

逢年过节,亲友间你来我往,互赠礼品,以联络感情。节日期间,晚辈看长辈,带上一份礼品,可以表达一片孝敬之心;下属看上级,送一份礼物,可以表达对领导的尊敬之情;上级探望属下,送一份礼,可以表达对属下的关心之意;朋友之间互相探访,欢聚一堂,合乎朋友心意的礼品,可以增添节日的快乐。

同窗好友,毕业后各奔东西;战友转业复员,要奔赴新的岗位;老领导、老同事要调任新的职位;亲朋好友或同事,要远行异国他乡,进行深造或工作数年等。这时,为了表达依依惜别之情,可赠送一份礼品,留作纪念,以示友谊地久天长。

朋友乔迁之喜,送上一份礼物,以示祝贺;探望生病的友人,送上一份礼物,以示关心;应邀做客,带上一份礼物,以表敬意,等等。送礼应见机行事,合乎情理,彼此觉得正常、自然和心安理得,而不要盲目地、无缘无故地送礼。否则,自己破费,受礼人觉得突然和莫名其妙。

送礼贵在及时,要"雪中送炭",送在"节骨眼上",而不要"雨后送伞"。朋友的生日已过去好几天了,方才想起来送一份贺礼。时过境迁,再送礼就显得有些尴尬和多余,倒不如另择时机,表达心意。

【案例】 小李与小张是同一个学校毕业的,现在在同一家公司工作。小李在两年之后就得到了升迁,但是小张却一直在事业上看不到什么进展,很郁闷。他仔细想了想,觉得自己的能力并不比小李差,一定是小李比自己会做人。想起小李春节之后,一定会带上很多家乡特产到办公室给大家分享,也感觉到小李每年春节都会到领导家去拜年，而且上次领导的母亲生病住院，小李还特地买了一些适合老年人吃的进补的食品。小张这样一想，明白了自己不能升迁的缘由，顿时坐不住了，立刻花了不少钱，买了很多东西跑到上司家，但是上司并不是很热情，而且坚持让小张把买的东西拿回家，小张感到很是受挫。

【分析】 在人际交往中，送礼是必不可少的，但是送礼并不是全部，其实更多的是凝聚在礼品中的情谊。小李拿一些家乡的特产给同事、上司，在过年过节的欢庆气氛中，显得自然、亲切，也表现出小李是一个很顾及别人感受的人。他在上司的母亲生病时，也很用心地选择送上一点适合年长者的补品，更是显出他待人很用心。这些不能不说在他的人际交往上起到了很好的作用。但是小张平时很忽略这些与人交往中表现情谊的事情，临时花很多钱去纯粹地"送礼"，既突兀，又让人觉得没有意思，故而这样的人际交往一定会失败。

第三节 舞会沙龙

舞会、沙龙是经常需要参加的社交活动。这不仅是为了消遣娱乐，其实也是社会交往的良好方式，可以促进彼此间的了解，增进友谊。因此，了解这些场合的礼仪规范是十分必要的。

一、舞会

参加舞会，可以锻炼身体，陶冶情趣，结识朋友，扩大交际，沟通信息，这在社交活动中是一种集娱乐与交往为一体的方式。同其他社交方式一样，舞会对参加者的要求同样也是很高的。

(一) 舞会对参加者的要求

(1) 容貌整洁。

无论参加何种舞会，都应注意将自己的容貌整理一下，头发要梳理整齐，面目要清洁。

(2) 精神焕发。

参加舞会一定要有一个良好的精神状态，不可面带倦意和愁容。如果感觉疲劳或身体不适，最好应谢绝参加。

(3) 服饰适宜。

参加舞会的服饰要尽可能同环境融为一体，女士应以亮色调为主调，服饰要美观醒目，配以合适的饰物；男士应以庄重的色调为主调，服饰要端庄、得体，落落大方。

(4) 注意修养。

舞会是一种高雅的场所，参加者一定要注意自己的言行举止，不落俗套，与人交谈态度平和，与人跳舞表现自然。

(二) 请人跳舞的礼节

在舞会上，一般都是男士邀请女士跳舞。在关系很好、很熟的情况下，也可以女士邀请男士。在邀请别人跳舞时应注意以下几点。

(1) 男士如有意邀请一位素不相识的女士跳舞，必须先认真观察她是否已有男友伴舞。如有，一般不宜前去邀请，以免发生误会。

(2) 邀舞时，男士应步履庄重地走到女士面前，弯腰鞠躬，同时轻声微笑说："想请您跳个舞，可以吗？"弯腰以15°左右为宜。

(3) 在正常情况下，两位女士可以同舞，但两位男士不能同舞。前者意味着她们在现场没有舞伴，而后者则意味他们不愿意向在场的女士邀舞，这是对女士的不尊重。所以只有当两位女士在舞池内跳舞时，两位男士才可以同舞的方式追随到她们身边，与她们共舞，然后分别组成新的两对舞伴。

(4) 特殊情况下如果是女士邀请男士，男士一般不得拒绝。待音乐结束后，男士应将女士送到其原来的座位，待女士坐下后，男士应说一声"谢谢，再会"，然后方可离去。

(5) 在邀请别人跳舞时，邀请者的表情应自然、谦恭、有修养，最好不要叼着香烟请人跳舞，这样会影响舞会的良好气氛，也会遭到女士的拒绝。

(三) 拒绝邀请应注意的礼节

参加舞会，邀请者与被邀者都应彬彬有礼，落落大方，表现出良好的道德修养和高雅的文化素质。被邀请者拒绝邀请时，则应注意礼貌待人。

(1) 如果女士已经答应和别人跳这场舞了，则应向前来邀请者表示歉意，说："对不起，已经有人邀跳了，等下一曲吧。"

(2) 在被邀者没有特殊理由的情况下，一般不应拒绝。如果决定谢绝，则应说，"对不起，我想休息一下"；或说，"真对不起，我不会跳舞"。以此来求得对方的谅解。

(3) 已婉言谢绝别人的邀请后，在一曲未终时，女士最好不要与其他男士共舞。因为，这样会被认为是对前一位邀请者的蔑视，是一种不礼貌的表现。

(4) 如果同时有两位男士邀请同一位女士，女士最好都礼貌地谢绝。如已接受其中的一位邀请，对另一位则应表示歉意，礼貌地说："对不起，等下一曲吧。"

(5) 当女士已经拒绝过一次一位男士的邀请后,如果这位男士再次前来邀请,在确无特殊的情况时,不应再次拒绝,而应愉快地接受邀请。

(6) 如果自带舞伴,两个人跳得很好,这时一般很少有人前来邀请。但如果有人前来邀请,则态度应开朗大方,不能一概拒绝,更不能说一些不礼貌的话。

(7) 如果夫妇二人一同参加舞会,跳过一曲后,有人前来邀请夫人,先生应按礼节促请夫人接受,决不能代夫人回绝。

(四) 跳舞时应具有的风度

跳舞时的风度,主要是指人的姿态和表情。姿态是人的外在动作,表情则是其内在的感情。具体要求如下。

(1) 姿态要端庄、大方,整个身体应始终保持平、正、直、稳,掌握好重心,身体不要摇晃。跳舞中,男女双方都要面带微笑,说话要和气,声音要轻细。

(2) 神情、姿态要轻盈自若,给人以欢乐感;表情应谦和悦目,给人以优美感;动作要协调舒展,和谐默契。男士不要强拉硬拽,女士不挂、扑、靠、扭。

(3) 跳舞时,男士的右手应手心向外,用大拇指的背面轻轻将女士的腰肢挽住;左手使左臂以弧形向上与肩部成水平线举起,掌心向上,拇指平展,只将女伴的右掌轻轻托住。女士的左手应轻轻地放在男士的右肩上,右手轻轻地搭在男士的左手上。

(4) 跳舞时,双方身体应保持一定距离。跳四步舞(勃鲁斯)时,舞步可稍大些,表现出庄重、典雅和明快的姿态;跳三步舞(华尔兹)时,双方应保持一臂的距离,让身躯略微昂起向后,使旋转时重心适当,表现出热情、舒展、轻快和流畅的情绪与节奏;跳探戈舞时,由于乐曲中切分音符含有节拍的弹性跳跃,男女双方的舞姿与步法变化较多,舞步可稍大些;跳伦巴舞时,男女双方可随着音乐节奏轻轻扭动腿部及脚,臀部不应大幅度地摆动。

(5) 一曲舞完,男士应热情而大方地对女士说声"谢谢",然后再离开,也可伴女士回到原来的座位,并进行适当地交谈。如果女士原有舞伴,则新舞伴将女士送回原座后,说声"谢谢"方可离去。

二、沙龙

(一) 沙龙的含义

"沙龙",是法语 salon 的音译,意思是"会客室"、"客厅"。从 19 世纪起,西欧贵族和一些资产阶级知名人士常常借某些私人客厅谈论文学、艺术、政治等问题,实际上,这是一种社交集会的形式。从这时起,沙龙就成了社交集会的代名词。

社交沙龙无任何具体明确的题目或活动程序,只是为大家提供一个互相认识、互相交流、建立联系的机会。其中比较多见的有:比较熟识的朋友、同事结成的定期或不定期的社交集会沙龙;由职业、志趣相同或相近的人组成的,以探讨某一学术或理论问题为主要目的的学术性沙龙;以接待来访者,谋求增进了解和友谊为目的的联谊性沙龙;以联络感情和相聚娱乐为目的的文艺性沙龙;以及参加人数较多,兼有上述多种目的的综合性沙龙等。

上述沙龙所采取的形式主要有讨论会、专题座谈会、茶话会、冷餐会、酒会、家庭晚宴、舞会等。

(二) 沙龙的要求

在所有的沙龙形式中,以讨论会和专题座谈会较为正式,一般参加的人数、讨论的问题、会议的程序和目标都有严格的规定。参加者不宜晚到,与会人员每个人都有交谈、交流的机会。但讨论问题要三思而后言。交谈之前要对自己想说的话做认真的思考,对想提出的观点做认真的推敲,不能无的放矢,文不对题,条理不清,离题甚远,白白浪费大家宝贵的时间。也不能为了哗众取宠,故弄玄虚,结果言不及义,或使讲话内容过分出格。更不能旁若无人,以我为中心,对他人的发言充耳不闻,甚至连讨论的问题都尚未搞清,就与别人争论不休,结果被人耻笑。

家庭晚宴较为随便,客人可以比约定的时间晚到10~20分钟,以免主人因尚未做好准备而无暇出来应酬。赴家庭宴会,客人最好别空手,以买一瓶酒或一束鲜花为宜,这样会使主人感到高兴。有些家庭宴会,因参加者都是熟人,不拘泥于礼节,餐桌前坐不下,还可在会客室围成一团,或坐在沙发上随便交谈。

沙龙其他形式,如茶话会、冷餐会、酒会等,介于讨论会、专题座谈会与家庭宴会之间,不像专题会那样正规,也不像家庭宴会那样随便。

由于沙龙活动是一种重要的社交活动,要求每个参加者都必须保持开朗乐观、奋发向上的精神风貌。注重衣着、表情;行为要稳重得当;谈吐要落落大方,有一定的内容深度;要有是非分明、乐于助人的道德观念,要有宽容大度、谦虚诚恳的待人态度。这样,参加者就会以良好的形象赢得大家的信任、友谊和尊敬,获得更多的朋友和取得社交上的成功。

【案例】 张先生与女友一起参加一个舞会,跳过几曲之后,有一个熟识的朋友过来邀请张先生的女友跳一曲。张先生因为觉得这位朋友以前有意追求自己的女友,所以不悦,暗示女友不能去。但是女友没有听从,还是笑着赴约了。一曲终了,张先生等女友回来后,指责女友不应与那人跳舞。女友表示不能接受,张先生觉得不能忍受,大声斥责,终于在舞厅大吵,引得别人奇怪地看着他们两人，最后女友一个人离开了舞厅，张先生在众目睽睽之下也觉得颜面尽失。

【分析】 参加舞会，一般不邀请有男伴的女士，但是因为是熟识的人，所以反而是邀请女士共舞更符合礼节，而男士应该大度，一方面是尊重对方，另一方面也是对女友的信任与尊重。但是张先生却显得极没有风度，小心眼，而且透露出对女友的不信任、不尊重以及自己的不自信。这样的社交事件是很失败的。

【案例】 对哲学很感兴趣的周同学应邀参加一个哲学爱好者的沙龙，因为是第一次参加，周同学很兴奋，而且他发现沙龙里有一些自己很钦佩的哲学系的教师。周同学为了能尽快与这些人熟识起来，于是开始大声谈论康德的哲学，发表自己的意见，慢慢地，周同学感觉到大家都开始注意他的谈话，于是更加激动，把自己对哲学的一些认识通通讲述出来。但是等他讲完了，周同学发现并没有人与他交流，很多人甚至更冷漠。周同学困惑了，这时一位老师过来，跟周同学说："你对哲学很感兴趣，这很好。不过，哲学确实是一门很高深的学问，康德哲学对于我而言都是很难理解的哲学，所以我们来这里更多的是学习，而不是轻易去表达自己的评判，因为不理解别人的意图，怎么就能批判别人的话呢？"周同学这才明白。

【分析】 不懂装懂，随意批判以哗众取宠，其实往往会引来别人的反感，与自己企图给别人留下好印象的愿望背道而驰。事实上，诚实、谦虚的态度才能赢得更多人的好感。

第四节 社交禁忌

在社会交往中，人们都渴望创造一个良好的人际关系环境，以求交往目的的实现。这要求人们不但要讲究交往礼仪，还要注意交往禁忌。

一、忌开玩笑过度

朋友之间相处，开玩笑是经常发生的事，它常常伴随着幽默。这样可以融洽关系，活跃气氛，增强团结，发展友谊。但开玩笑要适度。过度的玩笑常常会适得其反，引起不良的后果。

开玩笑的"度"不是用一把尺子就可以衡量的，它要因人、因时、因环境、因内容而定。

（一）根据说话的对象来确定

人的性格各不相同，有的人活泼开朗，有的人寡言少语，有的人大度豁达，有的人则谨小慎微。对于不同性格的人,开玩笑要掌握不同的"度"。对于性格开朗、宽容大度的人,多一点玩笑,可能会调节气氛;而对于谨慎小心的人,则应少开玩笑;对于女性,开玩笑要适当;对于老年人,开玩笑应更多地注意给予对方尊重。总体上说,就是看说话对象对玩笑的承受力,以不伤害对方和让对方感到轻松、愉快为准。

(二) 根据说话时的情绪来确定

同一个人,在不同的时间里可能会有不同的心境和情绪。俗话说:"人逢喜事精神爽。"当说话的对象在生活或工作中遇有不幸和烦恼之事时,情绪都比较低沉,这时,需要的是安慰和帮助。如果在这时去和对方开玩笑,弄不好人家会认为你在幸灾乐祸,从而恨你至深。因此,开玩笑,最好选择在大家心情都比较舒畅时,或是在对方因小事而生气,并能通过玩笑话把对方的情绪扭转过来时。

(三) 根据说话时的场合、环境来确定

在安静的环境中,最好不开玩笑,如别人在专心致志地学习和工作时,开玩笑会影响别人的学习和工作;在庄重、紧张的场合,不宜开玩笑。参加庄重的会议或重大的社会活动时,开玩笑会冲淡庄重的气氛;在悲哀的环境中,不宜开玩笑,参加丧悼活动或去探望重病人时,开玩笑会引起人们的误解。此外,大庭广众之下,应少开一点玩笑。

(四) 根据说话的内容来确定

开玩笑时,一定要注意内容健康、风趣幽默、情调高雅。切忌拿别人的生理缺陷开玩笑,不要把自己的快乐建立在别人的痛苦之上,正所谓"当瘸子不说短话"。同时,还忌开庸俗无聊、低级下流和捕风捉影、以假乱真的玩笑。开玩笑最好能带有知识性和趣味性,使大家在开玩笑中学到知识,受到教育,陶冶情操,增加乐趣,从而收到积极的效果。

二、忌随便发怒

在社交场合随便发怒,至少会引起两种不良的后果。一是对发怒的对象不友好,可能会伤了和气和感情,失去熟人或朋友之间的信任与友谊。二是对发怒者不利,一方面对发怒者的身体状况有不良的影响,所谓"气大伤身"就是这个意思;另一方面对发怒者的形象有不良的影响,人们会认为发怒者缺乏修养,不宜深交。

喜怒哀乐,本属人之常情,也是人们内心世界的一种真实表现。人们说"江山易改,本性难移",但这并不是说绝对不可变。人们适应环境,并求得环境的

认可与接纳,是一种本能的表现,这在社会交往中就表现为与朋友友好相处,少发或不发脾气,并从以下几个方面抑制自己。

(一) 遇事冷静思考

容易发怒的人,常常遇事缺少冷静。一般而言,人们的脾气与怒火,会随着事情发生时间的加长而出现递减的状态。因为,遇有生气的事情,人们事后总要静下心来认真地想一想,想明白了,就能使自己的怒气下降,处理问题起来,也就心平气和。因此,冷静,能遏制怒气的发作,让人自我反省。

(二) 多为对方着想

在社会交往中,人们的习惯做法是常常为自己的行为、信念和感情而辩解,不知不觉中把自己与他人分别对待,强求别人来适应自己,而不愿意自己去适应别人。久而久之,就形成了看谁都不顺眼,或别人做的事情不如自己做得好的习惯,从而埋下了发怒的种子,一旦遇事不顺心,便一触即发。养成这种不良习惯的人,应该要求自己去站在对方的角度考虑问题,多为对方着想,从中找到自己的毛病,以便更好地修正自己的看法。

(三) 对人平和礼貌

在当今社会里,人与人之间的关系应该是平等的,人与人之间应该更多地相互理解、相互尊重。大家都应该认识到:每个人都有自己独立的人格和独特的个性,都有着各自的生活习性和兴趣爱好。尊敬他人,事实上也是在尊敬自己,平和礼貌地与人相处,可以表现自己的修养、风格和气度,可以树立起自己良好的威信,可以赢得更多朋友的信赖和尊重。这是一个人事业成功的重要条件之一。

三、忌恶语伤人

恶语是指那些肮脏污秽、奚落挖苦、刻薄侮辱一类的语言。这些语言和现代文明是极不相称的,必须予以根除。

俗语说:"良言一句三冬暖,恶语伤人六月寒。"在社交活动中为避免恶语的出现,应从以下几个方面入手。

(一) 从我做起,避免恶语伤人

一般来说,恶语常常伴随着发怒而出言不逊,其后果同发怒的后果一样是可想而知的。因此,社交场合中的每一位朋友,都应该从自身做起,冷静思考、平和待人,不以恶语伤害他人,这是对他人的尊重,也是对自己人格的尊重与保护。遇到具体问题时,可以通过沟通、协调、自省来加以解决。

（二）临时回避，给对方以思考的机会

有时在关键的时刻，他人也可能会以恶语伤害自己，对此，在对方脾气一触即发之时，最好回避，在众人面前"躲"起来，对方找不到发泄的对象，自然就会消火。这事实上是向对方表示一种"妥协"，它可以证明自身的修养，也给对方以冷静思考的机会，这对双方都很有利。

（三）及时沟通，以解决消除彼此间的矛盾

应该说，一个思想品德高尚的人，他的语言一定是美丽的，即便是讽刺（有时是积极意义上的讽刺），也是幽默风趣的。但不能要求每一个人都达到如此高的境界。因此，对一般人来讲，恶语有时是难免的，这就要分析恶语的由头。最好的办法是，事情发生或有苗头时，双方坐下来进行一些思想交流，以"有则改之，无则加勉"为指导原则，以消除双方的误解或矛盾，避免恶语的再度出现。

在社会交往中，人们都渴望出口成章、富于文采、幽默风趣、谈笑自如，直抒胸怀、朴实无华。尽管这些愿望的表现形式各不相同，但文雅礼貌、亲切温和、谦逊客气则是其共同的特点。"诚于中而形于外"，每个人外在的表现，都与说话者本身诚实中肯、与人为善的品格分不开。

四、忌飞短流长

在社交中，一定要注意以下几点。

（一）不要干涉别人的隐私

朋友之间交往，敞开心扉，增进理解，这是件好事，但并不能把一切都公之于众。与人交往，也不能渴望知道对方的一切。每个人都有自己的隐私，只要它不违背社会法律和公众道德，不损害他人利益和侵犯他人权利，这种隐私就应该得到尊重和保护。

（二）不要主观臆断，妄下结论

捕风捉影、无事生非，在人们的生活中并不少见，其结果是扰乱了人们的视野，增加了人与人之间的矛盾，损害了当事人的名誉。文明社会中的交往，要求人们都要用一种善良的眼光看待一切。

（三）不要传播不负责任的小道消息

小道消息是未经过证实的消息，它可能有事实根据，也可能没有事实根据，但传播者一般都对此不负责任，并添枝加叶，越传越离谱，从而形成对人有攻击性的"风波"或"新闻"。面对不负责任的小道消息，一个道德高尚、有修养、

会交际的人，不是津津乐道、推波助澜，而是自觉抵制，不让小道消息继续泛滥。

（四）对朋友的过失不能幸灾乐祸

人非圣贤，孰能无过？当一个人在生活中有一定的过失或误入歧途时，作为朋友，不应视若无睹、幸灾乐祸，等待着更大的过错或不可收拾的后果出现，而应该善言相劝、指点迷津，帮助他迷途知返，这才是真正的朋友。在关键时刻给予别人帮助的人，一定会得到更多人的尊重、爱戴，一定会赢得更多朋友的信赖。

五、忌言而无信

社交活动中，"信用"二字最重要。要让别人相信你，你必须要言而有信。言而无信，定会失去大家的信任，从而成为孤家寡人。

要想做到言而有信，就一定要以诚待人，说话要严守信誉，做不到的事情，不要轻易答应，一旦答应就要承担责任，想方设法，不遗余力，去兑现自己的承诺。如果因什么原因而未能按时兑现，一定要及时地、诚恳地向对方说明，以获得谅解，而不能敷衍搪塞，甚至避而不谈。

六、忌衣冠不整

虽然俗语说"人不可貌相"，但是在现代文明社会，服饰的讲究也是对他人、对自己的尊重。参加社交活动，一定要衣冠整洁，穿戴适宜，否则会给人留下不好的印象。

七、忌忘恩负义

中国人一向讲究"知恩图报"，"滴水之恩，当涌泉相报"。当你有困难的时候，别人伸出过援助之手，那么就一定要记住别人的恩情。懂得感恩，往往会获得更多的情意，并且能体会到生活中更多的美好；而一个忘恩负义的人往往会众叛亲离。

八、忌不尊重女性

尊重女性，是现代社会一个有教养的男士应有的品质和风度。

在社交场合，男士一定要尊重女性，照顾女性，遵守"女士优先"的原则。

不然在一些场合与女士争抢，摆大男人的架子，或者在女士需要帮助的时候视而不见，袖手旁观，会受到很多人的批评。

【案例】 一天，魏女士走进办公室，发现原本比较热闹的办公室立刻安静下来，而且对于她的寒暄，其他人都是简单敷衍。魏女士忽然意识到，自己在办公室里已经有点被排斥了。她不觉心里很不痛快，左思右想，觉得自己并没有什么大毛病，平时在办公室喜欢讲讲明星的八卦新闻，偶尔也会对东家长西家短的小道消息感兴趣，也没有什么恶意，不应该影响自己的人际关系。她仔细回想，自己有时候说话很快，有些话说出来不太好听，比如上一次，小刘不小心扭伤了脚，魏女士其实也觉得小刘挺倒霉的，不过别人都在嘘寒问暖时，魏女士开玩笑说了句："看你，每次神气地蹬着高跟鞋到处跑，现在扭了，活该！"自己并不是真正有什么恶意，是笑着说的。但是魏女士发现，从此之后小刘对自己不冷不热了。

【分析】 人际交往中，有很多禁忌。往往有些人认为比较熟了，就会很放松。有的时候一般人之间的沟通也是有限的，并没有将自己完全真实的想法让对方了解，可能也会产生误会，所以在交往中一定要注意分寸。小道消息、明星八卦不是完全不能说，开玩笑的话也是有的，但是一定要有节制，要注意分寸，否则就会把人际关系弄得很紧张、不愉快。

【案例】 盛宣怀在拜见陌生的上级时，就非常注意了解对方的有关情况。一次，在李莲英的保荐下，醇亲王特地在宣武门内太平湖的府邸接见盛宣怀，向他询问有关电报的事宜。盛宣怀以前没有见过醇亲王，但与醇亲王的门客张师爷过从甚密，从他那里了解到两个方面的情况：一是醇亲王跟恭亲王不同，恭亲王认为中国要跟西洋学，醇亲王则不认为中国人比洋人差；二是醇亲王虽然好武，但自认为书读得不少，颇具文采。盛宣怀了解情况后，就到身为帝师的工部尚书翁同龢那里抄了些醇亲王的诗稿，念熟了好几首，以备"不时之需"。盛宣怀还从醇亲王的诗中悟出了些醇亲王的心思，毕竟"文如其人"。胸有成竹之后，盛宣怀前来谒见醇亲王。当他们谈到电报这一名词的时候，醇亲王问："那电报到底是怎么回事？""回王爷的话，电报本身并没有什么了不起，全靠活用，所谓'运用之妙，存乎一心'，如此而已。"醇亲王听他能引用岳武穆的话，不免另眼相看，便即问道："你也读过兵书？""在王爷面前，怎么敢说读过兵书？不过英法内犯，文宗显皇帝西狩，忧国忧民，竟至于驾崩。那时如果不是王爷神武，力擒三凶，大局真不堪设想了！"盛宣怀略停了一下又说："那时有血气的人，谁不想洗雪国耻，宣怀也就是在那时候，自不量力，看过一两部兵书。"盛宣怀真是三句话不离醇亲王的"本行"，他接着又把电报的作用描绘得神乎其神。醇亲王也感觉飘飘然。后来醇亲王干脆把督办电报业的事托付给了盛宣怀。

【分析】 在与人交往时，用心了解对方的喜好是十分重要的。醇亲王是盛宣怀的上级，他的接见关系到盛宣怀的前途与命运，因此盛宣怀花了不少的功夫来打探醇亲王的情况，对他的喜好、性格了解得一清二楚。拜谒之时，盛宣怀并没有很直接、很露骨地去奉承醇亲王，但是他很下了一些工夫去看醇亲王的诗词，了解其事迹，在看似随意中引出这些信息，使亲王觉得此人与自己心意相近，于是很快对他委以重任，盛宣怀的未雨绸缪帮了自己的忙。

思考与练习

1. 如何给别人留下良好的第一印象？
2. 如何理解交谈的重要性？如何与陌生人交谈？在交谈中应注意哪些问题？
3. 在舞会上应该注意哪些礼仪问题？
4. 社交中有哪些礼仪上的禁忌？

第四章 求职应聘礼仪

求职，是人生大事，有的人一生还会有多次求职经历，它关系到人一生的事业发展、前途命运。求职者都希望自己的求职过程一帆风顺、马到成功，希望通过求职找到一份理想的工作，而理想工作的获得，首先要求遵循职场中的求职应聘礼仪规范。

第一节 求职前的礼仪

求职前的礼仪主要指的是做好求职前的准备工作，你的准备工作越充分，越能够体现你对招聘单位、招聘工作人员的尊重，也才能够体现出作为一名求职者应具有的修养。求职前的准备工作主要包括认识自己、收集信息、简历设计、思想准备四大方面。

一、认识自己，尊重对方

现代社会的就业压力越来越大，竞争日益激烈，找一份适合自己的工作绝非易事。古人说"知人者智，自知者明"，求职时如果能考虑自己的个性特征、气质类型、兴趣爱好而选择与之相应的职业，就能够充分发挥自身的优势与特长，更容易取得成功。如果连自己到底想干什么、能干什么都不清楚，冒冒失失前去应聘，既浪费彼此的时间，也是非常没有礼貌的行为。因此，求职前必须充分认识自己。

（一）认清自己的气质

心理学家们普遍认为，在通常情况下，人的气质分为四种单纯的类型。

1. 胆汁质型

胆汁质型又称兴奋型，属于开朗而性急的类型。这种气质类型的人精力旺盛，精神振奋，能以很高的热情埋头于事业，一般的阻挠和打击不容易使他们消沉。他们反应速度快，但不够灵活，性急、暴躁而缺少耐性。这就是平时所见脾气倔强的人。这种人适合做刺激性大而富于挑战的工作，如导游、节目主持人、推销员、演员、模特等。胆汁质的人不适合整天坐在办公室做细致的工作。

2. 多血质型

多血质型又称活泼型，属于敏捷好动的类型。这种气质类型的人适应能力强，善于交际，在新的环境中能应付自如。他们反应迅速而灵活，办事效率高，但注意力不稳定，兴趣容易转移，经常为新鲜事物所吸引。这就是平时所见性情活泼的人。他们交际广泛，但深交不多。多血质的人拥有广阔的职业空间，如新闻工作者、外交官、医生、律师、咨询员等。多血质的人不适合做细致单调、环境过于安静的工作。

3. 黏液质型

黏液质型又称安静型，属于缄默而沉静的类型。这种气质类型的人踏实、稳重，兴趣持久专注，工作仔细，善于忍耐，一旦他们开始一项工作，便会坚持到底。但黏液质型的人反应迟钝，不够灵活，而且不善于转移注意力。这种类型的人适合做管理人员、办公室文员、会计、出纳、播音员等。黏液质型的人不适合做富于变化和挑战性大的工作。

4. 抑郁质型

抑郁质型又称抑制型，属于呆板而羞涩的类型。这种气质类型的人感情细腻，做事小心谨慎，非常敏感，善于察觉别人不易察觉的细节。但抑郁质型的人适应能力较差，易于疲劳，行动迟缓、羞涩、孤僻且显得不大合群。这就是平时所见遇事敏感而又多心的人。这种类型的人适合做保管员、化验员、校对员、排版员、研究人员等。抑郁质型的人不擅长与人打交道，不适合做变化多端，需要大量消耗体力和脑力的工作。

上述气质类型，在一般人身上表现得并不是那么典型，大多数人都是近似于某一种类型，同时又具有另一种气质的某些特征，或者是介乎各种类型之间的中间型。对照气质类型的不同表现，找准自己气质的主要类型，择业时作为参考。如果条件许可，我们应尽量选择最适合自己气质类型的职业，并注意扬长避短，改正气质中的消极方面。

（二）了解自己的兴趣

了解自己的兴趣是求职前必须明确的一个重要问题。一个人只有对他所从事的职业产生浓厚的兴趣，才会乐于其中，充分调动起积极性和创造性。兴趣是最好的老师，可以开发人的潜力、智力，帮助人成才。达尔文如果不是对研究昆虫有着浓厚的兴趣，就不会创立具有划时代意义的进化论。

择业时选择自己感兴趣的职业，工作就会更出色，取得成功的机会也就更大一些。

【案例】李丽是上海理工大学日语系2001届的毕业生，后来她到上海市松江区一所中学当了日语教师。很多人不理解，当年日语专业学生很抢手，进外资公司当

"白领"并不难,为什么她选择了到郊区的中学当教师呢?李丽说:"我更喜欢站在讲台上的感觉,我在公司和学校都实习过,我确定自己的个性和能力更适合做教师。"

【分析】"双向选择"的就业机制,为大学生寻找适合自己的岗位提供了充分的自由,但不少学生并没有认真考虑过自己适合做什么、兴趣在哪里,以致选择岗位不合适。在求职前,大学生不妨自问:"我想干什么工作?"明确了定位,就业之路也许豁然开朗。

综上所述,大学生在求职前,应该对自己的才能、气质、个性、兴趣、爱好、专长、知识水平等自身条件做充分而正确的认识和评价,选择适合自己的职业,做自己感兴趣的事,才能从实际出发取得成功;否则,既是对自己的不负责,也是对应聘单位的不尊重。

二、收集信息,了解对方

求职应聘前应广泛地收集相关信息,信息的完备是迈向成功的第一步。求职者只有尽可能多地搜集并了解相关就业信息,例如,应聘单位的基本情况、面试问答技巧等,才能在后续的面试过程中展示出良好的个人形象,给招聘单位留下深刻的印象,同时充分收集相关信息也体现了你对该份工作的重视以及对招聘单位的尊重。那么求职者应当收集哪些方面的信息呢?

(一)就业信息

就业信息指社会上有关就业方面的消息和情况,大到国家的就业政策、市场需求,小到招聘单位的具体情况,如性质、规模、福利待遇等。

1. 就业政策

通过报纸、网络、新闻媒介了解国家对大中专毕业生就业的相关政策。例如,国家目前引导和鼓励高校毕业生面向基层就业,鼓励大学生投身西部建设和农村工作,并在政策上给予倾斜。再如,一部分学生毕业后仍未落实接收单位,针对这种情况,教育部、民政部等14个部门于2006年6月1日,联合发出了《关于切实做好2006年普通高等学校毕业生就业工作的通知》。该通知中指出,每年9月1日后,仍未就业的生活有困难的应届毕业生,可到户籍所在地劳动保障部门办理失业登记,享受最低生活保障。类似这样的政策信息,大学生在求职前是必须了解的。

2. 市场需求

为了找到一份满意的职业,年轻的求职者还应当了解详细的市场需求信息,不放过任何一个求职机会,了解的途径主要有以下四种。

(1)新闻媒介。

不少报纸杂志会刊登一些招聘信息,便于用人单位和求职者之间的信息沟通,如《长江日报》每周三、《武汉晚报》每周五的招聘专版。

(2) 网络。

随着互联网的普及,网上求职已经成为人们乐于接受的一种求职方式。目前有不少专门的招聘网站,如中华英才网(www.chinaHR.com)、无忧工作网(www.51job.com)等。招聘单位在网站上发布招聘信息,求职者也可以在上面投递简历、发布求职信息。

【案例】 ××大学2001届企业管理专业毕业生×××品学兼优,在校期间积极参加社团活动。为了方便照顾武汉的家人,她想毕业后在离家近一点的地方工作,于是她在一家著名的招聘网站上发布了求职信息,详细地列出了个人基本情况和要求。不久,武汉市一家颇具实力的贸易公司浏览了她的个人信息,认为符合公司要求,向她伸出了橄榄枝。×××也对这家公司比较满意,双方通过电话和电子邮件进行联络,并利用QQ视频完成了面试,最终签订了劳动协议。

【分析】 网络求职信息量大,如果能合理、充分地利用网络这个平台,可以免去舟车劳顿之苦,而且花费低,是最适合大学生的一种求职方式。当然,你在网站上发布的个人信息必须真实准确,体现为人的诚信原则,同时也要求你具有相当的实力,能够吸引用人单位的眼球。

(3) 人才交流会。

社会上举办的各种各样的招聘会,其中每年11月至第二年6月,有专门针对大中专毕业生的招聘会。普通招聘会是面向社会大众的,一般要求应聘者有工作经验,而毕业生专场招聘会对工作经验不作要求。

这种方式为用人单位和求职者提供了面对面的交流机会,是最直接的方式。求职者要有一双火眼金睛,学会分辨哪些单位是真正来招人的,哪些单位是借收报名费来赚钱的。

(4) 学校的就业指导办公室。

每到找工作的时期,用人单位与学校之间会有沟通联系,经常会在学校内组织召开供需见面会,或把用人单位的招聘信息发布在学校的内部网上,这种信息经过学校的查证,是真实可靠的。学生要积极关注就业办的通知,不要错失良机。

3. 招聘单位的相关信息

求职者还必须了解招聘单位的具体情况,如所在行业、产品、市场、企业文化、薪资福利等。了解这些信息的途径有很多,可以查阅公司网站、参考媒体介绍、询问在职员工等。这些信息了解得越充分,越能够做好求职面试前的准备,让对方感受到你的诚意。

(二) 面试题型

求职者通过笔试或机考之后,常常会被要求面试。面试时除了涉及所学专业或业务方面的问题之外，考官还会问到一些具有共性的问题，针对这些问题求职者事先做好准备，想好应答策略，到时就不会哑口无言了。

考官经常会问到如下问题。

1. 你为什么想进本公司工作

这通常是考官最先问到的问题，是想考验你有没有决心踏实工作。回答这个问题，一定要积极、正面，应以个人的兴趣配合工作内容性质，表现出高度的诚意，这样才能为自己铺下迈向成功之路。

回答策略如下：

(1) 专业对口，能使自己在相关领域中有所发展或有更好的发展空间；

(2) 能在公司多多学习（此时可以稍稍夸一下用人单位，但切记一定要诚恳）；

(3) 工作环境优越，福利待遇好（点出即可，不必大肆渲染）；

(4) 听说公司的老板是"伯乐"；

(5) 经常出差适合自己的兴趣；

(6) 离家近。

对于这个问题，用语要谨慎，别忙中出错或言多语失。

2. 你对公司的了解有多少

【案例】 胡先生到一家外资企业面试，从主考官的表情来看，对他还是相当满意的，30分钟的面试就要接近尾声了，突然主考官问："胡先生，我看你做了充分的准备，说明你对我们公司和这份工作十分重视，那你知道我们公司是干什么的吗？""干什么的？"胡先生一下子愣住了，对呀，干什么的我还真没注意过！半晌，胡先生尴尬地说："对不起，这一点我还没进行足够的关注……"主考官手一挥："好了，胡先生，你可以走了。"

【分析】 这个问题一定要事先准备，尽可能地多收集信息，至少要知道公司的性质、有哪些产品、提供哪些服务等，不然会被认为没有诚意。

3. 你对工作有什么期望或你的目标是什么

这是考官用来评判求职者是否对自己有一定程度的期望，对这份工作是否了解的问题。建议你最好针对工作的性质找出一个切实的答案，如推销员的工作可以这样回答："我的目标是成为一个金牌推销员，将公司的产品推销出去，取得最好的业绩。为了达到这个目标，我一定会努力学习，相信以我认真负责的态度，一定可以达到这个目标。"其他工作可以此为参照。

4. 你认为相关产业的发展趋势怎样

这也是要事先准备的问题，需要多阅读一些相关的报道，多做一些思考，表现出自己对相关产业的认识和热情。同行业转职者，可着重以个人经验为基础做出分析，但若是初次接触这一行，建议采取较为保守的方式，以你收集到的资料为主作答，表现出高度的兴趣和诚意。

5. 你认为自己有哪些优点和缺点

许多考官都喜欢问这个问题，目的在于考察你的诚恳度，以及你的性格是否适合应聘的岗位。所以参加面试前，应该好好分析自己，对个人的优点、缺点有所认识，必要时听听家人或朋友的评价。在回答这个问题时，重点放在优点上，而缺点则建议选择一些无伤大雅的小缺点，因为过分渲染个人缺点，会让人觉得你一无是处。

回答策略如下。

优点：

(1) 积极上进、肯钻研；
(2) 头脑灵活，记忆力强；
(3) 认真负责，一丝不苟；
(4) 精力充沛；
(5) 好相处，跟谁都合得来；
(6) 阅历比较丰富；
(7) 具有冒险精神，乐于接受挑战。

缺点：

(1) 性子急，总想尽快把工作完成；
(2) 有时有些主观，除非有事实、证据，否则难以说服我；
(3) 大事头脑清醒，可小事不拘小节，不够细心。

在谈及个人缺点时，最好以自我反省的语气，这样才能给人留下良好印象。自己的优点、缺点都应老老实实地讲，态度越是诚恳、真挚，对方越对你有好感。最忌讳无所谓的态度，例如："我没什么优点，也谈不上什么缺点，我这个人嘛，就是这样！"这种回答容易给人玩世不恭的感觉，这一种人用人单位一般不会聘用。

6. 为什么想要"跳槽"

这个问题可能会令你感到尴尬，考官主要是想深入了解你应聘的真正原因，是嫌过去的工资低，还是本人能力差、表现不好而让人辞退，还是生性好动，老是这山望着那山高？而这些恰恰是所有用人单位最讨厌的地方。所以回答这个问题一定要小心，不宜强调的理由如下：

(1) 市场不景气，是随大流被辞退的(为什么不把你留下来呢？说明你能力差)；
(2) 在原单位受了委屈，跟领导或同事不和(考官会认为你不善于与人沟通，所以就算你确实受到了不公平的待遇，也千万不要表现出来)；
(3) 原来的工作工资低了，想多挣点钱(考官会认为你把金钱看得太重)；

(4) 想找离家近点的地方(考官会想，弄不好你会故伎重演，所以就算你真这样想也不要说出来)。

建议此时最好将问题归咎在自己身上，答案最好是积极正面的。

(1) 前一份工作与自己的职业生涯规划不合，不能实现个人的抱负；

(2) 原来的工作没有多少学习发展的空间，希望在新单位有更大的机会获得提升和发展。

总之这是个敏感的话题，回答时要慎重思考，从容作答。

7. 你希望的待遇是多少

这也是一个非常敏感的问题。大型企业一般在招聘时都会事先说明底薪等待遇如何，而有很多中小型企业仍会提出这个问题。他们以个人能力作为薪酬的标准，所以建议你事先搞清楚同行业同等职位的薪酬水平，或打听到上一任员工的工资是多少，结合个人的经验、能力等条件，提出你可以接受的工资底限。初入职场的大学毕业生最好采取保守的态度，你也可以巧妙地回答："我相信公司有一套完整的工资福利制度，基本上我尊重公司的规定。"切不可信口开河，狮子大开口，显得狂妄无礼，对自己没有正确的评价。

三、简历设计，展示自我

为了提高求职成功率，目前大中专毕业生一般都会制作一份精美的履历，包括自荐信、个人简历、学校的就业推荐表、各种技能证书、成绩单等，其中自荐信、个人简历、推荐表是重要的组成部分。

(一) 自荐信

一封漂亮得体的自荐信可以给用人单位留下良好的印象，并赢得面试的机会，因此求职者必须懂得自荐信书写的相关礼仪。

1. 格式正确，布局合理

自荐信一般包括称谓、序言、主体、结尾、署名等几个部分，结构布局应当合理，给人赏心悦目之感。

2. 言简意赅，重点突出

语言精练，篇幅不宜过长。招聘单位收到上百份简历，他们没有时间去读一封繁杂冗长的自荐信，碰到这种情况，往往将它放在一边置之不理。

同时，自荐信还应当内容充实，重点突出，强调自己在哪些方面特别优秀，例如经历、个性等，用自己的"闪光点"来吸引对方。如果你对某个岗位特别感兴趣，那你不妨着力渲染自己具有胜任这个岗位的某些方面的素质。有些求职者将自荐信印上几十份，给每个招聘单位都呈上相同的自荐信，这种毫无针对性的自荐信实际上是不重视招聘单位的不礼貌表现。

【案例】 小张是一名社会在职者,平时就爱写写画画,文笔不错。一天,他看到《武汉晚报》在招聘编辑和记者,萌发了从事新闻行业的兴趣,于是他向报社的招聘部门寄去了下面这封自荐信。

尊敬的领导:

您好!

得知贵报正在招聘编辑和记者,因此我怀着诚挚的心情向您自荐,期待加盟。

我毕业于学风严谨的南开大学,四年的大学学习既为我打下了扎实的知识基础,又形成了我良好的个人修养。毕业后,我进入武汉××药业集团销售总公司工作,先后做过总经理秘书、行政管理、绩效考核与监督、客户服务等工作。

看到贵报的招聘启事,我认为自己有如下优势:其一,本人本科专业为国际政治,而国际新闻版面是每份报纸不可缺少的组成部分,相对而言,这方面的专业人才较少;其二,本人有很多大学同学进入各地各大媒体从事编辑工作,平时和他们接触较多,对该行业有一定的认识,同时也有利于信息资源共享;其三,在××药业集团工作的三年期间,本人一直与文字打交道,担任集团刊物《销售人》的主编一职,负责稿件的整理、修改、审定等工作,积累了一定的文字处理经验;最后,本人身体健康,而且越晚越有精神,绝对能够胜任夜班工作的编辑一职。

正是基于以上考虑,我才郑重地向贵报提出求职申请,希望通过我的努力,加上您的支持,实现自己"无冕之王"的梦想。

个人简历及相关材料一并附上,如蒙约期面试,我将准时拜见。

此致

敬礼

自荐人:张××

×年×月×日

【分析】 小张的这封自荐信短短四百多字,但重点十分突出,信中提到的四点优势说明他比较适合报社编辑的工作,这样的自荐信才有针对性,才会引起用人单位的注意。

3. 细心校对,少用简称

确保无错别字及标点错误,以免给人粗心大意之感。

信中不要使用学校、专业的简称,那样容易使人误解。如"南大"指的是"南开大学"还是"南京大学"?"华师"是"华东师范大学"还是"华中师范大学"?"工管"是"工商管理"还是"工程管理"?所以,涉及学校和专业最好用全称。

4. 谦逊有礼，不卑不亢

自荐信用语要把握分寸，既要体现出你谦逊的态度和为人的修养，又要不卑不亢，维护做人的尊严。开头用敬语，如"尊敬的××"，慎用"亲爱的"、"崇敬的"等过于华丽的修饰语，只要对方读来感觉亲切、自然、实在就可以了，结尾也要表示敬意。求职是一个双向选择的过程，求职者与招聘者在人格上是平等的，过分谦卑只会令人鄙视，让人对你的能力产生怀疑。

（二）个人简历

一份完整详细的简历一般包括个人基本资料、学习经历、社会实践（或工作经历）、能力及特长、自我评价、就业意向等方面的内容，简历的撰写应符合下列要求：

① 版面美观，精心编排；
② 材料真实，客观公正；
③ 重点突出，针对性强；
④ 言简意赅，一目了然。

（三）推荐表

大中专毕业生的就业推荐表一般由学校统一制定，有固定的格式，学生只需认真填写即可。

总的来说，求职者个人履历的撰写应遵循整洁美观、真实简练的原则。在自荐信、个人简历、就业推荐表之外，还可附上在校期间的成绩单、获奖证书和相关技能证书，如英语和计算机的等级证书、秘书证、驾驶证等，以增强说服力，但切不可因此而造假，违背做人的诚信原则，用人单位对此深恶痛绝。

四、思想准备，摆正位置

为了在激烈的职业竞争中脱颖而出，提高面试成功率，求职者还需事先做好充分的思想准备，培养自己健康的心理素质。"心动决定行动"，求职者只有做好思想准备，摆正自己的位置，才能在应聘过程中展示良好的个人修养、不卑不亢的态度以及大方得体的礼仪。

（一）勇敢自信

1. 抓住机遇，勇于表现

卡耐基说过："等待机会，是一件极笨拙的行为。"机会是一件不可捉摸的宝贝，稍纵即逝。现代社会就业岗位本来就少，再不主动出击，把握机会，事后定会遗憾终生。

求职者要克服恐惧心理，抓住机会，勇于推销自己。有些人本来很优秀，但就是害怕求职，在招聘现场丢了自荐信就跑，面对招聘者结结巴巴、面红耳赤，这样的人难以被用人单位赏识。

【案例】 小王外语学院毕业，到某公司求职。她特意穿了一身套裙，精心打扮了一番。主考问："你的口语水平怎么样？"小王回答："一般吧。"主考接着问："你了解我们公司吗？""不太了解。"主考又问："你认为自己能胜任我们的工作吗？"小王怯怯地回答："我可以试试，慢慢锻炼吧。"结果她未被录用。

【分析】 小王知道面试要着装整洁，但心理准备不足，畏首畏尾，让人觉得她干不了大事，无法委以重任，因而失去了工作机会。求职者不要轻易否定自己，要坚信"天生我材必有用"，充满必胜的信念，这样机会自然而然就垂青于你了。

2. 自信不等于自负

部分初入职场的大学毕业生因所学专业紧俏，或因就读于名牌学府，认为自己无论专业知识还是综合素质都高人一等，而产生了睥睨一切的极端自负心理。在这种心理支配下，往往看这个单位不顺眼，看那个单位也不如意，不是嫌这儿工资低，就是说那儿待遇不好，没有给自己一个正确的定位，盲目求高，从而错过了不少适合自己发展的工作岗位。

【案例】 赵×是一位海归人士，就业目标是北京、深圳这样的大城市，且非名企不进。折腾了半年还未找到工作，终于有一家上海的中型企业对他有了录用意向。面试那天，主管领导问了很多专业问题，他都对答如流。领导很满意，正准备签约，随口问了一句："你为什么要到本公司工作？"赵×叹了一口气，说："我是虎落平阳被犬欺，许多外企看不到我的优点……"话还没说完，就见主管领导面色一沉："我们小庙容不下大佛，你还是另谋高就吧！"

【分析】 赵×目空一切，自视过高，甚至连主考官也不放在眼里，最终使自己与工作机会失之交臂。

3. 自信而不自卑

自信是面试前必备的心理素质，是面试成功的关键。求职者应对自己的能力有充分的信心，要知道谦虚是值得赞扬的，但谦虚过头便成了自卑。

【案例】 某游戏软件公司欲招三名软件开发人员，通过笔试、上机操作，有四人成绩优秀，独立学院计算机科学专业的小唐就是其中一个。面试那天小唐才知道另外三人中有两人是名牌高校的本科生，还有一个是研究生，于是小唐在心理上就觉得低人一等。面对考官的提问，小唐明明知道答案，也不敢抢先回答，害怕答错了招人笑话。即使偶尔回答问题也是抬头瞟一眼考官便迅速低下头，脸涨得通红，还不时偷眼看其他三位应聘者的反应。最终他被淘汰了。

【分析】 在竞争激烈的职场上，部分大学生因就读学校为二、三类院校，或因所学专业不景气，或因求职屡次受挫，产生强烈的自卑感，进而转化为自卑心理。有这种心理的大学生往往没有信心和勇气面对用人单位，不能适当地向用人单位展示自身长处。案例中小唐便是有严重的自卑心理，缺乏开拓精神，影响了就业。

有自卑心理的人总觉得自己技不如人，于是甘拜下风，随便找个"买家"草草"卖出"，对于一些单位开出的不平等协议也睁一只眼闭一只眼，给日后工作带来严重隐患。求职过程中，大学生应当摈弃自卑心理，牢固树立起自信心。

（二）先就业，再择业

随着高校扩招，高学历人才以每年30％以上的速度递增，但就业岗位增加却不多，就业竞争显得越来越激烈。时下捧着大学学历找不到工作的人也越来越多，这种无奈甚至波及了硕士生、博士生。在许多大城市，即使是一个普通民营企业，也要求硕士、博士学位，导致本科生就业难度进一步加大。大学生再也不是"天之骄子"，而是"有知识的普通劳动者"，这是一个痛苦的思想转变过程。这个时候如果仍然抱着"皇帝的女儿不愁嫁"的心理，非大城市不去，非名企不进，挑肥拣瘦，好高骛远，就会错过适合自己的机会。对于抱着这种想法的学生而言，毕业即意味着失业。

【案例】 武汉××大学国际经济与贸易专业的姜明同学担任过院学生会、宿舍管理中心的多份工作。对于今后就业，姜明认为"退一步海阔天空"，如果找不到理想的工作，他会降低自己的择业标准，即使不喜欢的工作他也情愿做，哪怕去扫地也愿意，社会上激烈的竞争不会给他太大的选择余地。

交通运输专业的周涛英语四级没过，成绩一般，也不太喜欢自己所学的专业。临近毕业，他感到了巨大的就业压力。周涛想到了投身西部，他说："国家扶持志愿服务西部的政策不错，西部的人才也相对匮乏一些，在那里容易走出属于自己的一片天地。"

【分析】 有的学生认为"读大学，就要找个好工作"，即便在大城市里没工作，也不去西部、农村，这是一种滞后的思想观念。姜明、周涛两位同学能够结合社会现实、个人条件，主动降低标准，投身西部，是理智的求职者。

在制造业发达的国家，许多在设计生产第一线的硕士、博士都被统称为"worker"，即一名普通工人，中国的大学生也应当视自己为一名普通的劳动者，从实际出发，调整就业心态，与其等待一步到位，不如先就业再择业，等到工作经验丰富了，有一定的资历后，再另谋高就。

（三）胜不骄，败不馁

求职成功不值得骄傲，这只是个开始，如何在岗位上干得出色，获得更大的发展，还有很长的路要走。求职失败也不必气馁，爱迪生有一句名言："失败也是我需要的，它和成功对我一样有价值。"失败反而可以锻炼人，我们可以总结失败的教训，从中汲取经验，做好再次作战的准备。

有这样一则寓言故事。

小狗汤姆到处找工作，忙碌了好多天，却毫无所获。他垂头丧气地向妈妈诉苦说："我真是个一无是处的废物，没有一家公司肯要我。"

妈妈奇怪地问："那么蜜蜂、蜘蛛、百灵鸟和猫呢？"

汤姆说："蜜蜂当了空姐，蜘蛛在搞网络，百灵鸟是音乐学院毕业的，所以当了歌星，猫是警官学校毕业的，所以当了保安。与他们不一样，我没有接受高等教育的经历和文凭。"

妈妈继续问道："还有马、绵羊、母牛和母鸡呢？"

汤姆说："马能拉车，绵羊的毛是纺织服装的原材料，母牛可以产奶，母鸡会下蛋。与他们不一样，我是什么能力也没有。"

妈妈想了想，说："你的确不是一匹拉着战车飞奔的马，也不是一只会下蛋的鸡，可你不是废物，你是一只忠诚的狗。虽然你没有受过高等教育，本领也不大，可是，一颗诚挚的心就足以弥补你所有的缺陷。记住我的话，儿子，无论经历多少磨难，都要珍惜你那颗金子般的心，让它发出光来。"

汤姆听了妈妈的话，使劲地点点头。

在历尽艰辛之后，汤姆不仅找到了工作，而且当上了行政部经理。鹦鹉不服气，去找老板理论，说："汤姆既不是名牌大学的毕业生，也不懂外语，凭什么给他那么高的职位呢？"

老板冷静地回答说："很简单，因为他是一只忠诚的狗。"

任何人都有自己的优点，即便是一只普通的小狗，所以在求职过程中即使这次失败了，也要坚信，在你面前还有一条广阔的大路。

求职前做好充分的思想准备，还应摒弃一些不健康的择业心态。

（1）依附心理。 希望靠哪个亲戚朋友的关系，拿钱买个职位。

（2）依赖心理。 部分大学生缺乏决策能力，择业时对一个单位是否适合自己，往往不是自己判断，而是听从父母师长之意、师兄师姐之言。

（3）虚荣心理。 为了增加资历而造假。假学历、假证书并非敲开就业大门的金砖，一旦被发现，就会自毁前程。

综上所述，求职前针对个人性格特点，广泛收集各类就业信息，并做好思想上的准备，这样求职面试方能从容不迫、气定神闲。这既体现了求职者对招聘单位的重视和尊重，也是面试中及面试后的礼仪得以顺利展现的先决条件和重要保障。

第二节 面试中的礼仪

通过层层选拔，求职者最后还会被要求参加一轮或几轮面试，考官通过考察求职者的外表、言谈、行为举止来判断他是否胜任工作，最终敲定录用人选。因此面试时的基本礼仪不仅反映了人的修养程度，更为重要的是，它是决定求职成功与否的重要因素，必须引起重视。

一、仪容仪表礼仪

俗话说："人靠衣装马靠鞍"，一个人的仪容仪表能够传递出他的气质、性格、内心世界，甚至会影响事业的成功。1961年，尼克松和肯尼迪竞选美国总统，当时尼克松的影响力远远超过肯尼迪，竞选前的民意测验中，他的得票也遥遥领先。但是，尼克松在电视演讲时衣服过于宽大松垮，又因之前发生车祸而显得憔悴不堪，相反肯尼迪衣着合体，精神饱满，结果尼克松落选了。由此可见，美好的形象有的时候甚至起着决定性的作用。

虽然我们经常说"人不可貌相"，但要发现一个人的内在美需要长时间的观察，在短短的面试时间内是不可能完成的。面试时考官往往是通过仪容仪表来判断求职者的身份、地位、学识、个性的，以貌取人固然有失偏颇，但你的仪容仪表，毫无疑问是左右考官判断的"第一印象"。因此毕业生在求职面试时一定要注意个人仪容仪表，力图给考官留下一个好印象。

（一）仪容礼仪

面试前首先检查一下自己的仪容是否整洁卫生，力求清爽示人。

1. 身体清洁

有些人吸烟、喝酒，不注意卫生，身体散发出不好的气味，像烟味、酒味、脚臭、腋臭、汗臭味，自己感觉不到，却使旁边的人感到不舒服。所以面试前最好洗个澡，换上一身干净的衣服、鞋袜，还可少量适当地喷洒香水，清淡、优雅的香水能够为你创造愉悦的心境和无限的机会。

2. 面部清洁

仔细洗脸，洗掉脸上的污垢、灰尘，男士记得刮胡须，然后检查是否还有"卫生死角"，比如眼角是否有排泄物，鼻毛是否太长，牙缝里是否有残存的食物，口气是否清新。如果时间允许，最好仔细刷个牙。仓促之间来不及，可用淡茶水漱口或嚼口香糖来减少口腔异味。面试前，尽量避免吃洋葱、大蒜和韭菜等会散发出刺激性气味的食物。平时也尽量不要抽烟，否则牙齿会变得又黑又黄。

3. 发型清爽

保持头发干净、清洁，不要有明显的头皮屑，夏季汗多，要勤洗发，以免散发出馊味。

除此之外，面试当天还要力求发型美观大方、整洁清爽，不要蓬头垢面，头发遮盖住五官。男士应剪精神的短发，不留长发。女士不披头散发，长发要打理好，最好扎起来或盘起来，给人精神、干练、稳重的感觉。不要涂抹过多的摩丝或发蜡，以免让人远远地就闻到一股味道。最好不染发，即使染发也应尽量选择与自己原本发色近似的颜色。如果你应聘的是表演、广告、艺术类的职业，那么男士可以蓄长发，并可尝试各种颜色的染发，尽可能体现出你的艺术气质。面试时一头健康、亮丽的头发会为你增色不少。

4. 手的清洁

递简历、握手时，你的双手会进入考官的视野，所以要注意清洁。特别要注意指甲的保养，经常修剪指甲，不留长指甲，将指甲缝里的污垢清洗干净。最好不涂指甲油，要涂也要选择与肤色近似的颜色或透明色。记住，干净的手和指甲也是文明的表现。

此外，保持乐观的情绪、充足的睡眠、摄入足够的水分，也有助于仪容的美观。

（二）服饰礼仪

【案例】 工程管理专业的毕业生何磊前往北京一家公司应聘工程师职位。面试时，他打上了领带，穿上了西装。面试过程很顺利，何磊过硬的专业知识让招聘人员赞赏不已。在决定是否录用他时，有一位部门主管提出了异议："你们注意到没有？这位面试者穿了一双旅游鞋，这样打扮很不得体。一方面，说明他没有品位；另一方面，可能此人个性十足、生活随意，估计比较难管理，将来可能是个'刺头'。"公司领导考虑再三，最终没有录取他。

【分析】 着装能够反映出一个人重要的信息，搭配不当还会引起别人的误解，所以面试时的服饰礼仪应当引起我们的重视。

一般来说，应聘者的基本服饰要求是整洁大方、色调和谐、搭配合理。

1. 服装

面试当天，穿一套舒适得体的服装，可以体现出你的个人修养，也表现出你对这份工作的重视和对用人单位的尊重。服装的穿着应当遵循如下原则。

（1）整洁。

面试那天的穿着必须整洁大方，如果衣冠不整、不修边幅，会被认为生活懒散、作风拖沓，难以赢得考官的信任。所以你的衣服必须是干净、整齐的，注意衬衫的领口与袖口不要脏，皮鞋也要干净、光亮，不要沾满灰尘。

（2）得体。

尽管你对面试很重视，尽管你的家境富裕，也不要穿一身名牌去面试，那会让人觉得你是来作秀而不是来应聘的。当然也不要穿一身伪名牌，要知道主考官阅历丰富，一眼就能看出名牌与仿冒的差别，你会给他留下爱慕虚荣的不好印象。面试那天你的着装只需庄重、大方就行了。

男士穿色彩沉稳、款式大方的西服，领带的颜色与西服、衬衣的颜色相配，图案应简单、不夸张，领带夹夹在衬衣的第三粒与第四粒扣子中间，也可酌情不系领带。夏天只穿衬衣、西裤即可。女士服装应淡雅得体，不过分华丽，切忌暴露、透视的穿着，那样显得不雅观、不庄重。一般来说，服装的色彩控制在三种以内，显得简洁、大气、清新、雅致，过多的色彩撞击会令人眼花缭乱。

男士穿样式简单、皮质优良的深色皮鞋。女士不能穿露趾凉鞋，否则会被视为不懂礼仪，缺乏教养。男士的袜子与裤子同色或略深。女士若穿裙子应配长筒丝袜或连裤袜，肉色比较自然，还应注意细节，如袜口不能露出裙摆，不能穿有破洞和抽丝的袜子，最好随身携带一两双袜子，以备不时之需。

得体的着装能够增强面试自信心，而且主考官也会优先考虑服装得体者。

【案例】 张丽到某外企应聘出纳一职，为了表示礼貌和尊重，她特意花了一个下午的时间到商场买了一件紫色上衣和一条黑色皮裙。面试那天，她就穿着这样一套衣服，精心地化了妆，走进了面试间。谁知道那位外籍主管一看到她，眉头就皱了起来，还没听完她的自我介绍就打断了她，告知她被淘汰了。张丽十分疑惑，"我到底错在哪里呢？"

【分析】 黑色皮裙在西方被认为是从事色情行业的女子的着装，张丽的着装引起了外籍主管的误解和厌恶，因此被淘汰。

（3）舒适。

面试时应当穿着合体舒适的服装，过紧的衣服穿着难受，体形偏胖者穿着更不美观，过大又显得不精神。过于宽大或窄小的衣服都会让人不适，进而影响面试发挥。同样也不要在面试那天换上新衣服，新衣服会让你感到拘谨，所以最好提前一两天就穿上，适应一下。

2. 饰品

配合服装可以搭配一两件饰品，但要注意搭配技巧，并遵循一定的礼仪要求。

一般来说，饰品的搭配应遵循少而精的点缀原则。全身的饰品加在一起不要超过三件，不要将你的所有家当如耳饰、项链、戒指、手镯、手链一股脑地全挂在身上，全副武装，那样会让招聘方觉得你十分花哨、可笑。

过于昂贵、款式过于夸张、色彩过于耀眼的珠宝首饰也不适合在面试当天佩戴，简单、小巧、精致的饰品能够展示你的内在气质和高雅的品位。

此外，饰品的佩戴还要考虑到它的文化意蕴。例如，到外企求职就不要佩戴有龙的图案的挂件，虽然龙在中国是吉祥喜庆的象征，但西方国家却普遍视之为邪恶的动物，佩戴饰品应当避免因文化差异而引起误解。

包（袋）也是一个人的重要饰物，求职时携带的包（袋）应当稳重、大方。男士应携带款式简单的公文包，女士的皮包也应当职业化。双肩背的旅行包只适合外出郊游，金属色的手袋也只适合出现在晚会或舞会场合。

综上所述，面试时服饰穿戴禁忌如下：
（1）一身名牌或伪名牌；
（2）女士着暴露装或透视装，服饰过于性感、挑逗；
（3）穿休闲T恤、牛仔裤；
（4）穿新衣服面试；
（5）服装色彩过于杂乱；
（6）女士丝袜抽丝或袜口露出裙边；
（7）鞋子粘满泥巴、灰尘；
（8）深色西裤、皮鞋配白袜子；
（9）饰品过多。

（三）化妆礼仪

化妆是职业女性的工作礼节之一，面试时化妆可美化面容，提高自信心，表现出对招聘单位和招聘人员的尊重。

面试应化淡妆，力求清新、淡雅，浓妆艳抹会给人轻浮的印象，还不如不化妆。妆容还需与服装的色彩相匹配，这样才有和谐之美。

进入面试间之前检查一下自己的妆容是否完美无瑕，需要补妆应到洗手间，不要在众目睽睽、大庭广众之下补妆，那是不雅的失礼行为。

仪容仪表直接反映出一个人的修养、气质与情操，甚至影响到人的发展前途。周恩来从早年读书起就注意仪表，终其一生：面必净、发必理、衣必整、纽必齐、头宜正、肩宜平、胸宜宽、背宜直。注重仪容仪表的修饰，充分彰显出你的个人魅力，会让你在求职的道路上事半功倍。

二、言谈举止礼仪

不凡的谈吐是智慧的体现，优雅的体态是自信的表达。注意言谈举止、举手投足间的礼节，求职的道路上你定会受益匪浅。

（一）遵时守信，有礼有节

面试千万不要迟到，迟到是不尊重招聘单位的表现，是非常不礼貌的，也说明你没有时间观念，且言而无信，缺乏责任心，往往会让你失去宝贵的工作机会。如果临时有事不能按时到达面试地点，必须事先打个电话告知招聘单位，这是基本的礼貌要求。最好比预定时间早 5～10 分钟到达，可以先熟悉周围环境，整理仪容和稳定情绪。

对接待人员要以礼相待，对他的服务表示感谢。面试前把手机关掉或调至静音，以免面试过程中受到打扰。进入面试房间要先敲门，得到对方允许后方可进入，向对方行点头礼后，转身轻轻关上门。

进去后主动与考官打招呼，礼貌地问候"您好"或"大家好"，但不要贸然地与考官握手，按照礼仪，地位高者享有握手的优先权，所以只有等考官先伸出手来，你才能热情地伸出手与之相握。也不要贸然落座，考官请你就座你才可以落座，并说"谢谢"。如果有指定位置，则坐上指定位置，若没有，则可以选择主考官对面的位子落座，方便与他交谈。与面试无关的私人物品一律不要带入面试房间，可请接待人员代为保管，公文包和女士用的小型皮包可放在椅侧或背后。落座之后要注意坐姿端正，不要趴在桌子上或仰靠在椅背上，也不要前后左右地晃动。双手自然放在膝盖上，千万不要两手交叉放在胸前，那样显得傲慢无礼。双腿不要抖动，也不要跷二郎腿，男士双腿微微分开，女士双腿并拢。尽量避免一些不自觉的小动作，例如，抓头发、咬手指、揉鼻子、搓衣角等，也不要抽烟、嚼口香糖，以免显得不够庄重。

自我介绍应落落大方，简单地介绍一下自己的经历和对应聘岗位的兴趣，注意吐词清晰、表达简洁、态度谦逊。递名片应双手奉上，以示恭敬。递交求职资料时，应正面朝上，文字要对着对方的方向。

（二）保持微笑，学会聆听

求职者在面试过程中表情要自然、诚挚，眼神应坦荡、自信，还应当自始至终地保持微笑。发自内心的微笑是自然、柔和的，是人际关系的润滑剂。纽约一家规模巨大的百货公司的人事主任曾经说过，他愿意雇用有着甜甜微笑的小学还没有毕业的女孩子，而不愿雇用冷若冰霜的哲学博士。由此可见微笑的迷人魅力。求职面试时面带微笑，是友善、自信、尊重他人的表现，会为你赢得好口碑。

面试时考官可能会向你介绍公司的基本情况，这时应恭恭敬敬地听，并积极地做出回应，让他感觉到你对他的谈话很感兴趣。不要中途插话，要懂得聆听的礼仪。如果确实需要插话，应征得对方的同意，用"对不起，请允许我打断一下"、"请等一等，我插句话好吗"等礼貌用语来化解对方的不满。考官向你提问,要听清楚了、考虑成熟了再做出正确回答,切忌答非所问,也不要不着边际,滔滔不绝,让人感觉你不是来求职而是来表演的。如果考官提的问题涉及隐私,你可以拒绝回答,但口气、态度一定要委婉、温和。

(三) 回答问题,诚实坦率

招聘单位的用人标准可能不一样,但是诚实守信的品德是他们都看重的。

【案例一】 刘洋参加某物流公司的面试,考官问她大学期间有没有什么获奖经历或研究成果,刘洋答道曾经发表过一篇关于物流管理的文章。这个回答立即引起了考官的兴趣,"哦,是吗?那请你谈谈对物流管理的看法。"刘洋结结巴巴,说不出个所以然来。事实是身为国际贸易专业的她对物流管理根本没有什么研究,只是为了增加求职成功的概率随口编造出来的。因此,她和该物流公司失之交臂。

【案例二】 小唐是机械工程专业的毕业生,到一家条件不错的外企应聘,第一次面试,他以自己的能力、素质和自信给考官留下了良好的第一印象。第二轮面试时,考官是一位美籍华人,在问了一些专业问题后,想让小唐用英语与他继续交谈。小唐知道自己学的是哑巴英语,难以招架考官,于是坦诚地对考官说:"虽然我的英语通过了六级考试,但我是一名机械工程专业的学生,因为缺乏英语语言环境,口语不是很好,只能进行简单的会话,进行深入的交流还有些困难,希望我能参加你们的英语培训,培训结束后再和您深入交谈。"这位考官笑着说了声"OK",小唐成功地被录用了。

【分析】 有关个人基本情况和社会经历的问题,应真实作答,不弄虚作假。对于一些专业性的问题,如果实在不会回答,不要支支吾吾,不懂装懂,不妨坦率地直言告之,考官反而会对你的诚实坦率大加青睐。

人无完人,工作以后可以继续学习以弥补知识的不足,但诚实却是人最宝贵的品质。

(四) 抓住机会,适当提问

面试是一个双向交流的过程,通过交流,考官在慢慢地了解你、认识你,你也可以向他提问,了解你所应聘的单位以及应聘岗位的工作职责,甚至工资福利待遇,只是要把握提问的艺术。

首先不要连珠炮式地发问,让人措手不及,也不要打破沙锅问到底,喋喋不休。最重要的一点,在双方还没有达成聘用意向的时候,所提问题最好围绕工作展开,而不要询问工资待遇问题,虽然这是你十分关心,也是你有权知道的。只有在用人单位决定录用你的时候,你才可以提出这个问题,过早或过多地询问待遇只会给对方留下不好的印象。有的用人单位在这个时候会主动告诉你待遇如何,如果对方没有透露,你可以婉转地提出,例如,你可以询问公司有没有给员工办理保险，顺着这个话题，对方就会谈到工资待遇上来。

（五）面试结束，主动握手

当听到考官说"今天就谈到这里，请你回去等消息"或"一有消息我们就会通知你"这样的话的时候，就意味着面试结束了。你应当主动提出告辞，这时你可以主动伸出手来要求与考官握手，表示对他的工作的感谢。握手时应目视对方眼睛，不弯腰低头，要大方热情，不卑不亢。走出面试房间后，轻轻地把门关上，做到有始有终。

（六）结伴而行，实不可取

有些年轻人应聘面试总要父母作陪，或拽上两个同学做伴，说明他缺乏自信，依赖性太强，无法独立开展工作，这种人是用人单位首轮淘汰的对象。

在面试的紧要关头，求职者应当注意自己的仪容仪表、言谈举止是否合乎礼仪要求，充分地展示自己，力争给考官留下美好而深刻的印象。

第三节 面试后的礼仪

求职面试的过程中要注意礼节，面试结束后的礼仪也不容忽视，有时候，它甚至对求职成功起着举足轻重的作用。

一、表达谢意

面试后两天内，最好给招聘人员打个电话或写封信表示感谢。电话要简短，信要简洁，提及姓名、基本情况、面试时间，重申对该工作岗位的兴趣和胜任工作的信心，表示愿意提供本人更多的事实材料。感谢电话或感谢信一定要简洁、真诚，切忌啰唆，既要表达出诚挚的谢意，又不能占用对方过多的时间。

面试后表示感谢本是礼貌之举，但目前很少有求职者意识到这一点。如果你这样做了，可以加深招聘人员对你的印象，说不定会让招聘人员改变初衷，挽救你即将被淘汰的命运，增加求职成功的可能性。

二、询问结果

求职者急于知道面试结果的心情可以理解，但要克制自己，不要过早打听消息。按照一般程序，招聘部门面试结束后，要进行讨论和投票，初步确定人选，然后送人事部门汇总，报主管领导批准，最终确定录用人选，这中间需要一段时间，求职者要耐心等候。面试两周后或主考官许诺的通知时间到了，还没有收到对方的答复，这时你可以打电话给招聘单位，询问结果。不要过早地询问结果，那会干扰人事部门的工作。

求职礼仪是求职者在求职过程中与招聘单位接触时应具有的礼仪规范，遵守这些规范，我们便拥有了一封通向成功的推荐信。

思考与练习

1. 求职前收集就业信息有哪些途径？
2. 假定你去应聘一家外企的文员，请设计出面试当天的服饰清单。
3. 工资待遇问题怎么提？什么时候提？
4. 请 5 名学生担任面试考官，现场面试 1 名学生，场景可分为公司面试和学生社团面试，可适当运用一些道具。

要求：
(1) 每名考官准备两个问题，被面试者要认真回答；
(2) 考官要认真倾听被面试者的回答，并根据回答形成一个总体面试结果；
(3) 被面试者要注意面试时的相关礼仪。

5. 阅读下面的求职故事，分小组讨论、总结这位公共关系专业的学生求职成功的经验。

告别十几年的求学生涯，我又一次站在了人生的十字路口——理想中的工作，你在哪里？我不禁叹了口气。我出生于农村，本地的观念很难容纳我这个公共关系专业毕业，而且又毫无背景的七尺男儿。

恰好上海正在举行大型人才交流会，于是，在新千年的第一天，我有点悲壮地踏上了南下列车，投入了求职大军。望着窗外渐渐远去的故乡，我不住地想：上海你能给我一块立足之地吗？

当我终于站在人才交流会入口处时，望着如潮水般涌动的人群，我第一次感到了自己的渺小和微不足道——全国各地数万精英云集于此，其中不乏博士、硕士和名牌大学的毕业生，而我毕业于一个名不见经传的财经学院，算得了什么？拿着一叠求职书，我在人群中慢慢移动，几乎每一家公司的摊位前都有一大群求职者等候着。"碰碰运气吧！"自卑的我终于鼓起勇气站在了一列队伍的最后，这儿需要管理方面的工作人员。

当终于轮到我时，老总却把我的求职书退了回来："对不起，我们需要的是研究生！"

"研究生？"我愕然，仓促之中居然没看清要求，这么长时间就算白等了？我迅速从尴尬中反应过来："的确，研究生可能更专于某个方面，但现代管理需要通才，要博而不是精！"

老总颇感兴趣地看着我，这使我信心大增，便继续滔滔不绝："其实，现代管理的一个重要方面就是协调好各方面的社会关系。钢铁大王卡耐基以百万年薪聘请并不懂钢铁的斯瓦伯为总经理，看中的正是他的公关能力，而斯瓦伯上任后也确实为卡耐基公司带来了巨大利润。由此可见，管理能力与专业学历实在是两码事……"

面对诸多求职者的挑剔眼光，我硬着头皮"侃侃而谈"，尽量不露怯，这应该归功于平时公关礼仪课上的训练和积累。当我意气风发地挤出人群时，已经茅塞顿开：在这种场合，身份、学历及过去的一切都是次要的，最重要的是你面对招聘者时所表现出来的气质、谈吐、智慧及能力，求职从某种意义上来说就是如何在面试时展现最佳的自我。

尽管那位老总最终还是婉言拒绝了我，但我却对他充满了感激。因为从他那里我已经找到了推销自己的方法。

在以后的招聘会上，我不再急着排队面试而是先在大厅内逛几圈，对各公司的招聘情况有个宏观的把握后，再作打算。在一次招聘会上我把南鹏公司定为了自己的第一目标。

递进求职书后，一位服务小姐让我填写登记表。

"咦，你是农村的？"当得知我的老家在乡下时，小姐惊诧地看着我。

"农民的儿子质朴、诚实、能吃苦，这是城市青年没有的优点。"我毫不犹豫地答道。

"看你的模样又斯文又白净，不像农村出来的青年啊！"小姐笑着说。

"多谢您夸奖，这说明我适应性强嘛！"这个时候既要有礼貌，也决不能客气。

服务小姐登记完后，在我的简历上画了个大大的勾，并微笑着对我说："回去等消息吧。"我又惊又喜，于是又得出了一个结论：求职时慎重对待每一位信息传递者，这会收到意想不到的效果。

第二天，我果然收到了南鹏公司的面试电话。面试时，我又见到了那位服务小姐，她把我介绍给了负责人，和负责人热情而有分寸地握手之后，寒暄几句，面试开始。

"请问你认为这个房间的摆设如何？"

我打量了一下四周，略作思考："很能体现贵公司的风格，有独到之处，美中不足的是稍显严肃了点。如果能摆设两盆花木或放点音乐更能营造一个宽松和谐的交流环境。"

"这么多应聘者中，你是少有的见解新颖且胆大心细的一位！"负责人对我表示赞赏。

"您过奖了，其实许多人比我更出色，只不过审美观不同罢了。"在抬高自己的同时决不贬低别人，是我的一贯作风，否则会给人留下不厚道的印象。

良好的开端是成功的一半，在接下来的谈话中我始终把握住两点：一方面尽力推销自己，另一方面处处为对方着想。可以看出，负责人的眼睛里渐渐流露出了欣赏之意。

快结束时，负责人突然抛出一个敏感的问题："你对待遇有何要求？"

"在这个商品经济时代，不考虑待遇是不现实的。但我想作为一名年轻人最重要的不是待遇，而是如何才能实现自我价值。"这本来是几句文不对题的废话，但负责人却颇为满意。

"如果你未被我们公司录取，你会怎么想？"

我不卑不亢而有礼节地说："人才交流强调双向选择，在我失去这个就业机会的同时，也意味着贵公司失去了一个不可多得的人才！"

"假如你被录取，能处理好同事关系吗？"负责人紧接着问。

这个看似简单的问题如果直接回答显然不高明，我决定迂回包抄："集中精力搞好工作发展事业才是我们的最终目的，至于和同事之间的关系，我天性随和，应该没问题！"

负责人满意地笑了。

走出面试间，我轻轻地关上了门，这些细节往往能反映出一个人的素质和修养。

在此后的两天中，我并没有坐等消息，而是通过网站，拿到了公司状况的第一手资料。然后，我把对企业文化的看法和公司发展趋势写下来，连同一张新年卡寄给了公司老总。

三天后，我接到了南鹏公司打来的电话，第一句话就是："学公关的小伙子，你攻下了我们这一关……"

(资料来源：辽宁工程技术大学毕业生就业信息网)

第五章 公务礼仪

公务是指群体或组织以及其中的成员为了相互传递信息、交流感情、调节外部不和谐的因素,围绕一定的对象所进行的工作和交际行为,即因公进行的工作和交际行为。公务的具体内容很多,其行为要求随着群体或组织机构的性质不同而不同,也随着其行为目的的不同而变化,但为了保证公务效果和目的的实现,不同的公务行为都有其自身的行为规范和礼仪要求。

第一节 公务活动礼仪

为了实现各自的目标,满足各自的需求,必然会产生人与人、组织与组织、个人与组织之间的某种社会联系和认知行为,其中公务活动必不可少,且发挥着重要的作用。通过公务活动不仅可以树立单位的良好形象,有助于提高单位的知名度和美誉度,培养单位全体员工的自信心和集体荣誉感,而且可以表达合作对象间的诚心、诚意和关注,借以引起外界对公务活动举办单位的重视和了解。

公务活动的内容较多,会议、宴会、舞会、迎送、随车陪乘等都是公务活动的表现形式。想要在公务活动中激发出席者的某种情感,或引起对方重视,就需要有郑重其事的合乎规范与惯例的程序,并且了解和掌握公务活动中的礼仪。

一、会议礼仪

会议是现代工作机构用来协调内部关系,加强同外界的联系、合作和交流普遍采用的方法,也是人们经常性的社交活动。会议的类型很多,目的各不相同,就其要解决的问题也有大有小,不同类型的会议也有不同的礼仪要求。会务工作的繁简与会议的规模、内容、级别密切相关。一般说来,会议的规模越大,规格越高,内容越重要,会务工作就越多,礼仪要求也越高。

(一)会议的筹备及安排

一个会议的成功与否,做好会前的准备工作是关键,尤其在大型或重要的会议中就显得格外重要,会议前的准备工作主要有如下内容。

1. 成立会议筹备组

凡属机构内部召开的会议，如领导班子会议，研究、汇报工作以及布置工作的会议等，都无须成立会议筹备组，只要有一个明确的主题、程序和主持人就可以了，在礼仪上没有过多的讲究。但是凡规模较大、影响较大、事关一方大局的重要会议，如各级党政代表大会、各界人士参加的商务会议、全国性会议或国际性会议等，一般都会在会前成立会议筹备组，且要有能以身作则的人担当负责人。如条件允许，其负责人最好是会议主持，以便熟悉、掌握整个会议的各项相关工作的安排。

会议筹备组一般下设两个小组：一个是秘书组，主要负责文字及宣传的准备；一个是会务组，负责除秘书组工作以外的会前准备工作、会议接待、会中服务和会后的送行等事项。会议的筹备工作要制定一个完整的筹备计划和日程计划，筹备的主要负责人要时时掌握各项准备工作的落实情况，并应与两个组及时沟通信息，保证在总日程的安排下，各项筹备工作全部就绪。

2. 会务工作与安排

会务工作由会务组全面负责，其主要工作有以下几个方面。

(1) 拟发会议通知。会议召开前，必须提前一定的时间拟好并发出会议通知。通知上应写明开会的时间(有的会议还应写明闭会时间)、地点、会议主题日程安排和参加对象，会期超过一天的还应写明食宿安排等。根据会议的内容及范围，会议通知可以采用张贴广告的形式，也可以邮寄，有条件还可以采用明码传真。

(2) 布置会场。会场的大小，要根据会议的内容和参加会议的人数多少而定。会场的布置应与会议的性质及内容相称，如庆祝性会议应布置得喜气洋洋；座谈性及协商性会议其布置应体现出和谐、平等的气氛。在一些大型会议的会场门口或门前应悬挂带有欢迎之类的横幅，重要性会议有时还应在门前或广场悬挂带有祝贺性、鼓动性和号召性的条幅气球。

如果会场不易找到，应在会场附近设立路标。会场内主席台前上方一般应挂有红底白字的会标横幅。

如果是国际性会议，会标上应有中、英文两种文字，且中文在上，英文在下。会场的两侧或四周或与主席台相对的墙面上也可布置一些号召性或鼓动性标语。布置时还应注意颜色的心理效果和花卉、盆景的安排。

会场及座位的布置应根据会议的性质、内容、规格和人数等情况来确定，常见的布局形式有方阵形、O形、T形、"回"字形、授课形等。授课形布置适用于大中型会议，其他形式布局适用于小型会议。

O形布置：这种布局通常用于规模及与会者身份都较高的国际会议，会议人数不多，而且会议不具有谈判性质。采用这种布局形式或直接使用椭圆形会议桌，与会者围桌而坐，表示彼此地位平等，可避免出现席次上的争扰。

U形或"山"字形布置：此种布置用于带有相互商讨性质的会议，与会者身份不完全相同，但差别不大，主席台前有领导人就座（见图5-1）。

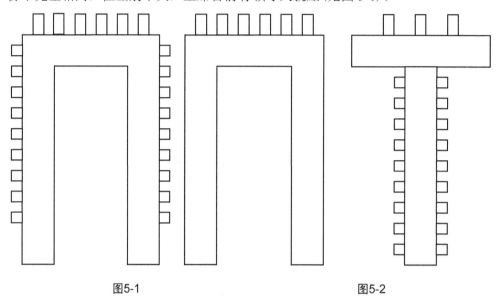

图5-1　　　　　　　　　　　　　　　图5-2

T形布置：这种形式适用于发号施令性质的会议，主席台前就座的一般只有一个人，至多不超过三人（见图5-2）。

授课形布置：这种形式适用于报告会或讲座会，报告人或讲学者在主席台就座，台下不摆设长台，只整齐摆放若干排靠背椅或扶手椅，面向主席台。这种布置的特点是可在有限的空间里容纳最多的听众（见图5-3）。

大型或重要的会议通常都应设立主席台，尤其是在程序上有开幕式或闭幕式的会议更是如此，便于被邀请的当地党政领导、来宾或主办机构的领导就座。主席台座位的排列方法是职务最高的领导人或贵宾居中，在主席台就座的其他人员按其地位或职务高低左右交叉依次排列，并在各自的座位前摆放座位卡。如果是国际会议，座位卡上也需要用中、英文两种文字，同样是中文在上，英文在下。座位卡应提前制作和摆放。

（3）会议前需要对音像设施、灯光系统进行检查和调试，以保证会议期间正常使用。

（4）做好预算。在会务筹备中，应根据各项会务工作的经费支出需要编制费用预算。会议预算一般包括场地租用费、会议布置费、文件印刷费、文书用品费、交通费、通讯费、茶点饮料费、礼品费等。

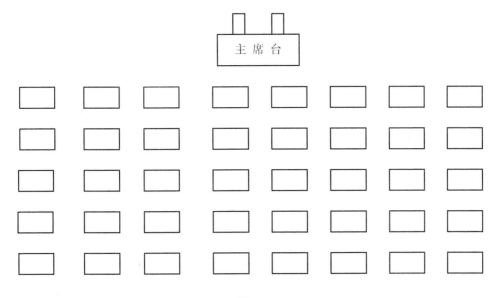

图5-3

3. 会议迎送工作

凡会期较长、规模较高、范围较广的会议，都应该安排专门人员负责在与会者到达之日到车站、码头、机场迎接，并陪同他们前往下榻处或办理报到手续。

迎接的人必须提前到达，站在明显的位置，手持书有"欢迎参加某某会议代表"字样的标牌。

会议结束前负责为与会者代购返程的车、船、机票，会议结束离去时送他们到车站、机场。这不仅是为了方便参加会议的人，也是对参加会议者的一种基本礼遇。如果是国际会议，还应根据与会者的身份确定相应的接待规格。

4. 其他的准备工作

为了使会议圆满成功，为与会者提供周到的服务是必不可少的。根据会议需要和条件的可能，可在会议进行期间设立临时休息厅、衣帽间，组织会议旅游，举办舞会，拍摄集体照等，并按照日程和计划的安排，做好相应的准备工作。

（1）设立临时休息厅。临时休息厅应设于会场外，摆放沙发、茶几、靠背椅、圆桌等，设一工作台，为会议前和会议中间休息时的与会者提供茶水、饮料、咖啡等，但应配置适量的服务人员并提前做好一切准备工作。

（2）设立衣帽间。衣帽间是专门为与会者提供衣帽和随身物品存放的工作间，应设在邻近会场入口附近，以便与会者衣物的存取。设立衣帽间不仅是为了方便与会者，更重要的是为了保证会场整洁有序。衣帽必须有专人负责，工作间内设有物品架和衣帽架，存取衣物均有手续，尤其要注意与会的领导的衣物，一定要放在显眼处，以便散会时领取。另外还要注意不要弄脏存放的衣物。

(3) 会议旅游。有些会议，常在会议期间或会议结束时安排一些参观游览活动。凡日程中安排有会议旅游的，都应事先向与会者通报有关旅游的一切事项，包括游览的景点、交通工具、集中上车的时间、地点、费用及安全事项等。还应事先聘请好导游，安排好陪同人员，尤其要注意必须保证游览过程中的人身安全。

(4) 举办舞会。舞会是公关活动的重要方式之一，有些会议为了达到交流感情、增进友谊、促进公关实务的目的，或为了丰富与会者的会余生活，往往在晚上举办舞会。舞会可以在专业舞厅举办，也可以自行举办，但都必须营造很浓的舞会气氛。凡会议有舞会安排的，应事先通知与会者，说明舞会的时间和地点，但不做强性要求，与会者来去自便。但舞会的组办者，应提前做好准备。若自办舞会，要选择好场地，做好彩灯、彩带装饰及灯光、音响的调试，配备饮料、点心，选派一些作为舞伴的女性。

(5) 拍摄集体照。大多数会议都会在会议期间拍一张与会成员的集体照，以作纪念。拍摄的时间最好选择在开幕式结束或闭幕式之前后。集体照的第一排通常是主席台成员，其排列应同主席台的排列位置，以后几排的排列没有过多的讲究，按照与会成员的个子高矮排列即可。但应注意，每排两头最靠边的位置一般是组办单位的人员。洗印好的集体照，应是每位与会者人手一张。

(二) 会议主持人的礼仪

会议主持人也称会议主席或负责召集会议的领导人，在小型会议中又称为召集人。凡设有主席团的则由主席团成员或常务主席轮流担任会议主持人，所以亦称会议执行主席。

主持人的主要职责是负责按会议议程，当场全权组织和推进会议，具体职责有如下四个方面：一是事先熟悉和掌握会议议程，使会议严格按议程规定进行；二是提请与会者注意本次会议的宗旨和目的，保证会议始终不偏离主题；三是引导与会者发言，维持会场秩序；四是控制会议规定时间，按时开始，按时结束。

1. 主持人的姿态

主持人主持会议的姿态应符合身份，自然大方。

(1) 行姿。主持人在会前步入主持位置时，步伐应刚劲有力，表现出胸有成竹、沉稳自信的风度和气质。

行进中的步速不能过快，也不能跨大步，否则就会显得紧张和不安，而应视会议的内容掌握步频、步幅。

主持庄严、隆重的会议，步频要适中，每秒约 2 步，步幅要自然；主持欢快、热烈类的会议，步频要中快，每秒在 2~2.5 步之间，步幅略小；主持纪念、悼念类的会议，步频要放慢，每秒在 1～2 步之间，步幅要小。平时主持工作会议，可视会议内容具体情况决定步频、步幅。一般性会议，步频适中，步幅自然；紧急会议或重要会议可以适当加快步频。行进中应挺胸抬头，目视前方，摆臂自然。

重要会议会前，主持人在步入主持位置过程中，不要与熟人打招呼；一般工作性会议，如时间未到，落座后可适当与邻座寒暄，或与相距较远的人微笑点头示意。

因特殊情况迟到，注意不要破门而入、大喘粗气，而应推门，快步到位，放文件袋，落座，先向等候者道歉并简要说明原因，求得大家谅解，马上主持会议。

(2) 坐姿。主持人在主持工作会议、讨论会、座谈会、表彰会、对话会及记者招待会等会议时多为坐姿。坐应端正，腰板挺直，颈项伸直，面对前方，虚视全场；两肘轻按会议桌沿，且对称呈外"八"字，不能前倾或后仰；主持中不能出现用手抓头、揉眼、搔脸、托腮或不停喝水和抽烟等多余动作。

(3) 站姿。站立主持要并拢双腿，挺直腰背，右手持稿底部中间，左手五指并伸自然下垂；在有风的天气里，要以双手持稿，与胸等高，与身体呈 45°；脱稿主持，应两手五指平伸自然下垂，腰背挺直，目视前方，身体不能晃动。

(4) 手势。主持人讲话一般不用手势。在一些小型会议进行总结时，可以用适当的手势，但动作不能过大。

2. 主持人的语言表达

主持会议是要通过语言表述进行的，对主持人语言表达的总体要求是口齿清楚、思维敏捷、积极启发、活跃气氛、符合主持程序。

作为主持人，一定要明确会议目的，从会议开始到会议结束，一切语言表达都应紧紧围绕会议目的和主题。如开座谈会、讨论会，主持人要阐明会议宗旨和所要解决的问题，严格掌握会议进程，问题的焦点要让大家畅所欲言；会议出现僵局要善于引导，出现冷场、空场，要马上补白；不应以动作、表情、语言对持不同意见者表示不满，而应以平静的语言，缓和的口气，准确的事实阐述自己的意见，使人心服口服。主持记者招待会，主持人应与发言人一样，对记者提出的问题要敏感，反应快，口齿伶俐。

主持人的语言要适合主持的程序，语言应礼貌，态度应谦虚，口气应平和，表达应讲究方式。

3. 主持的程序

因会议的不同，主持的程序上略有差异，一般而言，程序基本有八项。

第一项介绍主持人。对主持人来说多数情况是不用介绍自己的，但是有些情况下，尤其在很多人不一定认识自己的情况下，通常是主持人作简单的自我介绍："我是×××，请允许我介绍和我一起主持会议的其他几位主持人，这位是×××，能主持今天的会议我感到十分荣幸。"介绍主持人的关键是要向大家介绍主持人的身份和姓名。

第二项主持人致词。语言应热烈、诚恳，特别在列举出席会议的领导和重要贵宾姓名时，要注意姓名准确，称呼应以职务称和职衔称，排列顺序应按照职务或级别大小，应注意最后加一个"等"字。

第三项宣布会议的目的和注意事项。要注意与会议事先确定的口径一致，一般不做过多解释。

第四项请演讲人（报告人）演讲（或报告）。在一般会议上，只需对演讲人发出热情邀请，不必做特别介绍，可以说："下面请×××单位（或部门）的×××先生（或称职衔、职务）为我们演讲。"

对有些会议，如英模报告会、专题报告会等，在听众对报告人不熟悉的情况下，主持人就有必要向大家做较为详细的介绍，主要介绍其背景及请其演讲的缘由，但介绍的时间也不应超过三分钟。

在演讲人发言时，主持人应持中立态度，不应以任何方式对报告内容表现出任何倾向，但有权采用一定的礼貌方式制止听众席上有损于会议秩序的行为，如私下交谈、拨打手机等，促使与会者集中精力倾听发言。

如报告人的演讲超过规定时间，主持人应以礼貌方式提醒，但要轻声，注意用婉转的语气，这既是尊重其他与会者，也是为了保证会议能按照规定的议程进行。

第五项是对报告进行提问和谈论。在演讲者结束报告时，主持人应对报告人表示感谢，并宣布进行提问和谈论。

为了保持会场秩序，支持人应说明提问的方式和规定的时间，但所有提问和发言都必须围绕主题。

有人偏离了主题，主持人也应该礼貌地提醒；如谈论出现激烈争论，主持人应设法让大家回到平静和相互尊重的气氛中来；如出现冷场，主持人应设法诱导，以活跃气氛。

提问或谈论应控制在规定的时间内。

第六项是主持人对报告内容作出恰如其分的评价。对于价值较高的报告应用恭敬、诚恳的语气进行赞美；对于一般性的报告也应给予礼貌性的肯定，并对报告人再次表示感谢。如接下来还有其他人的演讲，就应继续介绍第二位演讲人，并请演讲人作报告。

第七项是主持人应在规定的时间内宣布会议的结束。在结束之前，主持人应对会议作简要的总结。如就某些问题大家达成一致意见，在总结时应予以重申；对前来出席会议或提供帮助的单位和个人及协助组织会议的工作人员表示感谢。

第八项是会议结束后,主持人应组织人员根据会议期间的会议记录或录音资料编写会议简报,并把它分发给所有与会者。

(三) 听众礼仪

听众是会议的主体,其与会的表现直接影响到会议的气氛、形象、秩序和效果。因此,对听众也有一定的礼仪要求。合适的仪表,遵守会议纪律,尊重主持人、报告人及其他与会者是听众礼仪的基本要求。

1. 合适的仪表

仪表往往是人际交往中给人的第一印象,而会议又是多人聚集的场合,为了自身的形象和对他人的尊重,听众必须注重自己的仪表,因此,仪表整洁是对会议出席者的最基本的礼仪要求之一。对大多数会议,特别是大型会议,男士一般穿西装,女士穿套裙、长裙或裤装,忌奇装异服。不论男女都应该注意自己发型的梳理和个人卫生。女士不应佩戴过多的饰品,不要浓妆艳抹,最好不涂指甲油;男士必须将胡须刮净。忌入场后不摘帽子、不脱大衣。出席会议人员的着装打扮一定要适合所处场合,即要得体,如参加委员会议,必须穿礼服,作为礼服的西装,必须是黑色或藏青色的正装西装。

2. 遵守会议纪律

遵守会议纪律是每个听众都应做到的,这既是维护会场秩序的需要,也是对会议组织者及其他与会者的尊重。为此,听众应做到按会议规定的时间到会和离会;会议中途不随意进出;关闭手机,不在会场内使用手机;不大声喧哗,保持会场安静,自觉维护会场秩序;不无故中途退出会议,如需退出应向主持人打招呼并说明原因;集中精力聆听报告或演讲,不交头接耳,不打瞌睡,不做与会议无关的一切事情。

3. 尊重主持人、报告人

参加会议必须服从会议组织者和主持人的安排,并对主持人的提议作出积极的回应;在提问或谈论阶段,要注意提问的礼貌和发言方式,不伤害和攻击别人,即便自己有不同的观点或意见,也应在平和的氛围中与对方进行对话和商讨。报告结束,听众应报以热烈的掌声,以此向演讲人表示赞赏和感谢。如需要在会场上发言,还应注意演讲者的礼仪。

【案例】 赵丽由公司派出参加一个关于旅游节活动安排的会议。因为不像平时上班那么匆忙,也因为不是上班,所以赵小姐花了不少时间认真地化了一个很时尚的妆。大概化妆花了太多时间,所以她稍微迟到了一点才来到会议现场。很多人看赵小姐,赵小姐不免有些得意,心想没有机会亮相的时尚装扮今天总算是露了一次脸。会议的内容在所分发的资料上基本上都有,所以赵小姐觉得没有必要浪费时间,她一边悠闲地听 MP3,一边与平时没有时间联系的朋友们发短信。后来干脆与朋友一番狂聊,直到手机电池耗尽。

【分析】 赵小姐的行为是现在一些年轻人很习以为常的,因为他们觉得自己的穿衣打扮是个人行为,而会议是很无聊的事情,不需要浪费时间,所以就算是有人提出异议,他们也不一定能够接受。其实在这样的公众场合,尤其是开会这样的正式场合,自己的穿着、言行都显示出了个人的修养,表明对他人是否尊重,这种目中无人的行径只能让赵小姐给人留下很不好的印象。

二、宴请礼仪

宴请活动是机关单位、团体组织出于一定目的安排的宴饮聚会,它是公务交往中常见的一种礼仪活动。通过宴请活动,达到讨论问题、酬谢祝贺、联络感情、增进友谊的目的,安排宴请活动,需要认真筹划和精心准备,要符合有关宴请的礼仪规范。

(一)宴请的形式

因工作关系而举办的宴请活动种类很多,从规格、时间、餐别、目的、形式上可划分为不同的宴会。各类宴请形式不同,规格不同,组织要求也就不尽相同。

1. 宴会

宴会按照规格划分有国宴、正式宴会、普通宴会和家宴,正式宴会包括庆贺宴会、欢迎宴会、欢送宴会、答谢宴会、招待宴会等。机关单位组织的多为正式宴会,主宾双方致词、祝酒、演奏或播放席间乐。对座次、餐具、菜肴、酒水的安排有一定的规矩。宴会中,国宴为最高规格的正式宴会,是国家元首、首脑为国家庆典或外国元首、首脑来访所举行的宴会。宴会大厅悬挂两国国旗,安排乐队演奏国歌和席间乐,席间由主宾双方致词和祝酒。

按照宴会的餐别划分有中餐宴会和西餐宴会。这两种宴会方式在礼仪上都有各自独具特色的地方,一定要特别注意相关的礼节。

2. 酒会

这是不备正餐的宴请形式,又称鸡尾酒会。以酒水为主,备有简单食品、小菜,不设坐席,客人可以随意走动。酒会备置多种酒品、饮料,请柬注明起讫时间,便于出席者在酒会时间自由入席和退席。

3. 便宴

这是一种非正式宴请形式,有时可称工作餐。宾主双方可以利用进餐时间边吃边谈。一般安排长桌,方便交谈。通常是工作会谈期间以快餐分食形式进行,因为是工作进餐,不请家眷。也可以安排自助餐的形式。

4. 茶会

这是一种简便的招待形式,西方通常在早、午茶时间(上午 10 时、下午 4 时左右)安排,我国南方也有安排在早餐时间进行。茶会不上酒品,以茶水或咖啡为主,可以备些点心、小吃;安排主宾和主人坐在一起,其他出席者随意就座。

(二)宴请的准备礼仪

要规范而细致地把宴请活动安排好,需要认真策划和准备,事前处处考虑周全,准备充分,才可以达到预期的目的。具体应注意以下几个环节。

1. 确定宴请目的

宴请是公务活动所必需的,目的勉强或巧立名目都是必须避免的。宴请的缘由总是因具体事件而来,如欢迎、欢送、答谢、庆贺、交流等。一般以特定时刻、特定事件为由举办。宴请目的决定宴会的规格、形式。

2. 确定规格形式

宴请规格与宴请的性质、目的、主宾身份有关,同时考虑经费开支。采用正式宴会还是非正式宴请,是用中餐宴请还是西餐宴请,是用酒会还是茶会,要根据宴请缘由、被邀请主宾的职务身份、宴请对象的风俗习惯确定。规格决定形式,国宴、正式宴会规格高,工作餐之类的便宴规格自然低些。

3. 拟定客人名单

在宴会的主办者为了某件事情决定举办宴会时,首先应考虑邀请哪些人,必须将所要请的客人名单开列清楚。凡为了某件事而举办的宴会,一般要求与此事有关的方方面面的人都应该邀请。如为公事宴请,要考虑请哪些方面的人士,请到哪一级以及请多少人,应该请的千万不要遗漏。待邀请范围确定后,就可以草拟邀请名单。凡私人宴请,在所请的客人中已婚的,一般是夫妇同请。在遴选客人时应尽量避免邀请与主宾有矛盾的人,或平日有积怨者同时赴宴,以免双方在宴会上见面尴尬或发生冲突。

4. 确定时间地点

确定宴请的时间,要考虑主宾双方合适和方便,有些要选择有特定意义的时间,如中秋节、春节等传统重大节日。同时要考虑宴会的性质和形式,正式宴会多在晚上进行,便宴则可以安排在其他时间。此外,宴请外宾和有特殊风俗习惯的宾客,还要顾及禁忌的日子和方式。地点选择要适当,要考虑宴请规格、餐饮特色、环境情调及服务水准等因素;正式宴请不要安排在客人下榻的酒店。选定宴会场所还要考虑到远近,是否需要安排车辆接送,周边是否方便停车,场所内是否有卫生设备等。

5. 提前发出邀请

在所请的客人名单、宴请的时间及场所确定后,应提前发出邀请。各种正式的宴请活动邀请客人一般都使用请柬,不论路途远近都应如此。如果被邀请的是具有较高身份者或长辈,不能请柬一发了之,主人还应登门单独邀请,以示诚意。一般的便宴、工作进餐，可用电话或口头邀请。请柬应提前 1～2 周发出，以便被邀请人作出安排。请柬中应说明宴会的目的、时间、地点、邀请单位或主人的姓名以及对来宾的要求等，必要时请柬还应注明桌次和附有回单。量少的请柬可以从商店购买，量大的可以自制印刷，其基本格式如下。

```
        先生
        女士
        谨订于_____年____月__日(星期___)____午____时
在_____饭店举行_____宴会        恭请
        台光
        敬请会示
                                                谨启
```

请柬应以谁的名义发出，这是值得注意的礼貌问题。一般来讲，凡因公务某事举行的宴会，特别是大规模的宴请，应以组织单位的名义发出邀请，较小范围的宴请则以部门主管领导的名义邀请比较合适。如果是为某人举行的宴请，一般以个人的名义发出邀请，但应注意按对等原则，即请柬上的谨启者的个人身份和地位与主宾相等，在官方的邀请中更为讲究这一点。凡私人宴请一般以主人夫妇的名义发出邀请。

6. 宴会位次与桌次的安排

正式宴请都要排定席次，有些也可以只排主桌和外宾席次，其余的只排桌次或者自由入座。按照国际惯例，桌次高低以离主桌或主人位置远近而定，右高左低。习惯上，西餐男女穿插安排，有的以女主人为准，主宾在其右上方，主宾夫人在男主人右上方。事先要通知出席者，每桌要放置桌次牌、座次牌或名牌。一般情况的排位如图 5-4 所示。

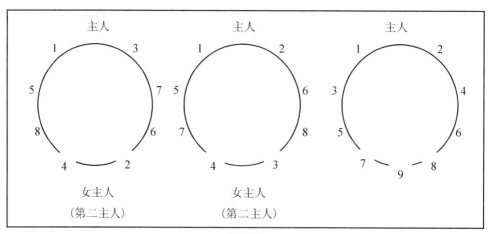

图 5-4

正式宴会一般均安排位次。大、中型宴会有的只安排主桌席位的位次，其他人员按照桌次就座即可。多桌宴会宾客位次和桌次往往写在请柬上，使宾客心中有数，同时在现场要安排一定数量的礼宾人员，以便引客就座。多桌宴会的主桌要求居中摆放，主人席位又居于主桌的正中，而其余桌的主人位则应根据与主桌的位置，采用统一式或面对式，或侧对式。如图5-5所示。

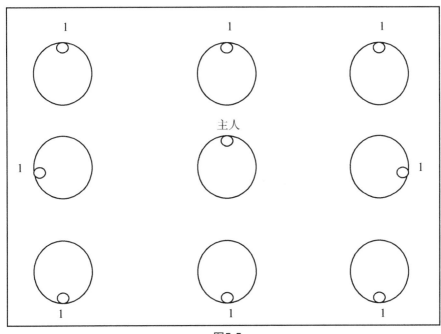

图5-5

7. 做好现场布置及服务

正式宴请活动现场要适当布置，现场包括宴会大厅和休息厅，现场布置要严肃、庄重、大方，适当点缀鲜花，有些宴会要悬挂会标。准备话筒等音响设备，一般在主桌背后设一立式话筒。要有专门的工作人员负责宴会的各项准备及服务工作，安排好迎宾人员、接待人员和引导人员。

（三）中餐宴会礼仪

1. 中餐宴会程序

首先，热情迎接客人。宴会开始前，主方一般需要到酒店门口迎接客人。一般相关负责人一起在门口迎接，迎接的主方人员应依身份高低依次排列，身份最高者在最前面。

客人到达后，迎宾成员与客人一一握手，如果是主宾或重要宾客，则由工作人员引休息厅，并有相应身份的人进行照应。如没有休息厅，客人则可直接进入宴会厅，但不入席。主宾到达后，负责迎宾的主人应陪同主宾一同进入休息厅与其他宾客见面，待客人到齐后，主人或礼宾人员就可以要求众客人入席。

客人入席后，由服务人员从主宾开始，按照先主宾后主人，顺时针绕台的顺序进行斟酒，斟酒时应先斟红酒，再斟白酒，最后根据客人的需要再斟倒啤酒或饮料。若大型宴会，服务员则应在宴会开始前10分钟，将各个席位的红酒和白酒斟好，在客人入座后再根据客人的意见斟倒啤酒或是饮料。

通常宴会开始，先由主人致祝酒辞，主宾致答谢词。在宾主致辞时，服务人员应停止斟酒或上菜，应站在何时的位置上，待致辞结束后，再继续服务工作。祝酒结束，主人应先与主桌客人碰杯，然后到其他各桌敬酒。

中餐宴会上菜程序的基本要求是：突出中餐的特点，符合礼仪、礼宾要求，尊重主办单位的意见，按照一定的顺序，掌握好上菜的时机，将菜肴摆在宴会餐桌的适当位置。

中餐宴会上菜应掌握的原则：先冷后热，先菜后点心，先咸后甜，先炒后烧，先清淡后肥厚，先优质后一般。目前，中餐宴会上菜的顺序一般是先上凉菜，后上主菜（较贵的名菜），再上热菜、汤菜、甜品及点心，最后上水果。

2. 中餐入席礼仪

准时出席是参加宴会的基本礼仪，根据中国人的习惯，主宾一般比其他客人晚到一步，但不能迟到，因为主宾要是迟到，宴会就难以准时开始。

到达宴会地点后，除要向主人打招呼、问好之外，还应与先到的客人握手寒暄，相互问好，对长辈或领导要起身让座，对女宾则应举止端庄，彬彬有礼。不要仅与熟人交谈，还应通过自我介绍或他人介绍结识新的朋友，入席前应尽量与更多的宾客沟通。入席后要注意向邻座或对面客人点头为礼或寒暄几句，千万别独坐一隅，寡言少语。席间谈笑本身就有个礼貌问题，作为客人应与同桌的其他人愉快的交流，特别是左右邻座，至少应相互攀谈，表示友好，如大家一言不发，不仅主人会感到尴尬，而且客人也会觉得压抑。嘴里正咀嚼食物时千万不要同人说话；讲话时不要挥舞手中的餐具；交谈中不要冷落某些宾客；不要只顾着低头吃饭，否则也都是失礼。

入席要讲究次序。正是宴会一般由主人招呼或宣布"请各位入席"，主宾由礼宾人员引领，主人陪同最先进餐厅，其他客人才可随其后依次进入餐厅。

一般情况下，正式宴会的桌次和位次都是事先安排好的，进入餐厅的客人要等主人的招呼和安排，即便明知道自己的桌次和位次，也不要急于就座，更不能"捷足先登"。而是先找到自己的座位，站在座椅的左侧，待主宾和主人落座后再入座，就座时还应向其他宾客礼让，若旁边有女宾或长者要先帮助他们就座，自己再坐下。就座时不要慌张，挪动椅子要轻，声音要小，不可莽撞，以免碰得餐桌晃动。记住不要贸然入座。

【案例】 在毕业宴请上，小林提前了几分钟到达，已经有几位同学到了，不过老师暂时还没有来。小林看到对面有一个座位空着，于是走过去，这时老师走了进来，大家互相招呼，找到位置坐下，小林坐下了，发现同学们都在暗示自己什么，四下张望也没有发现什么不妥。旁边有同学小声提醒："这位置应该是老师坐的。"小林心想，一张圆桌，怎么分出哪个位置是老师坐的呢？细心一看，才发现自己面前的餐杯里的餐布折叠的样式与其他的不一样，方才意识到这是主客或者主人的座位，在今天的场合，很显然这个位置应该是老师的。于是赶紧让位。

【分析】 餐桌上的细节有很多，要了解，并予以重视，否则就会失礼，给人留下不好的印象。

餐桌上应有良好的举止、体态。出席宴会不能忽视在餐桌上的举止、体态，否则将给人留下"没有规矩"的坏印象，为此要注意：落座后不可仰面抱颈，两腿微颤，摆弄手指；进餐时身体不要贴靠着边，将头伸到桌内，身体一般距桌边一个拳头；开席前不要乱动桌上事先摆好的餐具，不要玩弄筷子，敲打餐具；不要来回挪动椅子，搅得四邻不安。

不要随意脱下上衣、摘下领带、挽起袖子，给人以大吃一顿的感觉；如果天气很热，主人请宾客宽衣，则可将上衣挂在椅背上；男士不要穿背心赴宴，女士就座不要撩起裙子。

席间不要频频起立、离座、头枕椅背打哈欠、伸懒腰、揉眼睛、搔头发。不要随意点火抽烟，或对着别人吐烟圈。不急于动筷子。

【案例】 老王是个很爽快的人，心宽体胖，食欲很好，有人请客，他一向是很高兴的。不过暗地里，朋友们都笑话老王吃相难看。原来，老王往往看到自己喜欢的菜上来，就忘记了周围的人，专心致志地吃起来，而且一次弄很多菜到自己的碗里，以免别人吃完了；吃的过程中，还喜欢啧啧作响。一个人一边饮酒，一边吃菜，动作很大，旁边坐的人只好退到一旁，老王全然不觉。往往酒足饭饱之后，打着饱嗝，靠着椅子，大声地评价今天的饭菜。让很多人心里觉得不舒服。

【分析】 性格爽快并不是坏事。往往生活中，有人借口自己为人豪爽，不拘小节，做出一些失礼之事，但是爽快并不能成为不讲礼仪的借口。在公众场合的失礼，体现出的个人修养的缺失，以及对别人的不尊重，是会为很多人所不能接受的。老王的行为会为很多人在背后耻笑。

3. 吃中餐的礼仪

(1) 正确使用餐具。一般宴会上使用的餐具比较多，个人餐具主要有餐盘(骨盘)、口碗(饭碗)、汤匙、长柄勺、筷子、筷架、调料盅等，公共餐具主要有公共勺、公共筷等，且都是在事先按照宾客的人数和规矩进行摆放的。

餐盘放在个人餐位距桌边最近处，主要用于盛放或接菜点、鱼刺、骨头等残渣的，其位置在使用原则上不同。口碗专作盛放羹、汤类菜肴之用，可端起使用，通常放于席位的左侧。汤匙与口碗配套用于舀汤、喝汤。使用时通常以右手三个手指，即食指在上，大拇指和中指在下，捏住勺把尾部，喝完之后一般放于口碗内或者单独放于勺垫上。在餐桌上，千万不要越座取拿食品或者调料盅等。

一般的中餐宴会均为共餐制，大家围坐，共食同一盘菜肴，在宴会中若为他人夹菜、敬菜，从卫生和礼貌出发，必须使用公用筷、勺，不可用自己用过的筷、勺为其他宾客夹菜。

在使用餐具时，最好不要让其相撞发出响声；用过的餐具应照原来的位置放好，不要总拿在手里。

(2) 夹菜应有规矩。每道菜上桌，一般要待主人和长辈动手后再去取食，且动作宜快，不要碰倒杯盘，溅及他客。

夹菜时，不能把筷子在盘内翻来翻去，只能在自己这一端取菜，而不能把筷子伸到菜盘别人的那一端；夹菜时如偶尔掉在桌上，不能把它重新放回盘中去，只能自己食用或者放在骨盘中。

别人夹菜要主动避让，谨防"筷子打架"；一次夹菜不要过多，即使是自己喜欢的菜肴，也不要频频取用，更不能急于把菜堆放在自己的餐盘内。

餐桌上使用转盘，应等菜肴转到自己面前时再去夹取，不要站起来伸直脖子越位到别人面前去取菜。

(3) 咀嚼讲究形象。进食时，不可伸颈向前以口接食；嘴里的食物不要塞得太多，应闭嘴咀嚼，细嚼慢咽，嘴里不要发出"叭叭"的响声，说话前要先咽下嘴中的食物，以免给人留下贪吃的印象。

(4) 喝汤注意方法。在全桌共用一盘汤时，喝汤应先用汤盘内的大汤勺，从靠近自己的这侧将汤盛至自己的汤碗内，再用自己的汤匙舀着喝。盛汤时要注意不要"海底捞月"。

以匙喝汤，应在匙的内侧，仅沾唇边，而不能在匙的顶端。喝汤时不要用嘴啜吸，以免发出声响。

如汤太热，切勿用嘴去吹，可用汤匙轻轻划动，待稍凉后再喝。

4. 注意进餐的小节

(1) 不能只顾自己吃。席间进餐要与其他宾客相互谦让，不能光顾自己埋头闷吃，而应注意对邻座的礼让和对老人及孩子的照顾。在为别人夹菜时，一定要使用公用筷、勺。

(2) 鱼刺、骨头及不洁食物的处理。在进餐中，对鱼刺、骨头、核之类的东西，不要吐在桌面上，更不要随地吐在地上，而应以毛巾或餐巾掩面，用手从口中取出，放在自己的骨盘内。

(3) 喷嚏、咳嗽要掩口。席间万一要打喷嚏,应掉头向后,用自己的毛巾或手绢掩住口鼻,避免发生过大的声音或口沫四溅。千万不要面向桌面及他人。

(4) 擦嘴和剔牙。用餐结束别忘了擦嘴,擦嘴可用餐巾、餐巾纸,但不能用来擦面。席间、餐后剔牙要注意用手遮面,不可当众仰面张口,也不要边走边剔,更不能咀嚼牙签。

(5) 席间最好不要抽烟。在中式宴会中,一般在水果、甜汤上桌以后,西餐在喝过咖啡以后才可以抽烟。在此之前如想抽烟,应向在场的主人、身边的女宾说明,最好征得他们的同意,至少说句"抱歉",以示对他们的尊重。抽烟时烟灰、烟蒂要放入烟灰缸,不要随意丢在地上。

(6) 退席有序,告辞有礼。正式宴会,当上最后一个菜,即将上水果时,服务人员都要礼貌地告诉主人"菜已上完",提醒宴会结束。当吃完水果,主宾在主人的示意下便可最先离席;宴会中,待大家都放下筷子,主人示意散席,众宾客方可离去。此时个别宾客不得因贪杯而拖延不散,也不能因余兴未尽而迟迟不起,这样不仅是对主人的失礼,也是对众宾客的不敬。在宴会结束时,客人应热情与主人话别,感谢主人的盛情款待,别忘了向女主人道谢,同时也应向其他客人道别。道别时不要拉着主人的手说个没完,免得妨碍主人送其他客人。如主人有礼物馈赠,应表示感谢,并将礼物收下,不能毫无反应。

(四) 西餐的礼仪

随着社会的发展,西方的一些生活方式已逐渐被引入中国大众中间,用西餐招待客人也开始在许多地方流行起来。但西餐毕竟不同于中餐,就西式宴会而言,其餐具、酒具使用,上菜顺序,菜肴的食法等礼仪方面,比中式宴会要严格得多,讲究也非常多。因此,了解西式宴会的礼仪及懂得西餐宴会的做客之道非常重要。

【案例】 袁小姐是大四的学生,目前在一家外贸公司的财务部试用。日前,为替在武汉的外国客户庆祝"洋节",公司举办了大型的西式自助餐会,邀请了不少洋客户及公司的全体员工。餐会一开始,袁小姐端起面前的盘子去取菜,之后却发现那是装食物残渣的盘子;为节省取食的路途,袁小姐从离自己最近的水果沙拉开始吃,而此时同事们都在吃冷菜,袁小姐只得开玩笑地说自己"减肥";走到餐桌前,袁小姐拖开餐椅,从右边走近餐桌,坐下;吃到一半,袁小姐放下刀叉稍微休息,不料服务员走过来将没有吃完的菜给收走了……

【分析】 袁小姐因为不懂相关的西餐礼仪,不仅出洋相,而且也令自己一顿饭吃得浑身不自在。所以,现代人需要了解一些基本的西餐宴会的礼仪。

1. 出席西餐宴会的基本礼节
(1) 对请柬应书面回复。正式的西式宴会都是以非常正规的请柬邀请客人的，无论参加与否，都应书面回复，否则将是严重的失礼行为。一般应在收到请柬后的第一天内回复，回帖必须保持原请柬的原有字句。

(2) 讲究衣饰、仪表。在西方，赴宴非常讲究仪表，女士不化妆往往被看作失礼行为，男士也必须修饰一番。

比较正式的西式宴会，一般都在请柬上直接注明着装的要求。男士出席宴会的晚礼服主要有小晚礼服、燕尾服，并配以一双黑色的丝袜和皮鞋；女士的晚礼服一般为低胸或露背的连衣裙，并配一副较长的手套，脚上要穿一双与服装相称的高跟鞋和长统丝袜，一般要戴一副耳环和一条项链。

(3) 准确把握赴会时间。西式宴会对赴会的时间要求严格，必须按照预定时间赴会，既不能迟到，也不能到得过早。

(4) 到后须与主人握手。到达赴宴地点后，只须与相迎的主人握手，但应注意一定要与女主人先握手后，再与男主人相握；握手时男性客人必须摘下手套，女性客人则可不必。

(5) 按正式规矩入席。正式宴会，桌上一般都有来宾的席位卡，赴会者找到自己的席位后可直接入座，有时服务人员会询问来宾的姓名，由其引领到位。在一般性宴会或多桌宴会，有时对来宾没有明确安排座次，赴宴者应注意对有些座位不能乱坐。按西方习惯，方桌近门口的一端的女主人位与女主人相对的一端男主人位，女主人位右侧的男主宾位和男主人右侧的女主宾位，都不能随意乱坐。

(6) 注意女主人的举动。在西餐宴会中，女主人自始至终是宴会的真正主人，当女主人从座位站起来迎候迟到的客人时，已经坐定的男宾也必须陪同站起来；每一道菜上来时，经女主人打招呼客人才能进食。

(7) 用餐时中途一般不能离席或退席。参加宴会的客人，如有特殊事情必须离席，应向同桌人说一声"对不起，我离开一会儿"。退席时，要向本席的主要客人告辞，向在场的其他客人点头致意后方可离去。

2. 餐巾使用的方法

餐巾又称"口布"，是进餐时的保洁用品。餐毕时，可以用来擦手和嘴上的油渍，餐巾纸是其代用品。在西餐宴会中对餐巾的使用有着许多讲究。

(1) 拿餐巾跟随主人。在宴会上，主人拿起餐巾是准备进餐的信号。客人入座后不要自行取拿餐巾，要待主人拿起餐巾后，客人才能随后跟着拿，否则失礼。

(2) 餐巾铺放位置正确。家庭日常进餐，餐巾可以塞在领口，但出席宴会时，餐巾必须铺放在大腿上，较大的餐巾，通常只打开一半对折摊开使用。

(3) 临时离席时餐巾应放在椅子上。临时离席，应将餐巾折好放在椅子上，如放在桌子上则是不再继续用餐的表示。也不应随意将餐巾揉成一团，装入腰包或口袋里。

(4) 餐巾不能用来擦餐具。入座后，不能用餐巾或餐巾纸擦自己的餐具或当抹布抹桌子，否则就是对主人和服务人员的不信任和侮辱。

(5) 餐毕要将餐巾放在自己餐具的左侧，不必刻意折叠整齐。

3. 餐具的使用方法

东方人进餐时的主要工具是筷子，而西方人进餐时则要用刀、叉、匙，并且十分讲究，因此，懂得各式西餐餐具的用法，也是西餐礼仪的重要方面。

(1) 西餐餐具的摆放。西餐一般使用方台、长方台，有时也用圆台。西餐用餐一般都采用分食制，摆台也分便餐摆台和宴会摆台两种，不过无论是哪一种，其刀叉摆放的方法及位置都大致相同，一般是展示盘（及大餐盘）或叠好的餐巾放于餐位的正中，右刀、左叉，添点叉匙盘前横放，先用餐具放外侧，后用餐具靠里放。在桌子上摆放刀叉，一般最多不能超过三副。三道菜以上的套餐，必须在摆放的刀叉用完后，随新上的菜肴再放置新的刀叉。

在西餐中，对特殊菜肴的餐具很讲究搭配：如客人订法式田螺，则左侧放田螺夹；如客人订浓味炖鱼，应摆鱼刀、鱼叉和汤勺；如客人订爱尔兰炖肉，要摆主菜刀、主叉和汤勺，等等。

(2) 刀叉的用法。在西餐进餐中，刀叉使用有一个原则，那就是先用摆在外面的刀叉。每上一道菜，使用一副相应的餐具。使用后放在盘子里，如果不懂，可以照女主人的样子去做。切肉时，可以按自己喜欢的方式去做，一般是用左手拿叉按肉块，右手用刀切割。握刀的方法是用右手的食指压在刀背上，另几个手指握住刀把。美国人和英国人切分肉食的方法相同，但进食时，美国人换以右手拿叉，英国人仍以左手拿叉。使用鱼刀同握笔差不多，即以大拇指和食指压住刀把，中指协助食指切割鱼肉。

刀叉有不同规格，按照用途不同而决定其尺寸的大小也有区别。吃肉时，不管是否要用刀切，都要使用大号的刀。吃沙拉、甜食或一些开胃小菜时，要用中号刀、叉，勺一般随刀的大小而变。喝汤时，要用大号勺，而喝咖啡和吃冰激凌时，则以小号为宜。

使用叉须注意：不能用叉子扎着食物进口，而应把食物铲起入口。美国人食用肉类有时先用刀把肉切成块状，然后用叉子送进口中；而欧洲人一般是边切边吃，而且是铲起来送入口中。如食用某道菜不需要用刀，也可用右手握叉，例如，意大利人在吃面条时，只使用一把叉，不需要其他餐具，那么用右手来握叉倒是简易方便的。如果没有大块的肉要切，例如素食盘，只是不用切的蔬菜和副食，那么，也可用右手握叉来进餐。

尚未用完餐，盘子没空，如果还想继续用餐，把刀叉分开放，大约呈三角形，那么服务员就不会把你的盘收走。盘子已空，但你还想用餐，把刀叉分开放，大约呈八字形，那么服务员会再给你添加饭菜。注意：只有在准许添加饭菜的宴会上或在食用有可能添加的那道菜时才适用。如果每道菜只有一盘的话，就没有必要把餐具放成这个样子(见图5-6)。

图5-6

而当把餐具放成两条平行线的样子,即便盘里还有东西,服务员也会明白你已经用完餐了,会在适当时候把盘子收走。盘子已空,你也不再想用餐时,把刀叉平行斜着放好,那么服务员会在适当时候把你的盘子收走(见图 5-7)。另外,切记放置时刀刃侧朝自己。

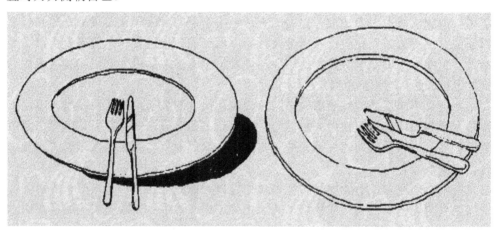

英式用餐结束摆放法　　　　　法式用餐结束摆放法

图5-7

忌讳用自己的餐具为他人夹菜、舀汤或选取其他食物。吃西餐时,每个人都有自己的餐具,如果是合餐,每个人都可从大盘里取用的话,那么一定有备用的公用叉或勺供大家使用。

手里拿着刀叉时切勿指手画脚。发言或交谈时,应将刀叉放在盘上才合乎礼仪。

在餐桌上进餐,享用美食的同时,大家当然也要开心畅谈一番。但手里拿刀叉时切勿手舞足蹈地谈论,也不可将刀叉竖起来握在手中,切勿放肆大笑或大声喧哗,这会让人感到胆战心惊,实际上这种危险的举动的确对人、对己都是一种威胁。

叉子和勺子可入口,但刀子不能放入口中,不管它上面是否有食物。礼节的要求有其道理,刀子入口也是危险的。

4. 吃西餐应注意的礼仪细节

吃西餐的礼仪规范有一些与中餐有相通之处,但是毕竟吃法上有很多礼仪规范不尽相同。西餐礼仪如图5-8所示。

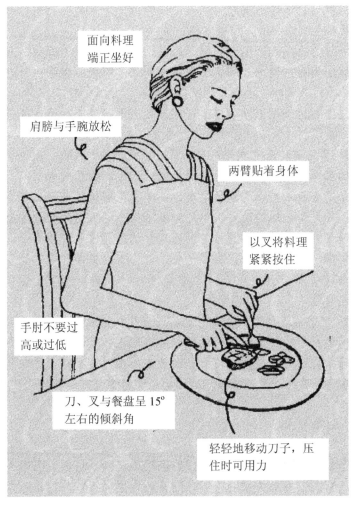

图 5-8

(1) 在餐桌上就坐时,人要端正,背部要贴住椅背,将餐巾放在膝上,不可将随身携带的物品,如皮包等放在餐桌上;不可在桌前化妆、擦鼻涕、咳嗽、打嗝、打喷嚏等。在西方,进餐时有以上动作,应立即向同桌的人道歉。

(2) 西餐桌上应与别人轻松自由交谈,但要注意,嘴里含有食物时不能同别人讲话;进餐时同别人讲话要放下刀叉;通常说话前或喝酒前要用餐巾擦一下嘴。

(3) 从大盘中取用菜肴,一定要使用公用的叉子和匙,千万不能用自己用过的餐具去取菜;如桌上的菜肴或调味品自己够不着,不要越过别人的面前或站起来伸手去取,而应请别人传递。

(4) 如果不慎把餐具掉在地上,不要马上俯身去捡,应留给服务人员去处理,你只需再要一套干净的餐具。当发现菜肴或杯子中有脏物时,应悄悄告诉服务人员,让其拿走重换一份。换菜盘和餐具也是如此。

(5) 喝汤时要用汤匙一勺一勺舀进口中,不能用嘴唇去啜吸,发出声音。喝咖啡同样不能用嘴啜,也不要用匙舀着喝,而是端起来直接喝;若咖啡太热,可用匙轻搅,不能用嘴去吹。小匙是用来搅拌咖啡、使糖溶化的。

(6) 不能用面包来擦干净菜盘;正式宴会上不能把饼干泡在汤里或蘸汤吃;用过的盘子不能推到一旁或摞起来,应请服务员撤下。

【案例】 司马小姐至今都记得自己第一次吃西餐的情形。走进餐厅,就看到豪华而气派的装饰,而且整个餐厅很静,若有若无的音乐轻轻回荡,让司马小姐心动,同时也不免紧张。她走到餐桌边,伸手去拖餐椅,而侍从赶紧过来,帮她轻轻挪动椅子,司马小姐同时发现自己站在了椅子的右边,脸一下子就红了。接下来进餐的过程中,她牢记左叉右刀的原则,但是其实她是左撇子,而且第一次用,心里很紧张,更显得笨拙。整个进餐,司马小姐觉得像是在受罪,音乐、环境对她而言都不曾留下什么印象,只有紧张与小心翼翼,以及小心翼翼后的笨拙,令她终生难忘。

【分析】 其实进餐的礼仪是相对的,而且吃饭毕竟是一种享受,并不是要用很多规则来约束人的,记住应有的礼貌以及对他人的尊重,那么很多小的细节上出错也不是什么特别大的过失,左撇子右叉左刀在国外也是很普遍的,所以要尽量放松,去享受进餐的过程、情调,这样反而有助于适应西餐的礼仪规范。

三、公务迎送礼仪

公务迎送主要指国内因公务而安排的迎接与送别,目的是为客人提供方便,尽地主之谊,有利于外部关系的协调,能有效地推进工作。这也是企业和单位在外部交往中必不可少的接待工作之一。

公务迎送的对象,按其性质有专程和顺道之分;按级别有领导和普通工作人员之别；按人数有一人或数人的，也有大型代表团的。因此，公务迎送的规格也应视具体情况而定，不过在公务迎送中，无论是什么情况，对等的原则不变，即应根据迎送对象，由级别相当的人员或组织出面接送。

（一）掌握客人的抵离时间准时迎送

东道主的迎送必须准确地掌握宾客乘坐的飞机、火车、船舶的抵离时间，以便及时做好迎送工作。如原定时间发生变化，应及时通知有关方面和相关人员，并做好应急安排。

对远道而来的客人，应主动到机场、车站、码头迎接，迎接人员一般应在客人乘坐的交通工具抵达前15分钟到达站的制定地点，如与所接的客人不相识，最好事先准备小牌子，牌子上写着"×××同志(先生、小姐)，欢迎您"。

送行时则应在客人上车、上船或登机前到达。如有欢送仪式，则应在仪式开始前到达，并做好一切准备工作。

不论是迎宾还是送客，都要恪守时间，绝不能出现客人等主人的现象。

（二）接待时的介绍与寒暄

来宾一到，迎宾的主迎人员要立即上前握手，并致词欢迎，如"您好！欢迎光临"、"一路辛苦了"等。如客人较拘谨，主人应主动与之寒暄，语气应热情、诚恳。如是节假日迎宾，还应致以节日的问候。

如来宾是首次来访，互不相识，宾主见面时应互作介绍。一般来讲，迎宾者应主动上前，"自报家门"，并由主方的交际人员或迎宾人员中身份最高者，将迎宾人员的姓名、职务介绍给来宾。如果还有主迎人员在来宾下榻处等候，要事先向来宾说明，以使来宾有所准备。

（三）车辆安排与陪车

到车站、码头、机场迎接客人，接待单位一般都应根据迎送对象的身份及接待的规模事先安排好车辆。客人人数较多或是代表团，最好用客车接送；对本单位无车辆接送条件的一般性客人，则要恳切地向对方打个招呼，并告知其来回的路线。

凡以车辆接送客人的，一般也应安排迎送人员陪车同乘，其陪同乘车必须符合陪乘礼仪的规定。陪同乘车，必须分清楚座次。

在专职司机开车时，双排座轿车的座次尊卑原则是后排为上，前排为下，右侧为尊，左侧为卑。（见图5-9(A)）

在主人开车时，双排座轿车的座次尊卑原则是，前排为上，后排为下，右侧为尊，左侧为卑。（见图5-9(B)）

(a) (b)

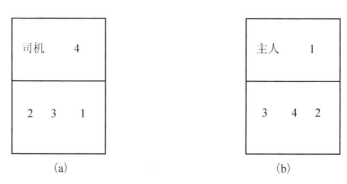

图5-9

三排座车与双排座座次尊卑上基本原则一致，但是因座位数不一样，座次尊卑上也有特别的规定。如图 5-10、图 5-11 所示。

(a) (b)

图5-10

(a) (b)

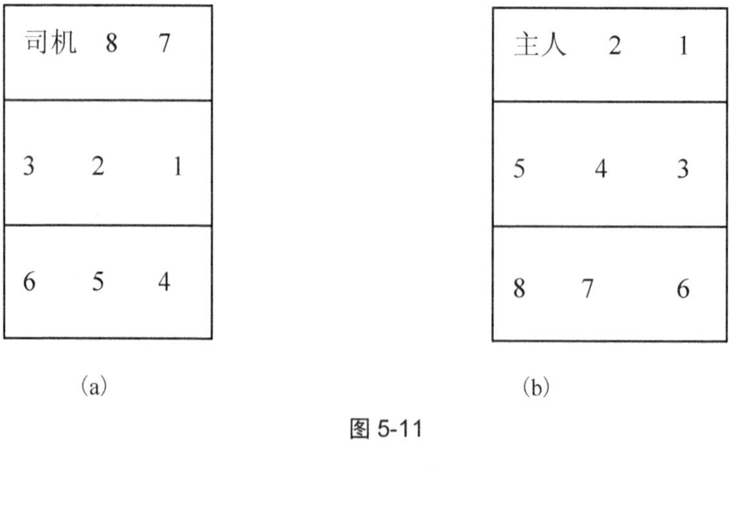

图 5-11

座次的尊卑其实主要是以上下车是否方便作为标准,一般以右侧为尊。另外因主人开车,而导致副驾驶位置的尊卑有变。不过吉普车无论驾驶的人是专职司机还是主人,副驾驶都为尊。另,大型客车,从前至后,由右至左,尊卑依次而下。

(四)迎送过程中相关礼仪

1. 引领客人

在迎送客人的过程中,凡请客人进入休息厅休息、到达下榻处进入客房、宴请或参观等,一般都有礼宾人员、迎送人员或接待人员引领。此时的引领人员一般应在客人的前侧(左侧或右侧),与客人保持 2~3 步的距离,并与客人大约呈130°的角度,不可独自在前,臀部朝着客人,脚步应伴随着客人的步速与步幅。上楼时,引领人员应走在扶手的一边,走在客人的前面;下楼时,可走在客人的后面。当走到拐弯处,应停下脚步,以手示意所应行走的方向,在到达目的地门口时,应开门礼让,请客人先进,主人后进,其他迎送人员跟随其后。

2. 陪客乘电梯

在陪同客人乘电梯时,应让客人先入梯,不得自己先行。电梯进门左侧为上位,即为客人的位置,自己也不可抢先。引领人员或接待人员应站在操作按钮的前面位置上。到达时,也应请客人先步出电梯。

3. 陪同客人

陪同客人,在主人的右侧为上位,不论是行走还是入座,主人都应在客人的左侧。若陪同上司同行,原则上应走在上司的左侧或后面。迎宾时,主人应走在前面;送宾时,主人走在后面。当你与上司一起送宾时,你应比上司稍后一步。若陪同女宾同行,不论主人是男性还是女性,都应走在女宾的左侧;上楼时,男性主人应走在女宾的后面,下楼时,男性则走在女宾的前面。

4. 车辆接送及陪车、陪机

(1) 以车辆接送客人,要请客人先上车,迎送或接待人员待客人全部上车就座后方可上车。到达目的地停车后,迎送或接待人员先下车开门,再请客人下车。若客人乘坐的是轿车,迎送或接待人员则应在客人上车或下车时,一手拉开车门,一手遮挡车门上沿,以防客人碰头,但有两种客人要注意不能遮挡,一是伊斯兰教教徒,二是佛教徒。

(2) 接送团体客人时,上车要按先主宾后随员、先女宾后男宾的惯例。

(3) 用车辆接送宾客时,若主人陪同乘车,应请主要客人在尊位就座,主人则应坐在客人的左侧,即主陪的座位上。但应注意由于不同车辆的座位排数和座位多少不同,或驾车人的身份不同,车内座位的尊卑位次也不同,千万不要搞错了。(参见上文介绍)

(4) 陪同宾客乘坐火车或飞机，其位次的排列不同于汽车，是以窗口位置及前进方向来确定的。如火车上四人对坐，其位次顺序为：前进方向靠窗为第一位，对面为第二位；第一位的旁边为第三位，其对面为第四位。如是六人对坐的位置，前进方向的中间为第五位，对面中间为第六位。飞机的座位排序方法同于火车。当迎送人员或主人陪同客人乘坐火车或飞机时，应该坐在哪个位置就一清二楚了。

（五）注意事项

公务迎送礼仪中的注意事项如下。

(1) 对公务客人的住宿安排要符合接待规格。

(2) 迎送人员陪同到达下榻处后，应将客人引领进事先安排好的客房。如客人多，应先请客人到客厅休息，再与客人中负责生活的人联系，由他协助分配房间和办理入住登记手续。客人入住后，要把就餐地点和时间告诉客人。重要客人应由专人陪其到餐厅就餐。

(3) 客人初到，一般不宜马上安排活动，迎宾人员也不要久留，应让来宾稍作休息、洗漱、更衣。但可将来访的日程安排及要求事项向来宾通报，征求他们的意见，并尽可能地向客人提供有关资料；约定接下来的见面时间、地点和联系方式。

(4) 要尽可能地为客人设法预购返程车票、船票或飞机票，或提供购买方便。如自己实在无力解决，要尽早通知客人，免得客人措手不及。为客人代购车、船、机票，应问清车次、航班、时间以及具体要求。

(5) 为客人返程送行时，要按迎接规格有始有终。若到客人住地送行，其时间可在客人返程的当天，也可以在前一天。在客人返程的当天送行，主送人员应在机场（码头、车站）与来宾作最后告别，祝客人"一路平安"，恭送客人登机（车、船），并在火车、轮船启动后再挥手，目送客人远去。送客至机场，应待客人通过安全检查处之后再返回。

【案例】 小郑刚参加工作不久，公司举办了一次大型的产品发布会，要求国内很多知名企业人士参加。小郑被安排在接待工作岗位上。接待当天，小郑早早来到机场，当等到来参加发布会的人时，他便开口说："您好！是来参加发布会的吗？您的单位及姓名，以便我们安排好就餐与住宿问题。"小郑有条不紊地做好了记录。后来在会场，小郑帮客人引路，小郑一直小心翼翼，虽然自己一向走路很快，但是他放慢步伐，很注意与客人的距离不能太远，一路带着客人，电梯上下，小郑也是走在前面，做好带路工作。原本心想很简单的事情，却几次被上司批评。

【分析】 原来上司批评小郑在做好记录的前提下，完全可以与客人稍微寒暄，对旅途的劳顿表示慰问关心，以及指引安排客人到另一个接待人员那里安排车辆等事情，而不是机器人似的只做要求干的事情。在引导上下电梯的时候表现得不合礼仪。小郑才发现自己的确有些事情处理得还不够周到。

第二节 公务人员礼仪

举止的文雅、谈吐的谦虚、表情的和蔼，都是我们在社交上应有的礼仪。其实，作为公务人员在办公室里，同样是需要注意这些礼仪的。不过因为其特定的职业身份，其礼仪方面的要求也有所不同。

一、一个好领导应具备的礼仪

（一）提高个人修养

一个优秀的领导者不会居功自傲，成就是属于团体的。不要因现在有地位和成就而沾沾自喜，以为高人一等。相反，你要把部门的成绩归为大家的努力，这样做才会得到下属员工的爱戴和尊敬。要勇于为团体承担责任，当事情出了差错时，不要在高层领导面前推诿责任。对下属员工要平易近人，若得不到下属的配合，就不能有效完成部门任务。平易近人能得到下属的支持。宁愿慷慨过其，不要吝啬过度。

要信守承诺，说到就一定要做到。别人来电，务必在 24 小时内回话或至少找人代为处理。来宾走进办公室，不论长辈或同辈，都应起立，以示尊重。学会向他人介绍引见。把男士介绍给女士，把辈分、地位低的介绍给辈分高和有地位的人。

假如有一项规定你自己都不遵守，那么也别要求你的下属遵守。

（二）团队精神，从领导做起

员工自下而上是培养不出团队精神的，一个团队是否有团队精神，要从领导做起。领导者必须做到以下内容。

（1）所有时间内都须维持良好而亲切的形象，敞开心扉面对自己的部属，理解他们，并显示出对他们的尊重。

（2）把成绩与那些做出贡献的人分享，并让他们知道自己对组织是有所贡献的。

（3）如果下属必须连夜加班时，得尽可能注意到他们的安全问题。

（4）当下属说明他们其中一人有生病、过于忧虑或者压力太大、心中有所疑感等事情时,必须流露出高度的关怀之意。

(5) 有了好消息得让所有相关的同仁知晓。若有了成就,上级也要对每位相关的下属表达肯定及感激之意,而不是贪得无厌地把所有功劳归到自己一个人身上。

(6) 阻止谣言或风言风语的传播。不要蜚短流长、搬弄是非。

(7) 在做出决定前可向人请教一番,尤其是当这些决策和他们有关时更应如此。

(8) 耐心聆听别人所说的话,千万不要让对方得到这个印象:他们说话的时机不对。

(9) 鼓励大家在一起工作。

即使是自己一个人工作,也要像在团队一样,得随时注意自己的行为举止。

(三) 用行动体贴下属

如果你是一位领导者,那么就别让体贴下属成为一句空话,而是用行动确保每一位下属都拥有良好的工作环境和办公设备。

可以帮助、训练年轻的同事,不仅教他们做事,还要教他们做人。鼓励他们提建议,耐心回答他们提出的问题,在他们学习工作过程中充当一位友善的辅导员。

部属有突出表现时,应及时向他道贺并且公开加以表扬。

同仁遭到误解时,应在适当的时机替他向大家或更高层的主管解释。这表明你对同事的态度。同仁遭逢坏消息,要加以慰问,可以叫到一旁拍拍他的肩膀,询问自己能否帮上忙。

同事精神沮丧时,给予他鼓励。人生常遇到不如意的事情,别人的鼓励可能使人一下子振作起来。因此,关照同事是主管的职责。

同事住院、受伤或生病时,可以和其他同仁一起表达慰问和支持,如送一束花,提供有关办公室的信息,一个星期去探望一次等。

介绍同事时,设法让每个人听起来都觉得自己很重要。

【案例】 汉高帝五年(公元前201年),刘邦在洛阳南宫举行酒宴,他说道:"各位列侯、各位将军,不要对朕隐瞒,都来说说我之所以能取得天下的原因是什么?项羽之所以失掉天下的原因又是什么呀?"高起、王陵回答说:"陛下派人攻城掠地,攻占了城邑、土地就分封给他,与大家同享利益;项羽却不是这样,他对有功的人嫉恨,对贤能的人猜疑,这是他失去天下的原因。"刘邦说:"你们是只知其一,不知其二啊!运筹帷幄之中,决胜千里之外,我不如张良;镇守国家,安抚百姓,供给粮饷,保持运粮道路畅通无阻,我不如萧何;统帅百万大军,战必胜,攻必克,我不如韩信。这三位都是人中豪杰,而我能任用他们，这就是我所以能取得天下的原因。项羽虽然有一个范增，却不能信任使用他，这便是项羽所以被我捕捉打败的原因了。"

【分析】 刘邦与项羽的故事大家都非常熟悉，以史为鉴，作为领导者不仅要有过人的才识，更重要的是要信任下属，知人善用。

【案例】 解放战争打到后来，随着战略优势转到共产党一方，面对接二连三的惨败，蒋介石的脾气越来越坏，每况愈下的战局难以收拾，奋斗多年的事业即将崩溃，此时的蒋介石也开始了问题检查，他总结出军队的高级将领有七大缺点，公正地说，蒋介石反思的态度是比较诚恳的，检讨的内容也基本属实，但也有不足之处，那就是他没有解剖自己的责任，而一项事业遭遇重大失败，其主要领导人反而可以"逍遥法外"，这是不可想象的。

【分析】 作为领导者，大度大气是十分重要的，一个领导者要勇于承担自己的责任，勇于承认自己的过错，这样做才能真正服众。

二、员工必须具备的礼仪

（一）着装整洁，仪表大方

员工的服饰关系到单位的形象与个人的尊严，目前，我国许多企业、单位都有本单位选定的工作服(职业服)。在统一着装的单位，男士着装要整洁、大方，给人以干净、利落的感觉。女士衣着宜美观、合身，不要过于暴露或打扮得花枝招展，以免给人以轻浮的感觉。

男士上班前应修好边幅，显得精神抖擞；女士上班前可酌情化淡妆，但不要浓妆艳抹，也不宜戴过多或叮当作响的首饰，过分打扮会显得俗气。

（二）遵守制度，注意小节

要遵守上下班制度，上班时间就是开始工作的时间。从进门到坐到自己的座位上，至少需要几分钟时间，因此，应在开始工作前10分钟到达公司。上班是否准时，反映你对工作是否敬业。

下班之前，应将办公桌上的文具和文件等摆放整齐，将椅子放回原位方才离开。最后一位离开办公室的员工，还要记得关掉所有电器开关，关好门窗，确定无误之后，方可离开。

（三）不要在办公室谈论一些私人话题

闲言碎语很容易传播，并且容易伤人，所以避免传播这样的话语，也不要随意谈论自己或他人的隐私话题。例如，薪酬是不应该在办公室里谈论的一个问题。若有人旁敲侧击，意图试探你的薪金多少时，不妨一笑置之，或者给他以不着边际的答复。要知道，你的薪水可能比他高，说出来，反而容易引发不必要的麻烦，令彼此关系微妙起来。

（四）敢于承担责任

遇到一些过错，不要推诿给同事，这也是办公室的一种基本礼仪。如果一些小事情被弄错了，老板问起来时，即使是大家都有点责任，你就直截了当给上司解释明白，自己首先道歉，承认就算了。当然你可能挨一顿骂，但是却在办公室赢得美名。

（五）使用礼貌用语

不要因为在办公室久了，跟同事都已熟悉了，就忘记和忽略一些基本的礼貌问题。例如，上班见面、下班离开之前的招呼都是必不可少的；在办公室未经允许不要轻易去动别人的物品；对于同事的帮助一定要记得感谢；为了联络感情，当同事有什么特别的喜事，一定要记得及时祝贺等，不要因为熟悉而忽略，因为办公室的同事关系，毕竟是不同于一般的朋友、同学关系的。

第三节 公务人际关系礼仪

工作是人们谋生的手段，也是事业的所在，公务人际关系的好坏直接关系到一个人在社会上能否获得生活的幸福感以及事业的成功，因而处理好办公室的人际关系对自己的发展与前途是很重要的，绝对不可等闲视之。

一、新单位的人际关系

从踏出校门进入社会，我们就不断接触新环境、面临很多新的挑战。第一家公司或者是跳槽之后的新单位，我们都需要尽快去适应新的环境。适应一个新的环境包括两个方面的内容：一是适应新的工作环境；二是适应新的人际关系。前者是与"物"打交道，比较容易适应。后者是与"人"打交道，相对来讲困难些。一个刚进单位的新人，如何处理好人际关系呢？

（一）入乡随俗，认真观察

乍到新环境，要多看少说，认真观察，不要匆忙表态。通过观察、询问、了解这个新环境对你的"角色期待"是什么，了解新单位的企业文化，了解单位的人际关系现状等。摸清了新环境对你的"角色期待"，了解了企业的基本现状，也就不至于失言、失态了。

（二）调整自我评价的标准和对现实的期望

人们往往对于未来的事物抱有一定的期望，希望能够从此让自己的人生有很大的改变。心理实验表明，怀着强烈的成就欲的人，适应新环境的能力往往差于一般人。因为他们对自己要求高，自我评价高，对环境的要求也高。所以，刚刚进入工作角色的人，一定要调整心理期待，要让自己适应环境，而不要奢望环境适应自己。

（三）切忌只与一两个同事打得火热

初到一个单位，对这个单位复杂的人际关系还没有一个明确的判断，对同事也缺乏了解，如果贸然牵扯进去，糊里糊涂被当成了某种人或某一派系的人，则悔之晚矣。与新同事相处，彼此不熟识、不了解，关系刚刚形成，距离较大，你若生硬地去与人亲近，也有违交际规律，对方不仅不会作出友好表示，还可能产生反感情绪，这种适得其反的效果，会把你置于被动地位。保持适当的距离，能给别人冷静地观察你、认识你的机会。

（四）犯了错误千万别找借口

人人都会犯错误，犯下错误不要紧(当然还是不犯为好)，重要的是你对自己的错误是个什么态度。如果你是因为业务不熟悉而犯错，除了承认之外，向你的部门领导或是"老同志"多多请教以免再犯是最好的办法。千万不要犯了错误还给自己找借口，那样人家就会怀疑你做人的原则了。特别是像迟到这种事，与其去辩解说"因为塞车所以迟到"，怎么听也像是在说谎，还不如直接说："对不起，我迟到了，下次一定特别注意。"

（五）多做别人嫌麻烦的事

复印机没有纸了，悄悄地给加上；饮水机没水了，主动给送水公司打个电话；准备一块抹布，不要指望卫生都由清洁工来做；大家正忙的时候电话响了，赶快去接，无论公事、私事都热情地给他留话……千万别认为自己吃亏了，其实做一点小事并不会让自己很累，但却是于人于己都好的事情，这些不起眼的小事能够给人留下良好的印象。

（六）不要过分积极

初来乍到，谁都想给单位留下好印象，但"过犹不及"，做得过火也会给自己的日后工作留下"隐患"。例如，你每天都早到 20 分钟打水、搞卫生，如果试用期过后你不这么做，人家就会说三道四。所以，假如你不能保证永远都早到 20 分钟，提前 10 分钟把这些事做完也就行了。还有，表现也有个"度"，才到一个新单位你不可过分表现，以至于与你一比，大家都好像成了"不中用的人"似的，造成了对其他同事的威胁感，你就会成为众矢之的。

【案例】 小王是刚毕业的大学毕业生。刚到单位，小王很想留给大家良好的印象。于是每天很早到办公室，打扫卫生，插上饮水机电源插头……而且说话很有礼貌，做事认真，大家都觉得这小伙子人很不错。

其实，小王与许多年轻小伙子一样，喜欢晚上熬夜上网玩玩游戏，早晨难免贪睡；性格活泼，年轻人做事比较随意，喜欢幽默搞笑的东西，也喜欢与人开开玩笑。

几个月过去了，小王转正，慢慢与同事也熟络起来。小王也就很难再早早到办公室了，甚至偶尔会迟到了。一天，办公室就剩下小王与办公室副主任老李，老李其实就三十多岁，也是一个比较随和的人。小王于是开玩笑地说："老李，怎么还不回家？小心你老婆不开门哟！"因为小王有一次听同事讲老李是个"妻管严"，有一次同事聚会回家晚了，老婆不给开门。老李没有应声，脸色很不好看。不过生性随意的小王并没有留心。

有的时候，小王因为情绪不高，在办公室也不太想理会别人；不过情绪好的时候，他会主动开开玩笑。

因为是新人，难免会在工作中出一些差错。在一次工作总结会上，小王发现办公室很多人都对他的工作提出了批评，基本上没有人帮他说话。小王很是苦恼，自己并没有什么特别做错的事情，为什么同事都开始针对自己了呢？

【分析】 其实，这是很多刚参加工作的年轻人会遇到的问题。一些年轻人会忽略的小事，往往会引发别人的不满。小王前后表现的差异是令人怀疑他动机与心计的起因。而小王在人际交往中，不能控制自己的言行，过于随意，不能更多地体会别人的感受，也是他人际交往失败的一个因素。因而在工作中，不要以为自己还是一个学生、一个孩子，可以恣意而为，要多换位思考，考虑别人的感受，才能处理好人际关系，令事业走向成功。

二、与上司的相处

人际关系中最重要的问题就是与上司相处。皮鲁克斯说："一个人必须要精通与领导相处的策略，才能以最完善的方式通向成功之路，因为每个人都不是孤立的，都是处在一定的等级关系之中。"

任何一个单位和组织都有一个权力金字塔，如果你位于底层或中下层，那你的上面就站满了层层主管。如何与上司相处，这确实是一门学问。如果掌握得好，不仅可以少受气，也有助于个人的发展。

（一）工作上给上司留一点空间

不同的人有不同的处世之道。有些人惯用送礼之术、溜须拍马之技，然而，这些都是过俗的办法，其实，更好的相处艺术应当是工作上给自己的上司留一点空间。

每个人工作的目的之一就是为了生活，身为上司者也不例外，你怕坐冷板凳，怕丢掉工作，怕得不到信任，做你上司的人其实也和你一样，只不过他所担心害怕的与你不大相同。对你而言，他是上司，但在他上面，还有一层上司，他又成了下属。作为上司，他还要带领下属好好工作，而下属也是令他担心的一个方面：如果你能力不好，他怕事情做不好而让他承担后果；如果你能力太强，事事出众，他又怕管不住你，动摇他的领导权威，更怕你抢了他的位置。

每个人都有自己的心理防御系统和自卫空间，如果你侵犯了他人的领地，就会遭到反击。无论怎样，作为下属，你切忌目中无人，尤其当你能力很强的时候，更应该留出一点空间，让你的上司立足有余。这是一种与上司相处的艺术，也是一种求己生存的手段！

因此，如果你能力太强，当上司的会为了自身的"安全"，也为了保住自己的位置而打击你，挑你的毛病，搁置你的计划，阻隔你向上沟通，甚至恶意挑拨你和其他同事的关系，最恶劣的手段还有栽赃、夺权等手法。总而言之，如果他还受到他的上司的支持，他会想办法整你。如果你根本没有取代他的野心、岂不被整得很冤枉？

与上司相处是一门艺术！需要因人而异、因时而异、因事而异，这一点非常重要，千万不要理解偏颇。作为下属，与其被人误做靶子，还不如主动摆出自己的姿态，给你的上司留点空间，让他在自己的位置上自由行使权力，这样你就不会遭到他的限制、压抑、防范与打击了。

（二）不时向自己的上司"请教"

有些东西明明你懂得比他还多，但你还是要尊重他的职位，和他讨论某项计划，请他"指点指点"。上司看到你如此尊重他，当然就对你放心了。不过，如果你"请教"之后，一个"指教"都没采纳，那也许会得到相反的效果。因此，你的计划与行动要多多少少考虑上司的"指教"，他对此一定在乎！

（三）不要事事做得过于完美

也许你很奇怪，难道事情做好了还有什么错？当然不是你的错，但你要掂量一下情势，不要以为十全十美就一定会得到上司的赞美，有时还会招致嫉妒！当公司老板要求你的上司完成某一工作，而你的上司一时不知怎么办，这时你却自告奋勇地要求去做，这不等于给你的上司难堪吗？当然你也不能将事情做得一塌糊涂，否则你就要卷铺盖走人了。最好是在事情没有完全做完之前，留下一点点小缺陷，或犯个小错，然后请你的上司评议指点，如果他能找出毛病，当然他很高兴得意，因为他觉得自己的能力还是比你高，也就不会对你心存戒意了。

（四）不要忘记赞美你的上司

要记住，员工需要上司的夸奖，上司其实也需要下属的赞美，尤其是在上司的领导在场的情况下。你对他的赞美，一方面表明你对他的服从，另一方面，你也替你的上司做了一次公关活动，他怎不对你心存感激！

（五）提建议时，不要急于否定上司原来的想法

提建议时，多注意从正面合理、有据地阐述你的见解。有民主意识，还要有民主素质，即要懂得尊重他人的意见，尊重上司的意见。这样，他才会承认你的才干。

对上司个人的工作提建议时，尽可能谨慎一些，必须仔细研究上司的特点，研究他喜欢用什么方式接受下属的意见。大大咧咧的上司可用玩笑建议法，严肃的上司可用书面建议法，自尊心强的上司可用个别建议法，喜赞扬的上司可用寓建议于褒奖之中法等。

（六）关键时刻，要为上司挺身而出

在关键时刻，上司才会真切地认识与了解下属。人生难得机遇，不要错过表现自己的极好机会，当某项工作陷入困境之时，你若能大显身手，定会让上司格外器重你。当上司本人在思想、感情或生活上出现矛盾时，你若能妙语劝慰，也会令其格外感激。此时，切忌变成一块木头，呆头呆脑，冷漠无能，畏首畏足，胆怯懦弱。这样，上司便会认为你是一个无知无识、无情无能的平庸之辈。

（七）在上司面前不要计较个人得失

如果你喋喋不休地向上司提出物质利益要求，超过了他的心理承受能力，在感情上，他会觉得压抑、烦躁。如果"利益"是你"争"来的，上司虽做了付出，但并不愉快，心理上会认为你是个"格调"较低的人，觉得你很愚蠢。如果你的上司是个糊涂虫，与他争利益得失，反倒会让你的功劳尽失。"利"没有得到，"名"也会丧失。最好的办法是让上司主动地给，而不是你去"争"。

（八）与上司交谈时，不可锋芒毕露

你的聪明才智需要得到上司的赏识，但在他面前故意显示自己，则不免有做作之嫌。上司会因此而认为你是一个狂妄自大、恃才傲物、盛气凌人的人，而在心理上觉得难以相处，彼此间缺乏一种默契。

（九）体会上司处境，理解上司难处

角色换位法，有助于体会上司的心境。有些人工作干得很好，当了领导却一筹莫展，尤其苦于处理各种关系。因此要主动地帮助上司分忧解难。在其犹豫不决、举棋不定时，主动表示理解和同情，并诚恳地做出自己的努力，减轻上司的负担，会令他极为高兴的。

【案例】 小红到新公司报到不到一周，就感到空前的压抑。原因在于她的顶头上司是一个极其冷酷的女人。不仅看不到她的一丝笑容，而且还要时时遭受她的训斥。最让小红恼火的是，新上司对她总是百般挑剔，对她提出的各种建议也总是给予否定，让小红觉得她在利用手中的权力压制自己。小红感到很委屈，很气愤，可又敢怒不敢言，谁都知道冒犯上司是要付出代价的。为了发泄内心对上司的恨意，每当遭受训斥和否定时，小红就在心里狠狠地说："你是更年期，我还年轻，不跟你一般见识。"可是时间久了，即使如此也无法排解心头的压抑情绪，小红陷入到了无尽的烦恼之中……

【分析】 当屡次遭到女上司的训斥和否定之后，明智的做法是弄清问题的所在，而不是一味地抱怨和愤恨。仔细分析各种原因，弄明白上司为什么会对自己这样，她对其他员工又是怎样的态度，然后设法解决问题，避免再出现类似情况。如果问题解决不了，不妨来个换位思考，这样更容易理解女上司的做法和态度。与上司相处，有一个原则也许永远适用，那就是要努力做好本职工作，处处透露着勤奋和聪颖，但在上司面前则要做到隐匿锋芒，永远表现得比她逊色。

三、与同事的相处

社会生活中的人们必然要与不同的人交往，人际关系的好坏决定着我们生活和事业的方方面面。在今天这样一个开放的、竞争的市场经济环境中，与我们交往时间长，影响大的莫过于同事了。因此，如何处理好同事之间的关系，应该成为我们首先考虑的重点问题。

（一）同事关系的特点

首先，要知道同事之间存在竞争的利害关系。在一些合资公司，特别是外资公司里，追求工作成绩、希望赢得上司的好感、获得升迁，以及其他种种利害冲突，使得同事间天然地存在着一种竞争关系。而这种竞争在很大程度上又不是一种单纯的、真刀实枪的实力较量，而是掺杂了个人感情、好恶、与上司的关系等复杂因素，它就像是一种变了形、扭曲了的世界级运动会，其中有多种有可能影响成绩的因素：服用兴奋剂、裁判不能秉公执法，以及偷跑、抢跑等情况。表面上大家同心同德、平平安安、和和气气，内心里却可能各打各的算盘。利害关系

导致同事之间也可能和衷共济，也可能各自想各自的心事，因此关系免不了紧张。

其次，同事之间鸡毛蒜皮的纷争多。既为同事，就会几乎天天在一起工作，低头不见抬头见，彼此之间会有各种各样鸡毛蒜皮的事情发生。各人的性格、脾气秉性、优点和缺点也暴露得比较明显。尤其每个人行为上的缺点和性格上的弱点暴露得多了，会引发出各种各样的瓜葛、冲突。这种瓜葛和冲突有些是表面的，有些是背地里的；有些是公开的，有些是隐蔽的；有些是表现于外的，有些是潜伏于内的。种种的不愉快交织在一起，便会引发各种矛盾。同事之间，尽管彼此年龄不同但同事关系也是这样。如果你对待同事热情、友好、大方，满怀善意，你得到的将是理解、信任和友谊。相反如果你对待同事冷淡、自私、小气、算计他人，则会招致同事的反感、怀疑和戒备。

有两种态度容易损害同事关系：一种是待人刻薄，还有一种是热衷于算计他人。一个单位里，这样的人越多，人际关系越复杂，"内耗"越严重，工作效率越低。相反，大家都集中精力于工作，不过多地关注别人的缺点，人际关系就会比较正常、简单，工作效率就会提高。

"多琢磨事，少琢磨人"，这的确是处理好同事关系的一条原则。

（二）与同事相处的技巧

美国斯坦福大学心理系教授罗亚博士认为，人人生而平等，每个人都有足够的条件成为主管、平步青云。但必须要懂得一些待人处事的技巧，这些技巧如下。

（1）无论你多么能干和具有自信，也应避免孤芳自赏，更不要让自己成为一个孤岛，在同事中，你需要找一两位知心朋友，平时大家有个商量，互通声气。

（2）想成为众人之首，获得别人的敬重，你要小心保持自己的形象。不管遇到什么问题，无须惊慌失措。凡事都有解决的办法，你要学习处变不惊，从容面对一切难题。

（3）你发觉同事中有人总是跟你唱反调，不必为此而耿耿于怀，这可能是"人微言轻"的关系。对方以"老资格"自居，认为你年轻而工作经验不足，你应该想办法获得公司一些前辈的支持，让人对你不敢小视。

（4）若要得到老板的赏识与信任，首先你要对自己有信心，自我欣赏，不要随便对自己说一个"不"字。尽管你缺乏工作经验，也无须感到沮丧，只要你下定决心把事情做好，必有出色的表现。

（5）凡事须尽力而为，也要量力而行。尤其是你身处的环境中，不少同事对你虎视眈眈，随时准备指出你的错误，你需要提高警觉，按部就班把工作完成。

创意配合实际行动,是每一位成功主管必备的条件。

(6) 利用间隙时间与其他同事多沟通,增进感情,消除彼此之间的隔阂。这将有助你的事业发展。

【案例】 从 Linda 到职任行政经理的第一天开始,Emily 就对她十分戒备。刚任这家外企公司驻京办事处代经理的 Emily 敏锐地感到,Linda 的到任对自己是个威胁。于是,Emily 为了保住现在的职位,自恃在公司的老资格,便经常在老板面前说 Linda 的坏话,有一次竟当着全体员工的面因为一点小事对 Linda 大发脾气。Linda 尽管心中十分生气,但很有涵养的她并没有与 Emily 发生正面冲突。半年后,Linda 正式被公司委派做办事处经理。而 Emily 一气之下辞了职。

【分析】 Emily 的失败之处在于她并不清楚:没有老板会把一个心胸狭隘、与同事矛盾重重的人放到最重要的职位上。如果她能采取另一种更积极的方法:比如与 Linda 的良好沟通与协调,多多向她学习一些管理之道,注意与其他同事的交往方式,在上司面前谈及同事时,着眼于他们的长处而不是短处,那么,凭着她在公司的资历,老板又有什么理由不让她坐稳这个办事处经理的职位呢?

【案例】 在业务部里,刘娜和辛灵是很谈得来的搭档,两个人在业务方面配合得非常好,成绩每每都位居整个业务部员工之首。两个人的私交也不错,下了班常常相约一起逛街、喝茶。刘娜是个有事憋不住的直性子,对辛灵从不设防,有什么心事总愿对她说,例如,自己和男友吹了,最近想出国啦,她特别讨厌办公室里坐她对面的那个家伙啦,等等。辛灵就这样成了刘娜最知心的朋友加同事,每次刘娜说完知心话后,总加上一句:"你可要替我保密呀,我把你当成我最好的朋友了。"辛灵便装出一副不高兴的样子,说:"不信任我,就别和我说这些!"可是,渐渐地刘娜就发现自己的"信任"真的出了问题,客户与她联系的时间越来越少,相反都去找辛灵去了,理由是她做事很情绪化,男友说吹就吹了,对客户能有多少责任心呢?领导也逐渐不再对她委以重任,理由是她要出国了,担心把业务交给她半途而废;坐她对面的那个同事每天都要冲她翻白眼,明显是知道了她对自己的看法……刘娜终于明白自己被"知己"出卖了,她陷入到尴尬的局面……

【分析】 为什么要出卖你?因为同在一个办公室,双方涉及的共同利益太多,有时可能就是"你亏我满,你圆我损";同事有时是朋友,但更多的时候是"对手"。这就是辛灵"出卖"刘娜的原因。要摆脱这种局面,除了努力工作,以消除隐私外泄造成的不良影响以外,还要牢记一点,让隐私离办公室远点。同事之间可以成为朋友,但是没有足够的时间的考验,不要轻易以为同事是你可以无话不谈的朋友。

【案例】 人事部经理在离职之前,曾向公司推荐赵萌代替自己,但最终坐在这个位子上的人却是海丽。有人为赵萌感到不平,毕竟海丽无论从资历还是从学历或水平上都比不上她。但赵萌笑着说其实海丽有许多优点，活泼好学、聪明伶俐。

海丽深知自己为了得到这个职位使用了不高明的手段，所以心里也觉得愧对赵萌。但大度的赵萌却不去追究这件事，在同海丽的交往中仍保持着友善的态度，令她既意外又感动。

第二年的薪资评比，赵萌得到了最高的加薪浮度，身为人事部经理的海丽在其中当然起了举足轻重的作用。不久赵萌也被委派做了公关部的经理。

【分析】 办公室的紧张压力本来就使人容易变得猜忌、乖戾、郁闷、暴躁，这时的你与其花费时间去贬低对手、急着跳出来表现自己，不如冷静下来想想怎样编织更为和谐的人际关系和圆满地完成每一件任务。如果能做到做事得体、待人有礼，那么你一定会争取到那张对自己更为有利的牌。

思考与练习

1. 在宴请活动中，应该注意哪些事情？
2. 如果要召开一次大型会议，作为组织者，应该考虑和安排哪些事项？
3. 与上司交往要注意什么问题？
4. 你觉得如何才能处理好与同事的关系？

第六章 商务礼仪

随着社会经济的发展,人与人之间的商务交往越来越频繁,在商务活动中遵守一定的礼仪规范,不仅可以树立单位和个人的良好形象,而且可以表达双方的诚心、诚意,进而提高商务活动成功的概率。商务活动种类繁多,本章重点从销售礼仪、服务业礼仪、商务谈判礼仪及商务仪式礼仪四个方面进行介绍。

第一节 销售礼仪

一、零售商业礼仪

如今零售形式种类繁多,如路边的杂货店、专业的百货商店、大型的超市、专卖店等,这些不同形式的零售终端,使得零售这个环节的竞争也变得越来越激烈。人们在要求物美价廉的同时,还对购物环境及服务水平提出了更高的要求。众多商家在面临顾客时,必须展示训练有素的零售商业礼仪,才能在激烈的竞争中脱颖而出。

所谓零售商业礼仪是指服务人员在商品零售过程中所应遵循的礼仪规范。它主要包括硬件和软件两方面。硬件主要指购物环境,由卫生状况、柜台布局、商品陈列、店员形象、服务设施等要素构成。软件主要包括销售人员的销售礼仪、销售技巧以及售后服务等要素。众多要素缺一不可,任何一个要素出了问题,整个销售环节也将随之出现这样或那样的问题。一个零售商业企业,无论是大如跨国企业沃尔玛,还是小至街边杂货店,要想取得不俗的销售业绩,拥有忠实的顾客群以及良好的商业口碑,必须从以下几个方面做起。

(一)良好的购物环境

随着人们物质文化水平的提高,单纯为买东西而买东西的情况越来越少,更多的消费行为是逛出来的。舒适的购物环境有利于让顾客产生亲切感,有利于激发顾客的消费冲动,有利于提高顾客的忠诚度,一个杂乱无章、卫生状况很差的购物环境,顾客是不愿意去第二次的。

大凡中国人都有体会,逢年过节时,百货商场里往往非常热闹,人头攒动,空气也非常浑浊,这个时候不用说购物了,就是能顺利地挤出去也非易事,经历过此阵势的人大抵只有一个感受——受罪。而在炎热的夏季,虽然外面烈日炎炎,但商场里宜人的空调,清新的空气,美妙的音乐,三三两两的人群……大家都希望在商场里多呆一会儿,这时购物变成了一种享受。良好的购物环境需从以下几个方面着手。

1. 卫生状况

店堂整洁、卫生是商业企业接待顾客最基本的礼仪要求。任何一个商店在对外营业之前,都会把营业场所打扫干净。地面干净整洁,柜台、货架、商品上没有灰尘。若经营食品,则更应注意食品卫生,防止食品发霉变质。

【案例】 一位顾客在商场里买了一种保健食品,回家打开一看,里边竟然长满了绿毛,原来已经过了保质期。顾客很气愤,但是嫌麻烦,没有去退货,心想:"这家商场的东西质量大概都有问题,看起来管理也很混乱。"于是,他就再也没去这家商场买东西了。

【分析】 将变质食品卖给顾客有损商场形象,更有损消费者的身体健康。商场不转变这种不负责任的态度,礼仪就无从谈起。

食品营业员要定期进行健康检查,取得健康证明,服务时要穿工作服、戴工作帽,操作要规范,不能用手抓食品或以唾沫当水点款,这些都是要注意的细节。

2. 柜台布局

商店的柜台布局是购物环境中的重要部分,合理科学的柜台布局能够美化店堂环境,又可以减少顾客询问及寻找商品的时间,是最能体现商家周到、细致的服务的时候。因此柜台布局既要讲究美观和艺术性,又要为顾客着想,按照顾客的购买习惯和商品的类别来布局,从方便顾客出发,使顾客得到满意与尊重。

3. 商品陈列

琳琅满目的商品、美观大方的陈列,既是商家的促销形式,也是对顾客的一种礼节。从便于顾客的角度考虑,商品陈列的高度首先要让顾客看得清楚,还应品种丰富、规格齐全,并且允许顾客自由地触摸挑选和购买。"贵重物品,非买勿摸"、"陈列商品,概不出售"的标语是不符合礼仪要求的。

4. 店员形象

良好的店员形象有助于营造一个整齐、优美的购物环境,其具体要求如下。

(1) 衣着整齐、打扮得体。营业员要穿工作服,佩戴工作证。女员工长发不过肩,不宜戴大型耳环、手镯、项链,化淡妆上岗。男员工不蓄须,不留怪异的发型。

(2) 举止文明优雅。营业员应站立服务,且站有站相,不准靠在货架旁、趴在柜台上,不准在卖场或柜台内吸烟、吃东西。

(3) 语言标准流利。营业员应持标准的普通话,吐词清晰,语言流利,语速适中,不要一口方言。

(4) 遵守服务纪律。营业员不能离岗串岗,工作时间不能扎堆聊天、嬉笑打闹,更不能同顾客顶嘴、吵架。

5. 服务设施

良好的服务设施也是购物环境的重要内容,它会对顾客及营业员的心理产生积极影响。大型商场应配置电梯以减轻顾客的体力消耗,要有中央空调,保障顾客在舒适的温度下从容购物。此外,还应在适当的位置设置洗手间、顾客休息室、儿童娱乐室、饮食服务部等。总之,与经营服务有关的配套设施要完善,尽一切可能为顾客提供方便,让顾客从心底里感受到商家的细心与周到服务,从而对商家留下良好印象。

(二) 优异的待客态度

一个商家仅仅拥有良好的购物环境是不够的,它的营业人员还必须具备优异的待客态度,这样才能吸引顾客、留住顾客。

1. 热情

"顾客是上帝,更是商家的衣食父母",绝不可轻视和冒犯,为此,每个营业员都要认真工作,热情地接待顾客,并向他提供优质的服务。

在一些大的百货商场,每天早上九点开门时,最初的十分钟时间为迎客时间,在悦耳动听的音乐里,经理与营业员都在门口或走道两旁夹道迎接顾客,并鞠躬道好,表示欢迎。一些精品专卖店也会有专人在店门口迎客送客,以示热情。

(1) 尊重为本。营业员要做到热情,首先要从内心做到尊重每一位顾客,对不同的顾客一视同仁。尊重是礼仪的情感基础,离开了尊重,礼仪只能是矫揉造作、虚情假意。在商品零售过程中应特别注意尊重顾客的意愿和人格尊严,只有从内心真正尊重顾客了,营业员才能待之以礼,把顾客看成"上帝",并为"上帝"提供热情周到的服务。具体来说,营业员不能以貌取人、以年龄取人。

【案例】 一对年迈的夫妇准备买一套音响送给儿子作为结婚礼物。他们来到商场里,在一知名品牌的展台前驻足,营业员见是两位老人在这晃荡,肯定什么都不懂,就主观地认为他们只是闲来无事看看稀奇,所以没有上前接待。两位老人转了一圈无人搭理,只好无奈地离开了。来到第二家,这里的营业员想,反正这会儿没什么事,就热情地接待了两位老人,很快搞清楚他们是要为儿子买音响,于是大力推荐了几款,结果两位老人当场就买了一套音响。

【分析】 顾客在人格上是平等的,没有高低贵贱之分,每一位顾客对商家而言都具有同等重要的意义,营业员都应当尊重有礼,前一位营业员便没有做到这一点。

尊重顾客还体现为营业员对买与不买的顾客一个样。据统计,零售商店只有20%左右的顾客是当场购买的,80%的顾客是来看行情或参观商品的。营业员对这部分看客同样要热情有礼,因为顾客今天是来看看,明天可能就会购买。

(2) 热情有"度"。营业员在服务中要热情,但同时也要注意"度"的把握。

【案例】 于华乘飞机去加拿大看望姑姑,到达机场时发现离登机时间还早,于是想去机场的超市逛一下。当他离超市还有十米时,突然走过来三位营业员,微笑并鞠躬说:"先生,欢迎光临。"在柜台前,几个营业员拿出商品逐个介绍,于华心想:"坏了,早知道就不来了。"营业员足足说了二十分钟,对于华来说,这是难熬的二十分钟,最后,他找了个借口脱身了,并且暗下决心:"以后再也不来这家超市了!"

【分析】 营业员过分的热情会让顾客产生被纠缠的感觉,那样反而会起到相反的作用。

【案例】 小林是一家大型家电市场照相、摄像器材专柜的销售员,这天柜台来了一位顾客,称要买一台 DV,小林很热情地上前问道:"您是自己用还是送人?"顾客:"我——""你看中了哪个品牌、哪个型号?"热情的小林没等顾客回答,又急切地问道,"您能接受多高价位的?""您比较看重性能还是外观?""300 万像素您看可以吗?"噼里啪啦来了一连串问题。这时,只见顾客面露不悦之色,不再理会小林,转身径直朝另一位销售员走去。"我到底哪里错了?"小林很纳闷,"难道我还不够热情?"

【分析】 营业员过分热情的连续询问让顾客感觉到压力,很被动,在这种情况下,顾客产生了逆反心理,一走了之。

由此可见,热情服务必须适度,否则,过犹不及。

(3) 微笑服务。微笑是热情的体现,微笑具有独特的魅力,可以传递出你的礼貌、友好和热情,微笑是人际交往的润滑剂。一个冷若冰霜的营业员,顾客是感觉不到丝毫的热情的。因此,营业员不论在什么情况下,都要控制好自己的情绪,精神饱满、真诚地为顾客提供微笑服务。微笑应当成为衡量营业员服务质量的重要标尺,成为营业员的劳动方式和创造人生价值的手段,是营业员必须遵守的礼节。

2. 耐心

零售商场里商品种类繁多,顾客不可能了解所有商品,特别是对于特殊商品,顾客除了详细询问外,还会很仔细地挑选,这时营业员就要按照顾客的要求及时准确地出示样品,让顾客挑选、比较,直到满意为止。怕麻烦、懒得拿,或嫌顾客挑得细、选得慢都是有违礼仪的。

【案例】 魏兵是一名电脑营业员，每天回答顾客很多次关于电脑的询问，这天他嫌烦了，就对顾客说："什么型号你自己不会看啊！"

张昕在销售手机，一位顾客想看看一款最新的手机样品。张昕武断地认为他买不起，拒绝把样品从柜台里拿出来。顾客十分愤怒，向部门经理投诉了张昕。

【分析】 顾客在购买时提出问题是很正常的，营业员在接待过程中应不急不躁，有问必答，多问不烦，耐心、细心地回答顾客提出的每一个问题。有时候，同一个问题，不同的顾客会一再问起，这就要求营业员更有耐心，反复解答，不能敷衍了事。

3. 周到

(1) "一接、二答、三招呼"。营业员应尽可能照顾到每一位顾客，掌握"一接、二答、三招呼"的接待技巧，使每一位顾客都能感受到营业员周到而亲切的接待，这才是合乎礼仪的。

【案例】 一位顾客急匆匆地来到一个柜台前，要买一件衬衫，营业员正好在核对销售记录，头也不抬地让顾客自己去挑选，过了一会儿，营业员再去看顾客，顾客早就走了。

【分析】 营业员即使工作再繁忙，也应向顾客提供周到细致的服务，而不要把顾客晾在一边，让顾客唱"独角戏"，那样顾客会认为营业员目中无人，感觉不受重视。

(2) 因人而异的贴心服务。对老人、小孩的服务要特别周到：老人反应慢、记性差、挑选细，营业员要耐心解释、帮助挑选，成交后还要提醒清点、收好财物；小孩往往粗心，易出错，接待时要询问所买商品是否有差错，确认无误后帮助挑选所购商品，成交后关照他们把商品拿好，把找回的钱收好。对身体有残疾的顾客更要关怀备至，有些商场，为了接待好聋哑顾客，还要求营业员学习哑语。这些都是服务周到细致的体现。

(3) 周到的售后服务。顾客购买体积较为庞大、较为笨重的商品，如电视机、洗衣机、冰箱、空调等，或一次性购买商品数量较多，自行携带不便时，商场应提供周到的送货服务。送货对商家来说，不是件难事，却大大方便了顾客。商家在送货时要恪守信用，在顾客方便的时间送到指定的地点，不可无故拖延。

有些商品顾客自己无法安装或安装较为复杂、有一定难度，如空调、音响，这时商家应提供周到的上门免费安装服务。

当商品发生质量问题，商家应本着对消费者负责的态度，提供周到的包修、包换、包退的"三包"服务,对商品的质量切实负起责来。

4. 真诚

真诚地对待顾客,商家才能够在激烈的商品竞争中赢得信誉,树立形象。真诚一方面要求营业员从顾客角度出发,为顾客推荐合适的商品,另一方面要求营业员真实地告知商品的相关信息,如优缺点、使用和保养事项等,不隐瞒、不欺骗,这样才是优异的待客之道。

(三) 妥善的投诉处理

由于某些难以预料的原因,例如,个别商品隐含质量问题、营业员一时疏忽大意等,都会使部分顾客对商家的服务不甚满意,于是就产生了顾客投诉。尽管投诉对商家而言是正常现象,但它反映出商家在服务质量上仍然存在不足,必须引起高度重视,及时妥善解决。处理得好,就能很快化解矛盾,做到既维护商家信誉又同时维护顾客的正当利益;反之,势必造成店面经营的危机。根据礼仪要求,商家在处理顾客投诉时应把握好以下几点。

1. 保持冷静,耐心倾听

前来投诉的顾客为了发泄心中的怨气,往往情绪激动,一味抱怨指责。遇到这种情况,营业人员所做的第一件事是保持冷静,耐心倾听,让顾客把心中的不满都发泄出来。若中途打断顾客讲话,进行辩解,往往会使顾客更加冲动。

2. 态度诚恳,表示理解

如果顾客的意见正确,就应诚恳地接受,并告诉顾客将尽快加以解决,这样会使顾客很快息怒。如果不能完全赞同顾客的观点,也要适当地表示理解。可以对顾客说"这件事我完全理解",或者可以说"对您的情况我深表同情"等,这样才能真正缓解顾客的不满,与顾客达成共识。

3. 积极处理,尽快解决

确定责任归属,如果责任在商家,商家负责解决;如果责任在厂家,商家应负责联络,协调解决;如果责任在顾客,商家也要作出令顾客信服的解释。如果确定是由于商家的原因给顾客造成损失的,应马上着手积极处理,对于顾客的合理要求,商家应尽可能给予满足。对待投诉,商家若能从大局出发,着眼于长远利益,不妨吃点小亏,以换取顾客的满意,反而能把坏事变成好事,提高信誉,树立企业形象。

综上所述,一个零售商业如果具备了良好的购物环境、优异的待客态度,妥善地对待投诉,那么一定能吸引更多的顾客,最终实现销售业绩的大幅度提高,在激烈的市场竞争中脱颖而出。

二、产品推销礼仪

产品推销,是指商务人员传递产品信息,促进消费者对产品的认识,进而产生好感与信任,最终实现购买的过程。推销的主要任务是沟通和传递产品信息,达成交易。推销可分为人员推销与广告推销两种主要形式,无论是哪种形式,都要遵循一系列礼仪规范。

(一)人员推销礼仪

所谓人员推销是指推销人员运用各种推销技巧和手段,直接向顾客或代理商宣传产品信息,说服顾客或代理商购买该产品或代理该产品,从而扩大销售的一种活动。为了尽可能地推销出产品,销售人员在推销过程中要注意以下礼仪。

1. 确定对象,预约拜访

推销人员要选准推销对象,利用各种资料和方法了解对方的姓名、年龄、文化层次、需求状况、收入水平、家庭状况、职业、个人特点、兴趣爱好,甚至生活规律等,预测出他的购买倾向、消费习惯、支付能力,从而因人而异地推销。否则,向经济拮据者推销奢侈品、向不吸烟者推销万宝路不仅会使你出师不利、自讨没趣,也会浪费对方时间。

确定推销对象后,推销员去拜访对方要把握好时机,最好提前预约,以免打乱对方的工作生活安排,如无预约应先向客户表示歉意,再说明来意。

【案例】 张强穿着一身合体的西装走进一栋写字楼,准备向位于 12 楼的一家公司推销考勤机,接待他的是一位年轻的秘书。张强递过去一张名片,说:"如果方便,我希望很快见到你们老总。"秘书一查经理的日程安排,发现张强并没有预约,沉吟片刻,说道:"您看,很不凑巧,今天上午我们老总刚好有个重要的会谈,要不另约个时间,可以吗?"

【分析】 推销员贸然相访会干扰客户的工作,是有违礼仪的,而且往往也容易被拒绝。

2. 仪容仪表,整洁大方

推销员必须注意个人的仪容仪表。日本"推销大王"齐藤竹之助认为,推销员应备四季西装各两套,领带、衬衫、袜子、手帕各十件,皮鞋两双。衣服要常熨,皮鞋要常擦,袜子要常洗,指甲每天剪,胡子每天刮,手帕要干净,头发要经常梳理,并注意发型,整个服饰要符合 TPO 的原则。

3. 行为举止,彬彬有礼

一个人的行为举止直接表明他的态度,因此彬彬有礼的举止仪态是推销员诚意的体现,对于推销成功十分重要。

推销员在与客户交往中要落落大方，遵守一般的进退礼节，力争塑造良好的交际形象。与客户初次见面或告辞时，要不卑不亢，举止得体，有礼有节。在客户家中，未经邀请，不要随便参观住房，也不要随意翻阅桌上的书籍，更不要抚摸、把玩室内的陈设物品。在客户未坐定之前，不要先坐下。坐下之后，坐姿要端正，身体微往前倾，不要跷二郎腿。当客户起身或离席时，应同时起立示意。站立时，上身挺直，双手放于身侧，不要背手，也不要双手抱在胸前。

此外，还要尽量避免各种不雅举止。不要当着客户的面，擤鼻涕、掏耳朵、剔牙齿、修指甲，不要打哈欠、咳嗽、打喷嚏，如果实在忍不住，可用手帕捂住口鼻，面朝一旁，尽量不发出声音。这些虽然只是一些细节，但它们组合起来便构成了客户对你的总体印象。

4. 谈吐文雅，掌握分寸

推销主要是通过推销员与客户面对面的交谈来完成的，因此谈吐是整个推销过程中最关键的一环。与客户谈话时，声音不要太高，语速适中，吐词清晰，目视对方，面带微笑，语气温和，态度积极，并认真地聆听，注意对方的神情。

推销员与客户交谈时还要注意避免出现以下几种情形。

(1) 喋喋不休。推销员推销时要知道什么时候开口说话，什么时候闭口不言，话说到什么程度比较合适，不要喋喋不休，长篇大论，没完没了地自我吹捧。

(2) 弄虚作假。陈述产品的优点要实事求是，不能夸大其词，言过其实往往得不偿失，容易引起反感。有时推销的产品存在缺点，这时推销人员应当对客户直言告之，不能弄虚作假欺骗客户，也不能强词夺理糊弄客户。

(3) 诋毁他人。

【案例】 某国际知名日化行业的推销员向客户推销该品牌的去屑洗发水："我们的洗发水有效去屑的同时还能够护发，使用后头发十分柔顺，而××牌子的去屑洗发水用后头发干枯，容易打结。"客户听后不满地反驳道："我用过××牌子的洗发水，并不是你所说的那样，而且你的洗发水价格要贵很多。"

【分析】 为了美化自己商品的优势而贬低其他同类商品的做法，有违做人的厚道原则，引起了客户的抵触情绪，销售成功更是一种奢望。

5. 跟踪服务，热情如一

推销出去后并不意味着结束，推销后也应当对产品实施跟踪服务，这才是负责任的态度。在跟踪服务中要坚守信用，热情如一，切忌推销交易前客户是上帝，交易完成后便置之不理，这种做法不仅不符合商业礼仪，也是违反职业道德的丑恶行为。

（二）广告推销礼仪

相对人员推销而言，广告推销是企业通过一定的广告媒介宣传商品的有关信息，从而促使顾客产生购买行为的推销活动。由于受众群体是普通的人民群众，所以广告推销在宣传过程中必须遵循一定的礼仪规范，具体来讲，主要包括以下几个方面。

1. 客观真实，不浮夸

广告推销靠宣传，但不能弄虚作假、过分吹嘘，可以诱导，但不能诱骗。实事求是、客观准确是广告推销应遵守的基本礼仪准则。

2. 广告词语言精练，富有文采

广告传播信息的主要方式是广告词，考虑到制作费用，广告词应精练紧凑，如"丁桂儿脐帖——早贴早好"，广告词虽然才短短数字，却言简意赅、淋漓尽致。

同时，为了给顾客留下美好的印象，广告词一定不能是干巴巴的。广告词过于干瘪，缺乏文采，强加于大众身上只会惹人反感。

3. 承担社会责任

具有强烈社会责任感的广告能够使广大群众从内心深处对商家产生敬意，进而树立企业积极正面的形象，形成健康向上的社会风气。

【案例】 雕牌洗衣粉有一则亲情广告：妈妈下岗导致家中生活拮据，在妈妈焦急找工作时，孩子懂事地帮着做家务。给人印象最深的是那朴实真切的广告词："妈妈说，雕牌洗衣粉，只用一点点，就能洗好多衣服，可省钱了。……妈妈，我能帮您干活了。"

【分析】 这则广告深深地拨动了人们的心弦，引起了强烈的反响，因为它关注到下岗工人这个弱势群体，关注到下岗工人的生活这个社会问题，所有看到这则广告的老百姓都深受感动，牢牢记住了这个具有社会责任感的品牌。

三、电子商务礼仪

随着 21 世纪网络信息化的发展和信息社会的到来，人们的生产和生活有了前所未有的深刻变化。商业活动作为人类最基本的社会活动形式之一，也受其影响，面临重大变革，商业活动从"以物换物"的原始交易方式逐渐过渡到了以网络为中介的电子交易方式，电子商务越来越频繁地进入人们的视野。简单地说，电子商务就是利用网络进行的商务交易。在交易过程中，虽然买卖双方无须见面，但这并不意味着电子商务就没有礼仪要求。相反，因为网上顾客有充分的选择余地，企业在网上营销时更应注意服务质量和礼仪，这样顾客才会经常访问你的网站并达成交易。

为了吸引网民的注意，激发他们的购买欲望，"网上商店"除了网页设计要新颖、独特外，还要遵守一定的礼仪要求。

（一）分类清晰，方便寻找

为了方便网民浏览，所有商品应进行科学的分类。例如，淘宝网首先将网上商品分为服装、书籍、计算机、电脑游戏等几大类，再把服装分为童装、男装和女装，然后女装又分为衬衫、外套、裙子、裤子、鞋等几大类，顾客能够轻松自如地按照分类找到自己需要的商品。分类清晰明了，体现了方便顾客的原则。

（二）详细真实，体现诚信

顾客上网购物，看不到商品实物，因此，"网上商店"要尽可能多地提供商品的详细信息，如产品的外形图片、尺寸、规格、价格、产品质量保证书等。其次，所提供的商品信息还必须是真实而非虚假的，这体现了商务交往的诚信原则，是最起码的做人道德，还体现出对顾客的充分尊重。

（三）支付结算，安全便捷

顾客选中了商品，决定购买，那就要涉及支付结算。顾客可以选择货到付款，也可以选择信用卡支付，这时网站就要注意保护顾客信用卡上的信息安全，不被他人窥探，网站更不能把顾客的信息随意散播，要尊重顾客的隐私。总之，要让顾客感受到网上购物的安全、便捷。

（四）送货服务，周到及时

顾客购物时，网站要提示顾客留下姓名、详细地址，以便及时送货上门。

由于网上购物的特殊性，顾客只能根据图片及有关说明选择商品，而图片和说明同实物往往存在一定差距，这样网上达成的交易在送货上门时就容易产生矛盾，顾客会对实物商品产生不满。遇到这种情况，送货人员要注意礼貌、礼节，妥善处理与顾客发生的纠纷，并尊重顾客的意见，允许退换，这些正是服务周到的体现。

第二节　服务业礼仪

服务业与零售商业的不同之处在于服务业推销的不是商品实体，而是服务人员的服务或劳务。因此，服务业对服务质量及礼节的要求更高，服务业更应树立"顾客至上，服务第一"的观念，遵循必要的礼仪规范。随着社会经济的不断发展和人们消费水平的提高，服务领域不断拓宽，服务行业也不断发展，客房、餐饮、旅游、娱乐、美容美发等均划归服务行业。本节将重点介绍客房、餐饮、旅游服务的礼仪规范。

一、客房服务礼仪

宾馆里客人接触最多的就是门卫、总台、客房部和商务中心四个部门,这是宾馆的门面和体现宾馆服务质量的窗口,在一定程度上决定着客人的满意程度。现就这四个部分的岗位礼仪作如下介绍。

(一) 门卫服务礼仪

门卫也称为门童或前厅迎宾员、大堂应接员,其主要职责是店前迎送服务,即负责客人进出大门的迎送工作,在服务中应做到如下要求。

(1) 服饰挺括、华丽、整洁,仪容端庄大方,站姿端正,面带笑容,精神饱满地站在正门一侧,随时恭候客人光临。

(2) 在岗期间要坚守工作岗位。没有客人进出时,门卫不应将身体靠在门上,也不要将手搁在门把手上,而应端正地站立在门内一侧。见到客人光临,应主动上前,热情问候:"先生(太太、小姐),早上(下午、晚上)好,欢迎光临!"服务语言要亲切、规范、清晰,并致 15° 鞠躬礼。当团体客人进店,或客人集中到达时,应连续向客人点头致意、问候,尽量使每一位客人都能听到亲切的问候。如遇客人先致意,要注意及时还礼。对常客或贵宾客户,应主动称呼其姓名或职衔。对外宾用外语,对内宾说普通话,迎送中外客人要一视同仁,不得出言不逊。

(3) 当客人乘车到达时,要主动上前,待车辆停妥后,为客人开启车门,并一手拉开车门一手遮挡车门上沿,以免客人碰头。还应对下车的客人热情问候,表示欢迎。同时主动与行李员配合,帮助客人卸下车后箱内的行李物品。凡遇老、弱、病、残、孕客人,要适度搀扶,加倍关心。客人下车后,要注意察看车座上是否有他们遗留的物品,如有要及时提醒或帮助取出。对客人的物品轻拿轻放,对贵重的物品或易碎的物品,切勿随地乱丢、叠放或重压。

(4) 当客人步行抵达时,门卫要站在主门内一侧,主动为出入的客人拉门。当客人走近时,应微笑目视客人,及时拉开大门迎候,并行点头礼,亲切问好。若知客人姓名,应以其姓名称呼。

(5) 对客人离店所要的出租车,要引导其开到客人容易上车的位置,并拉开车门,同样以手遮挡车门上沿,请客人上车。待客人坐稳后,要向客人微笑道别:"谢谢光临,欢迎下次再来,再见。"然后将车门轻轻关上,同时注意客人的衣裙不被车门夹住。车辆启动时,应面带笑容,向客人挥手致意,目送离去。

(6) 如遇下雨天,要撑伞迎宾。若客人自带雨伞,则应将其雨伞放入雨伞架,代为保管。

(7) 如遇客人询问,应礼貌地予以回答。若所问的问题自己确实不知道,应请同事帮忙或请上级解决,不可不负责任地将错误信息传递给客人。

(二) 总台服务礼仪

(1) 总台接待员在岗位上应着装整齐,仪表端正,礼貌站立,精神饱满地恭候客人的光临。

(2) 见客人来到总台,应面带微笑,热情问候:"您好!欢迎光临!"或"请问,您有预订房间吗?""我能为您做些什么?"

(3) 在客人较多、工作繁忙时,也要接待好每一位客人,应不时地抬起头来,向台前的客人点头或招呼,做到办理一个,接待另一个,招呼后一个,接待每位客人的时间不能超过两分钟,务必不使客人感到受冷落。对中外宾客要一视同仁,不能厚此薄彼。

(4) 为客人递送住宿登记单时应使用右手或双手,口中说"请"字。询问客人的住宿要求、记账方式、有无贵重物品等情况时,语言要温和,并尽可能按客人的要求安排房间,提供满意的服务。

(5) 查验客人的证件要注意礼貌,核实无误后应迅速交还客人,并向客人说声"谢谢"。当知道客人的姓名后,应以姓氏称呼客人。

(6) 认真核实钥匙号码,保证钥匙牌与住宿登记表的房号一致。将钥匙交给客人时,不可一扔了之,举止失礼,而应彬彬有礼地对客人说:"先生(小姐、太太),这是您的房间钥匙。""祝您愉快!"或"请慢走!"同时招呼行李员送客人去房间。

(7) 如遇客满,无法满足客人住宿要求时,不能在客人开口时就回绝,而应请客人稍候,待查阅客房入住情况后,再向客人说:"真对不起,已经客满。""下次光临,请提前预订,我们一定为您留房。"并向客人推荐其他宾馆并代为联系。

(8) 对于事先已经预订却因超额预订不能入住的客人,特别是对确认性和保证性客人,应致歉,做好解释,争取客人谅解,暂请客人到大厅休息处休息稍候,接待员应与本宾馆同档次的其他宾馆联系,安排好客人的住宿,并联系车辆将其送去。若客人愿意在本宾馆有空房时再回来,则应在第二天早上排房时特别留意,一旦有了空房,立即通知客人。

(9) 接待团体、会议客人,应在客人抵店前,查阅预订单,编制客房分配表,准备好登记表、行李条、客房钥匙,并根据其接待要求,提前将登记表交给陪同人员或会务组人员,以便客人在抵店途中或抵店时填写。

(10) 接待 VIP 客人，应按订房要求安排客房，选择同类客房中最好的，并将房号通知客房部提前整理、布置。还应在客人到来前，将 VIP 客人的登记表填好，准备好钥匙，查看有无客人的信件或代收物品，以便客人到达时转交，并做好记录。VIP 客人入住后，接待员可在部门经理授意下用电话探望。

（三）**客房部服务礼仪**

为使客人在宾馆住得愉快、舒适，有"宾至如归"之感，客房部服务人员要根据客人的需要提供服务，即提供个性化、定制化服务，并力求超前服务，做到热情、礼貌、主动、周到、耐心。

1. **迎客准备礼仪**

这是物质条件的准备环节，各项准备工作要充分、周密、准确，并在客人进入客房前完成。

(1) 客房部（或楼层服务台）在接到客人住店通知单后，应尽可能详细地向接待单位、接待人员了解客人的风俗习惯、宗教信仰、健康状况、生活特点、接待标准等情况，做到清楚明了。

(2) 根据客人的具体情况和接待标准，对客房进行布置，调整家具，配齐各种服务用品。

① 备好客人的饮用水，并按接待标准和规格备好茶叶、香烟、水果、鲜花、饮料等。

② 对于客人宗教信仰方面忌讳的用品禁止在房间摆放，以示对客人的尊重。

③ 对室内的家具、水电设备及门锁等再进行一次全面检查。

④ 在客人到达前，有空调设备的房间要调好室温，温度以 22℃～24℃ 为宜。如客人在晚上抵达，应注意拉起窗帘，打开廊灯，做好床铺。

⑤ 一切就绪后，服务员应整理好个人仪表，站在服务台及电梯口准备迎接客人。

(3) 客人到达时，服务员应笑脸相迎，热情问好，问清客人所住的房间号，主动接拿行李（但应根据客人意愿，不可强夺），对老、弱、病、残、孕客人主动搀扶，然后拿钥匙（门卡），引领客人进房。给客人热情有礼、服务迅速的第一印象。

2. **端茶送水的礼仪**

(1) 每天早晨客人起床后，要把开水送进房间（房间有电热水瓶的除外）。对于爱喝咖啡和茶水的客人，应掌握其习惯，适时送上沸水。

(2) 客人在房间会客，也应视情况送茶，同时送上热毛巾，并说"请用茶"，"请用毛巾"，体现出"客到、人到、茶到、毛巾到、敬语到"的"五到"服务要求。

(3) 为客人泡茶、送茶时应注意：茶叶要适量，以沸水沏茶；茶杯里放水以六至八成为宜，应以托盘端送；送茶的顺序应按先宾后主、先女后男的原则；放置茶杯要轻、稳，应将茶杯放在客人的右手处，杯把向着客人，然后礼貌地退出房间。

3. 打扫客房及卫生间的礼仪

（1）打扫客房要遵照客人的要求，凡门上挂有"请速打扫"的牌子和客人口头提出要求打扫的客房，必须首先打扫。

（2）打扫客房最好选择客人不在的时间进行，以免干扰客人，并按宾馆规定的进门程序进房。

【案例】 刘先生正在房间里和客人密谈，这时门突然被人推开，进来一位年轻的服务员。服务员看了他们一眼，说道："对不起，我要打扫房间。"于是不再理会他们惊愕的表情，开始动手整理起床铺来。刘先生无奈，只好和客人来到宾馆一楼大厅的休息处继续交谈。事后，刘先生投诉了该服务员。

【分析】 客房部服务员打扫房间时必须先敲门，征得客人同意后方可进入，若客人不同意此时打扫，应将情况记录下来，另挑时间再来打扫。打扫时要将门始终打开。

（3）打扫客房时，不要随意触摸客人的贵重物品，不能随便丢弃客人的任何东西。

（4）对客人摆放零乱的文件、杂志、书报，可稍加整理，但不能放错位置，不能翻看。

（5）做床时要注意不要将破损、有脏迹的床单、枕套等床上用品给客人使用。

（6）客人在房间时，空调可开到中档或按客人的意见开放，客人不在房间可调到低档。

（7）不得使用客房电话，更不能听、接客人的电话。

（8）卫生间的用品应视情况及时补充、更换。

（9）饮水杯具、洗漱杯具、面盆、马桶、浴缸都应严格消毒，杯具应配以消毒套，马桶应贴"已消毒"标志条。

（10）打扫结束，应对在房内的客人说："对不起，打扰了，谢谢！"然后礼貌地退后一步再转身，走到门口时，要面向房内将门轻轻关上。

（四）商务中心服务礼仪

商务中心的办公室，既是服务场所，又是接待客人的地方，一定要做到环境整洁、卫生，使客人感到方便和舒适。

（1）服务人员应着装整齐，精神饱满，仪表端正，注意自己的坐、立、行的姿态，随时迎接客人的光临。

(2) 客人到来时，要微笑问候，主动招呼，敬语当先，问明客人需要，按要求受理相关业务。

(3) 承办打字、复印、翻译、电传等项业务，本着"宾客至上，信誉第一"的宗旨，要做到准确、快捷、细心、周到，杜绝差错，同时要注重信誉，收费合理，代客保密。

(4) 在同时接待数位客人时，应按先后顺序逐一办理，做到忙而不乱，有条不紊。

(5) 当客人对服务表示不满时，应耐心倾听客人的意见，态度谦和，语气委婉，不得与客人争辩。

二、餐饮服务礼仪

餐饮服务是服务员为宾客提供面对面的服务，餐厅的引宾员、领班、值台员、走菜员、收银员等众多服务人员不仅要为宾客提供菜肴等有形产品，还要提供规范化服务这一无形产品，使宾客感到热情、周到、温馨。因此，餐饮服务是技能性和礼仪性要求都比较高的一项工作。

(一) 餐饮服务礼仪的基本要求

1. 仪容仪表端庄

服务人员在岗时，应按饭店规定着装，整洁、无污迹、无破损。裤子在裤线消失前更换，除工作需要外，衣袋不要放无关的物品，服务名卡要端正地别在左胸前。仪容端庄，不宜浓妆艳抹，不得佩戴饭店规定以外的装饰用品。个人容貌修饰，必须符合工作性质及岗位要求。

2. 语言文雅、优美

服务人员与客人交谈时要注意措辞准确，谈吐文雅，语言轻柔，语调亲切，音量适度，要根据不同的接待对象，用好敬语、问候语，准确地使用称呼。

【案例】 小李单位有食堂，每天中午给职工提供午餐，可同样的口味天天吃也腻了，他想换换口味，于是有一天小李便与一群同事一起到单位外面一家私人小餐馆吃饭，为他们服务的是一位十五六岁的乡下小妹妹。菜上得很快，味道也很不错，正当大家吃得津津有味时，热情的小妹妹上前问道："要饭吗，你们？"大家听了这话一愣，小李开玩笑地说道："你看我们像丐帮弟子吗？""不像啊，怎么了？"小妹妹莫名其妙，不知道小李为什么这样问她。

【分析】 "要饭"一词会让人们联想到乞讨者，将"要饭"用在客人身上很不妥当，但在生活中却有不少服务人员容易犯这个错误，正确的询问应当是："请问你们需要什么主食吗？"

3. 微笑待客

服务中要做到诚恳、热情、和蔼、耐心，微笑是良好的服务态度最基本的要求，提倡"笑迎天下客"。

4. 行动敏捷，举止大方

服务时的举止应不卑不亢，落落大方。动作合乎规范、轻快、敏捷，站姿正确，走姿轻快，坐姿端正，要充分体现出服务人员应有的气质、风度和修养。为宾客服务，应依据规格、程序及礼仪要求进行，不得马虎或随心所欲。

5. 彬彬有礼

服务人员应树立"宾客至上"和"客人永远是对的"的观念，待客彬彬有礼。在工作中根据实际情况自觉使用"问候礼节"、"称呼礼节"、"应答礼节"、"迎送礼节"和"操作礼节"，发生纠纷、宾客投诉和遇到特殊情况时，也应按程序礼貌地处理。

（二）餐饮具体服务中的礼仪要求

1. 引台员的礼仪要求

迎宾、引座是引台员（也称为引座员）的主要职责，开餐前，应提前到岗，站立于餐厅入口处，站姿端正，面带微笑，集中思想，随时准备迎候客人光临。宾客到来时，热情主动上前迎宾，并致以亲切的问候："欢迎光临，请问一共几位？""您好！请问，您预订过了吗？""这边请！""请跟我来。"表情要自然、大方、和蔼。如果男女宾客一同前来，应先问候女宾，再问候男宾。见到老、弱、病、残的宾客，应主动上前搀扶。

同时，还要合理安排不同类别宾客的就餐位置：重要宾客，要引领到餐厅的最佳位置或事先安排好的包间，以示尊重；情侣、夫妇，宜引领到餐厅一角较僻静的位置，便于他们说悄悄话；接待全家或众多亲朋来聚餐的宾客，宜引领到方便他们团聚说笑，又不干扰他人的位置；对带小孩前来就餐的宾客，宜安排在避开走道的位置；对年老体弱的宾客，应尽可能安排在离餐厅门较近，出入较方便的位置。当然，安排座位，要充分尊重宾客的选择，以他们的意愿为主，不得硬性安排。在用餐高峰餐厅无空位的情况下，对前来就餐的客人要表示歉意，并礼貌地安排他们在候餐区等候，并递上茶水，一旦有了空位，按先后顺序及时引领入座。

2. 值台员的礼仪要求

餐厅里具体服务客人用餐的工作由值台服务员负责，其在服务中应做到如下要求。

（1）主动为客人拉椅让座。当引宾员引领客人来到就餐位置时，值台员应立即上前迎接，向客人问候，拉开座椅，招呼客人就座。如有儿童就餐，应调换儿童专用座椅，方便儿童用餐。

(2) 主动协助客人挂好衣物。当客人脱下外衣时，值台员应马上接过去，为其挂到衣架或椅背上，如客人需要存放物品，值台员应积极协助，妥善安置。

(3) 主动为客人上茶。客人入座后，值台服务员应立即给客人上茶，表示对客人的欢迎。上茶应在客人的右侧，并使用托盘。上茶时要礼貌招呼客人，说"请"，并以手示意，或说："先生(小姐、太太)，请用茶。"递茶时，切勿用手指接触杯口，茶杯应放在客人的右手处，方便客人饮用。

(4) 热情接受客人点菜。一般情况下，值台员在茶水上桌后，就应礼貌地递送菜单。

(5) 注意客人所点的菜是否上齐，如没有，应及时督促厨房和走菜员尽快上菜。

(6) 客人用餐过程中，随时关注客人的需求并给予满足，及时为客人添置茶水、更换杯碟。

(7) 客人用餐结束，应提醒收银台结账，并替客人取来账单，找回的零钱和发票要用托盘递给客人。

(8) 客人起身离开时，注意观察座位上是否有客人遗留的物品，并礼貌地说："您走好！""欢迎下次光临。"

三、旅游业服务礼仪

旅游业主要是凭借旅游资源和设施，专门或主要从事招徕、接待游客，为其提供交通、游览、住宿、餐饮、购物、娱乐等环节服务，满足旅游者各种旅游需求的一个综合性的特殊服务行业。旅游业的服务礼仪是指在旅游服务过程中形成的礼节和仪式，它贯穿于旅游服务的始末及所有岗位的各个服务环节中，下面重点介绍导游、旅行社门市接待、景点讲解员及旅行交通的服务礼仪。

(一) 导游服务礼仪

1. 仪表礼仪

导游人员着装要简洁、整齐、大方、自然，佩戴首饰要适度，要符合导游人员的身份，要方便导游服务工作。女性导游不宜穿过短或过长的衣裙，不浓妆艳抹。导游人员上岗时，必须佩戴导游胸卡，随身携带导游证。

2. 接团礼仪

(1) 接团当天，导游应问清旅行团乘坐的交通工具及到达的准确时间。

(2) 通知司机出发的时间，确定接头地点，并告知活动日程和具体时间。

(3) 导游提前半小时抵达机场(车站、码头)，再次核实旅游团抵达的准确时间，并与行李员取得联系，通知行李送往地点。

(4) 旅行团所乘飞机(火车、轮船、汽车)抵达后，导游应在旅行团出站前，手持写有团名、领队姓名的接站牌站在出口醒目的位置，热情迎候旅行团。

3. 旅行团抵达后的接待礼仪

(1) 旅游者出站时，导游应向领队作自我介绍，主动、热情地招呼，礼貌问候其他客人并及时向领队或全陪核实实到人数。

(2) 协助旅游者将行李集中放在指定位置，并提醒旅游者检查自己的行李物品是否完好无损。

(3) 集合登车。客人上车时，导游人员要恭候在车门旁，搀扶或协助客人上车，上车后应礼貌地清点人数。在清点人数时，切忌以手指点游客。待游客到齐坐稳后，方可请司机开车。

(4) 在乘车赴饭店途中，导游首先应热情、友好地向游客致欢迎词，欢迎词一般包括如下内容：代表所在的旅行社欢迎客人光临本地，自己和司机的姓名，日程安排，表示提供服务的诚挚愿望，如"预祝各位旅游愉快、顺利"。导游还应向客人介绍沿途主要建筑、名胜古迹。语言节奏应明快、清晰，内容简明扼要，做到景物介绍与旅游者观赏同步，避免介绍和讲解那些旅游者看不到的东西。

(5) 当车行至下榻饭店，在游客下车前，应向全体成员讲清并请其记清车牌号码、停车地点和集合时间。

4. 入住服务礼仪

导游要协助领队或全陪办理入住手续，并与领队、全陪相互交换房间号和联系电话，以便有事尽快联系。同时向游客介绍饭店内的餐厅、娱乐场所、商品部、公共洗手间等设施的具体位置，并交代当天和第二天的活动安排、集合时间和地点。安排结束后导游应同饭店行李员核对行李件数，督促行李员及时将行李送至旅游者房间。还应与领队商定第二天出发时间，并请领队通知全团，导游则负责通知饭店总服务台或楼层服务台。

值得注意的是，在开始游览前，导游应与领队、全陪商定本地日程的安排，并通知到每一位旅游者，这既是旅游者的权利，也是对旅游者的尊重和礼遇。

5. 参观游览服务礼仪

为使旅游者详细了解参观对象的特色、历史背景及其他感兴趣的问题，导游必须认真准备，精心安排，热情服务，生动讲解。具体来说，分为以下几个环节。

(1) 出发前的准备工作。准备好小旗、胸卡和必要的票证；督促司机做好各项准备工作；核实餐饮落实情况；按规定时间提前 10 分钟到达集合地点，听取旅游者的意见和要求，做好出发前的准备工作；核实、清点实到人数；对不愿随团活动的游客予以妥善安排。

同时,要事先提醒注意事项。向游客通报天气情况和游览点的地形、行走路线,涉及游泳、登山等具有一定危险的项目时,应提前向旅游者发出警示,讲明注意事项。准点集合登车,开车前再次清点人数。

(2) 途中导游。开车后,导游要向旅游者讲明当日活动安排,包括午、晚餐的时间和地点。扼要介绍所去景点的概况,并进行沿途导游。沿途导游要紧扣沿途景观,说明应翔实而准确。旅途较长时,可组织适当的娱乐活动或讨论大家感兴趣的国内外问题,活跃气氛。

(3) 景点导游、讲解。抵达景点下车前,提醒旅游者记住旅行车型号、颜色、标志、车号和停车地点、开车时间。进入景点,导游应讲明游览线路、所需时间、集合时间和地点。还应向游客交代游览参观中的注意事项,特别对可能出现危及安全的情况要多加提醒。参观过程中导游要自始至终与旅游者在一起,注意随时清点人数,防止游客走失和意外事件的发生,要特别关照老、弱、病、残的游客。讲解时要面向游客,语言清楚、准确,声音柔和、适中,语调轻松自然,富有情感。返回饭店下车前,导游应告知晚上和次日的活动日程、出发时间、集合地点等,然后再与他们礼貌告别。

(4) 用餐、购物。导游陪同旅游者一同用餐时,应尊重客人的用餐习惯,不做任何有失礼节的事。用餐过程中,要巡视客人的用餐情况,解答旅游者在用餐中提出的问题,并监督餐厅是否按标准提供服务。导游可以适当带旅行团到旅游定点商店购物,但不应过于频繁,对于那些质次价高的商品,导游有责任提醒客人不要上当受骗。

6. 送团礼仪

旅行团结束本地游览后,导游在送团时应做好最后的服务工作。提前核实旅行团离开的交通票据;协助宾馆结清与旅游者有关的账目,并商定起床和早餐时间;如无特殊原因,应在中午 12 时前办理退房手续;提醒旅游者随身带好自己的证件和物品。离开当天,导游还要仔细清点实到人数,再次提醒旅游者检查、清点一下随身携带的物品,如无遗漏,开车离开。

导游必须带团提前到达机场(车站、码头),一般出境飞机航班应提前 2 小时,国内飞机航班应提前 90 分钟,乘火车提前 1 小时。旅游者下车后,导游再一次检查车内有无遗漏的物品。

为了加深与旅游者之间的感情,导游应在送行的行车途中或在机场(车站、码头)向旅行团致欢送词,感谢大家的合作,表达友谊和惜别之情,表示美好的祝愿。

在旅行团乘坐的交通工具启动后,导游方可离开。

(二) 旅行社门市接待礼仪

1. 仪容仪表

门市接待人员必须着统一的工作服，佩戴胸牌，仪表整洁，仪容端庄，注意个人清洁卫生。

2. 接待艺术

热情、礼貌地接待客人，办事认真，不敷衍，不推诿，不顶撞，不争吵，提倡微笑服务。在同时接待多位客人时，要按照先后顺序。若在接待过程中又有客人到来，也要注意打招呼或点头致意，请其稍候，千万不能冷落任何一位客人。在接待客人过程中如需接听电话，应该先向客人打招呼，电话结束后，再向客人表示歉意。当客人离开时，不论其与旅行社是否成交，都应起身相送，握手告别，表示感谢。

3. 咨询服务

咨询服务有电话咨询和当面咨询两种方式。对待电话咨询，电话铃响两声后应立即接听，接电话首先要向对方问好，并自报家门。不论是电话咨询还是当面咨询，都应当主动介绍，面带微笑，热情友好，表述清楚、规范。

【案例】 王梅刚刚因为给客人报价出错遭到上司的责备，这时电话响起来了，"喂，你好，我想咨询一下现在海南双人游要多少钱？""又来了"，王梅心里挺烦，随口说道，"不知道！"对方一愣，"请问你是不是××旅行社的员工啊？……是啊！哎哟，我以为你不是呢！""啪！"电话挂断了。

相反，另一家旅行社在每个员工的桌子上都摆了一个小牌子，上写"I never say I do not know"，即"永远不说我不知道"，牌子下是经理的签名。这个牌子起到了对员工的约束作用，提高了旅行社的服务质量。

【分析】 王梅的一句"不知道"仿佛拒人于千里之外，自然引起了客人的不满，所以服务人员要注意不要让个人情绪影响到服务态度，要始终保持热情。

在咨询过程中服务人员应仔细、认真地倾听客人的询问，将问题有条不紊地记录下来，以示对客人的尊重，然后耐心地予以解答。在尊重客人意愿的前提下，向其提出各种可行性建议以供选择。凡答应客人的预订，必须做到言而有信。

4. 投诉处理

处理投诉时要用真诚去赢得客人的信任。客人前来投诉，接待人员应耐心倾听，对客人的遭遇表示同情和理解，并作详细记录，告诉客人将立即向领导汇报或尽快与有关部门(单位)联系。事后要及时把投诉的处理结果告诉客人，并再次征求客人的意见。

(三) 景点讲解员服务接待礼仪

景点讲解员应着装整齐规范，仪表整洁，仪容端庄，宜化淡妆，佩戴胸牌，站姿端正,面带微笑,精神饱满,随时准备接待旅游者。当客人到来时,要热情礼貌地问候:"先生(小姐),您好,欢迎光临。"使用敬语和谦语要注意尊重旅游者的风俗习惯和语言习惯。

讲解时要使用规范的语言,口齿清晰,简洁明了,措辞得当,逻辑性强,尽量口语化、短句化,避免冗长的书面语。讲解的内容要有根有据,与景点内容紧密相连,切忌胡编乱造、信口开河。讲解时不仅要考虑表达方法,还要力求神态、表情、动作及声调的和谐一致,努力使情景与语言交融,使游客产生共鸣。讲解员还要照顾大多数的参观者,耐心回答参观者提出的问题。

(四) 旅游车服务接待礼仪

1. 车容整洁,车况良好

凡驾驶出行的旅游车辆,车容必须优美,车内应整洁卫生,符合客运规范要求。车况必须保证良好,设施性能完好,行驶正常,确保安全。

2. 举止文明,仪表端庄

驾驶员、线路导游员要仪表整洁,仪容端庄,营运时应统一着工作服,男士头发梳理整齐,不留胡须;女士头发不披肩,不浓妆艳抹,不佩戴色彩和款式夸张的首饰。不论男女都应精神饱满,在客人面前应避免打哈欠、打喷嚏、抠鼻孔、挖耳朵等不文明举止。注意个人卫生,常洗澡,勤换内衣,勤剪指甲,勤漱口。上岗前不能吃异味很浓的食品,保持口气清新。

3. 微笑迎客,语言亲切

凡车辆在站点停靠上客时,如与客人目光相遇,应微笑点头。驾驶员应站立于车门一侧迎接客人,并照顾客人上车。站立时身体要挺直,面带微笑,目光要注视着上车的每一位客人,不时向客人说:"您好"、"欢迎乘车"、"欢迎光临"等。男士双手自然下垂,女士可两手交叉放于腹前。与客人说话时,应语调亲切,音量适中,应答规范,简洁明快。

4. 照顾老幼,热心周到

对老、弱、病、残、孕及儿童要特别照顾,做到热心、细心、周到。上下车主动搀扶,帮助提拿行李,安排座位,关照慢走,要表现出良好的社会公德。

5. 自报家门,态度大方

对初次见面的客人,应主动介绍姓名、单位,并对客人的乘坐表示欢迎。与客人说话要保持一定的距离,姿势自然,面带微笑,称呼得当,语调热情,态度大方,敬语在先。

6. 服务团队,热情礼貌

驾驶员要守时守信,车辆应按预定的时间到达规定的地点,并与导游配合,做好服务工作;在接团、随团中,不准饮酒驾车;当送客至景区时,要在规定的停泊位置安心等候客人,不能借机驾车离开;当游览结束回饭店或送客去机场(车站、码头),客人下车后,应配合导游巡视车上是否有客人遗漏的物品。

7. 提携行包,为客着想

客人上下车时,应主动帮助客人提携行李物品,并协助放置。车上应备有雨伞和方便袋,以备客人不时之需。

8. 礼貌送别,提醒关照

客人下车时,应及时提醒客人不要忘带随身物品,并说:"请走好,再见。"

第三节 商务谈判礼仪

谈判,既是一门科学,又是一门艺术,是科学与艺术的有机整体。生活中人们无时无刻不在谈判,朋友之间为了决定去那里就餐谈判,孩子们为了决定看哪一个电视节目而谈判,律师们为了能在上法庭前调解纠纷而谈判,警察为了解救人质而与恐怖分子谈判,国家之间为了开放边境和发展自由贸易而谈判。谈判并不只是那些有经验的外交家、顶尖的谈判专家拥有的技能,而是每个人每天都要做的事,尽管日常生活中的谈判不会像和平协议或者大公司合并那样引人注目。

在商务谈判中,遵守一定的礼仪是双方相互尊重的体现,也是双方互有诚意的一种明证,因此谈判双方都应当对商务谈判中的礼仪给予高度的重视。

一、谈判前的礼仪

商务谈判的组织工作非常重要,必须做好谈判前的礼仪准备,其中主要包括谈判人员的组织及仪表、谈判场所的准备、谈判座次的布置等,并以此来显示主方对于谈判的郑重其事和对谈判对象的尊重。

(一) 谈判人员的组织与仪表

参加正规、正式谈判的双方一般由四个方面的专业人员组成,即商务方面的谈判人员、技术方面的谈判人员、法律方面的谈判人员和金融方面的谈判人员。谈判小组一般由3~5人组成,各方面人员各司其职,但又要相互配合。需要注意的是,双方谈判人员一般应身份、地位基本对等,安排身份过高或过低的人员与对方谈判不符合礼仪,并且还有可能影响谈判的成功。

出席谈判的人员,在仪表上,有严格的要求和统一的规定。

【案例】 中国某日化公司准备与法国一国际知名化妆品公司进行技术合作,谈判那天,中方人员早早地来到了谈判地点,准备迎接法方人员。可是见面简单寒暄之后,法方主谈原本晴朗的脸色突然晴转多云,提出改日再谈。法方有人私下告诉中方,原来中方谈判小组中主管技术工作的副总穿了一件夹克衫,引起了法方的不满。副总听说之后觉得挺委屈,"夹克衫怎么了?我这件夹克衫很贵的,还是他们法国梦特娇的呢!怎么不正式了?"

【分析】 夹克衫即便牌子再响,价格再昂贵,始终只是休闲服装,难登大雅之堂。

在谈判场合应穿传统、高雅、规范的最正式的礼仪服装,可能的话,男士应穿深色三件套西装和白衬衫,打素色或条纹式领带,配深色袜子和黑色皮鞋。女士应穿深色西装套裙和白衬衫,配以肉色长统袜或连裤式丝袜和黑色高跟或半高跟皮鞋。男士应当理发、剃须,不要蓬头垢面。女士应选择端庄素雅的发型,且应化淡妆,但不宜留过于摩登或超前的发型,不宜染彩色头发,不宜化浓妆或使用香气过于浓烈的化妆品。

(二) 确定谈判时间与地点

谈判时间和谈判地点应由双方根据谈判的需要,经过协商来确定。商务谈判,按举行地点不同,可分为客座谈判、主座谈判、客主轮流谈判和第三地点谈判四种。客座谈判,即在谈判对方所在地进行的谈判;主座谈判,即在主方所在地进行的谈判;客主轮流谈判,即在谈判双方所在地轮流进行的谈判;第三地点谈判,即在不属于双方任何一方的地点进行的谈判。若确定为主座谈判,作为东道主的一方,应出面负责谈判的各项事宜的安排,并做到"礼多人不怪",在迎送、款待、照顾对手等方面去赢得对方的信赖与尊重。

(三) 安排好谈判座次

谈判的座次是谈判者给予对方的礼遇和尊重,除在某些小规模谈判或预备性谈判中不必拘泥外,凡正式谈判都应予以重视。如果是涉外谈判,会场的布置应尊重对方的民族习惯,不应有触犯对方禁忌的装饰。根据谈判的不同性质、不同内容及参加人数的不同,谈判座次一般有以下两种形式。

1. 相等式

这种形式是指在谈判时,双方代表相对而坐,座次取中为上,其他人员按次序分坐两边。这种座次安排适用于各种类型的谈判,也是谈判中普遍采用的形式。谈判的场所一般设在会议室或会客厅。在场地的中间摆放一张长方形长桌子,两边放上供谈判人员入座的座椅。但是在使用相等式安排座次时,应根据谈判桌在室内摆放的形式和位置来具体确定主、客方所坐的方位。若谈判桌横放,则面对正门的一方为上,属于客方;背对正门的一方为下,属于主方(见图6-1)。若谈判桌竖放,则应以进门的方向为准,右侧为上,属于客方;左侧为下,属于主方(见图6-2)。在进行谈判时,各方的主谈人员应在自己一方居中而坐,其余人员遵循右高左低的原则,依照职务的高低自近而远分别在主谈人员的两侧就座。如果是涉外谈判,翻译人员一般安排在主谈人员的右侧位。

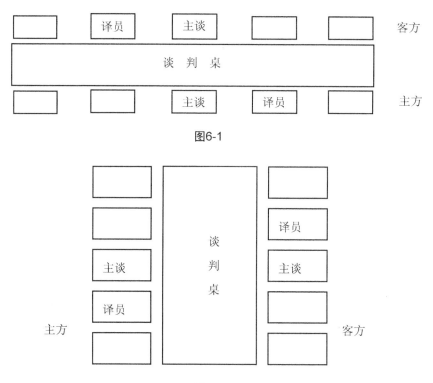

图6-1

图6-2

2. 圆桌式

这种形式是指谈判的多方代表环桌而坐(见图6-3)。在多边谈判中,为了避免失礼,依照国际惯例,采用圆桌为谈判桌来举行"圆桌会议",尤其适于酒会或工作餐前举行的谈判。这种座次安排,不仅淡化了尊卑界限,而且具有轻松、活泼、融洽、随和的特点。

谈判开始前,双方应主动把谈判人员的名单和有关资料提供给对方。谈判人员的座次确定后,应制作好座位卡(如果是涉外谈判,座位卡上应有中、英文两种文字),并预先在谈判桌上摆好。

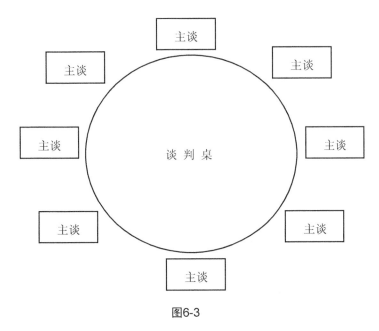

图6-3

(四) 确定谈判程序和日程

为了使谈判过程井然有序,并在谈判中争取主动,双方应事先拟定谈判方案,并进行反复审核,预先报上级主管部门或主管人士审查、批准。在谈判之前,对自己的方案进行预审,集思广益,能减少差错,使方案更臻完美,以便在谈判中先说什么后说什么心中有数。

谈判之前,双方必须事先根据谈判的内容确定谈判日程,使谈判能够按计划进行。

二、谈判中的礼仪

谈判中的礼仪,贯穿于谈判全过程,但总的要求是"尊重对方,重视信誉,注重自身形象",主要体现在以下几个方面。

(一) 遵时守信

参加谈判的双方必须按照事先约定的时间准时到达谈判地点,千万不可无故拖延或迟到。

【案例】 印度一家公司到美国去采购成套设备。印度谈判小组成员因为上街购物耽误了时间,当他们到达谈判地点时,比预定时间晚了45分钟。美方代表对此极为不满,严厉指责印度代表不遵守时间,没有信用,这样下去双方很难合作。对此印度代表感到理亏，只好不停地向美方代表道歉，一时间手足无措，说话处处被动，无心与美方代表讨价还价，对美方提出的许多要求也没有静下心来认真考虑，匆匆忙忙就签订了合同。等到合同签订以后，印度代表平静下来，才发现自己吃了大亏。

【分析】 遵时守信是最基本的礼貌要求，谈判迟到不仅是对对方的极不尊重，而且往往会使自己陷于不利的处境，不利于谈判取得成功。上述案例中印度代表便是自觉理亏，在来不及认真思考的情况下匆忙签下了对美方有利的合同。

（二）宾主相见的礼节

开始谈判的第一天，主方应提前到达谈判会场迎接客方谈判人员，可在大门口迎接，也可在谈判厅门口迎接（这种情况下，需要有工作人员在大门口迎接，并为客人引路）。双方见面后应一一握手问候，然后双方各自准备入座，但不能马上坐下，在主人说了"请坐"以后，双方人员一起坐下，也可以先宾后主（等客方人员坐下后，主方人员再坐下）。

谈判双方初次见面时，各方都应将其谈判人员向对方进行介绍。一般先由主方的首席代表介绍自己一方的成员，然后由客方介绍自己的成员。介绍时不分男女老少，只以社会地位高低为衡量标准，按职务高低进行介绍。也可以使用自我介绍，在自我介绍时，不必过于拘泥礼节，假如大家是同行，就应表现得自然和轻松。请教姓名要注意礼貌用语，如说："请问尊姓大名？"或说："对不起，不知怎么称呼您？"

双方入座后，进入谈判主题之前，通常有一个简短的开场白，即双方谈一些与谈判没有直接关系的话题，如近期的体育新闻、文艺节目，回顾过去曾有的合作经历，或是询问客人的旅途情况等。开场白的目的是为正式谈判营造一种和谐的气氛，但时间不宜太长，一般在5～10分钟。

（三）谈判人员自身必须注意的礼节

1. 提问注意方式

在谈判中，恰当的提问不仅可以控制谈话的内容，还可以确定谈话和辩论的方向，驾驭谈判的进展，但不可唐突，以免对方因尴尬而产生不愉快的反应。因此，提问一定要讲究礼貌，一要注意内容，不要总是问对方难于应付的问题；二是发问要委婉；三是如果提出的问题对方一时应答不上，或不愿回答，就不宜追问下去，要善于转变话题。

2. 回答实事求是

在对方提出问题后，要针对对方的心理予以回答，不能"顾左右而言他"。

如果对方对某个问题不了解，要以浅显易懂的语言进行解释，切不可流露出鄙夷的神色。对有些不便回答的问题，可婉言说明，要极力避免出现僵局。

3. 兼顾对方利益

商务谈判人员在谈判过程中，在不损害自身根本利益的前提下，应尽可能地替对手着想，主动为对方保留一定的利益，谈判不是"你死我活"、"鱼死网破"，而是在一定程度上照顾各方的利益和要求。因此，在谈判中要为对手留下余地。只有这样，才有助于保持与对手的正常关系，体现己方的诚意，促进谈判圆满成功。在进行与合同有关的谈判时，在具体条款上，商务人员不仅要讲原则，也要灵活。在坚持根本利益的前提下，灵活地变通，适当地让步，获利只会多，不会少。

（四）谈判语言的运用

语言是谈判的媒介，谈判语言是谈判双方进行心理沟通、获得信息的主要手段，语言的运用是谈判的关键。因此，谈判时语言的运用既要礼貌，又要注意技巧。

1. 避免掺入个人感情

商务谈判中，为了向对方表明自己的见解或观点，可以直接明确地进行陈述。但应尽量避免加入个人的感情因素，态度要客观、清醒而冷静，决不能为感情所左右，或意气用事。

2. 态度肯定、明确

肯定明确的态度能引起对方的重视，最佳的语言效果应该是既维护了自己的立场，又暗示对方有变通的可能。在合乎规范和惯例的前提下，力争"以我为中心"，迫使对方让步，争取主动权，或变被动为主动，在谈判中为自己争取到有利的位置。

3. 语言标准化、规范化

谈判人员在谈判场合应使用标准、规范的普通话，而不能使用地方口语。如果是涉外谈判，应使用国际通行的语言，如英语或法语，还要注意声音清晰，音量适中。

（五）谈判时应有的风度

1. 彬彬有礼

谈判人员在谈判过程中，应自始至终都彬彬有礼，对客人保持温和友好的态度。如果对方向我方提出不合理的要求，不要觉得对方缺乏合作的诚意而生气；如果对方对我方提出的合理要求不予接受，也不应因此失去耐心而变得烦躁。谈判是双方在平等互利的基础上，就合作的条件讨价还价，双方既可以自由提出自己的要求，也可以自由拒绝对方的要求。在事关我方利益的问题上，应据理力争，不轻言放弃。但在为利益相争的时候，千万不能出言伤害对方(埋怨、责怪对方或是讽刺、挖苦对方)。谈判可以成功,也可以失败，但组织形象永远不能失败。即使谈判失败，也应给对方留下一个好印象，绝不能因此反目成 。

2. 自信、沉着、冷静

谈判人员除了要彬彬有礼外，还要保持自信、沉着和冷静。谈判既是双方组织实力的较量，也是双方谈判人员心理素质的较量。谁在谈判中更沉着、冷静，谁就能在谈判中获得更多的利益。如果谈判人员在谈判过程中表现出胆怯不安，或是烦躁不冷静，就可能会使自己处于不利的位置。过于严肃的表情往往是内心紧张的表现，如嘴唇紧闭、眉角下垂、眼睛睁大盯住对方、说话时嘴角不太动。有经验的、老练的谈判人员会尽量使自己的表情显得轻松、自然，脸上挂着真诚而友好的微笑，尽管内心难免有些紧张。谈判人员的一些小动作也会在不知不觉中暴露自己的内心活动。例如，不停地擦汗、频繁抚摸下颌、托腮等都是内心紧张的表现；捏捏鼻梁并眼睛紧闭往往表示在某个问题上陷入了困境；紧握自己的手掌往往是寻求信心的动作。因此，谈判人员在谈判过程中要自觉避免一些会泄露心理活动的表情和小动作。谈判人员的眼神应停留在对方的上三角部位，即双眼以上额头以下的部位，这种眼神可以使自己把握主动，又不至于使对方反感。

三、谈判中的艺术

（一）充满自信而不轻视对手

自信是谈判成功必备的心理素质，然而自信绝对不等于狂妄，以至轻视对手，相反，你还应当设法了解谈判对手的个性特征、动机、心态、情绪、态度、目标、长处、弱点以至道德观等，掌握得越充分，在谈判中越能取得主动权。知己知彼，方能百战百胜。

（二）从容不迫，以智取胜

从某种意义上讲，谈判是一种心理素质和智力的较量。因此在谈判过程中，时时保持头脑冷静，沉着备战，就显得非常必要。只有在这种平稳的心绪中，才能不断 发出智慧的良策。"将在谋而不在勇"，勇而无谋者不足取也。

（三）坚持平等互利，注重礼仪礼节

企业有大小之别，实力有强弱之分，但在谈判桌上身份是平等的，利益是互补的，应该互相尊重，以礼相待，切不可以大凌小，以强凌弱。在谈判过程中，仪表整洁，行为端庄，态度诚恳，语言随和亲切，注重礼节、礼仪，出言吐语均以事实为依据，以理服人。如是，对方就会感到你是一位富有教养、训练有素、

气度不凡的对手,而不敢轻易提出过分的问题和条件。

(四) 谈判要有一股韧劲

急于求成是谈判的大忌,欲速则不达。心急火 的心理一旦被对方察觉,对方就会充分利用你这个弱点,提出 刻的要求逼你就范。如果谈判者到达会议室时带着装满行李的背包,飞机票露出外套口袋,这无疑告诉对方,"我要结束谈判,然后乘飞机回家。"对方将因此放慢谈判速度,因为距离启程时间越近,你越会做出让步。谈判者表现出对等待达成最佳协议很有耐心是更有效的战略。

【案例】 美国的谈判专家高寒在开始谈判生涯时,就与日本对手交锋。因为他初次谈判,经验不足,便把14天的谈判期限无意间泄露给了对方。于是,日方企业以"反正谈判时间还长"为由,又是宴请,又是陪同观光旅游,等到高寒离开日本的期限临近,才开始谈判,这样使他处于既要尽快达成协议又时间仓促的不利局面,最终高寒无可奈何地在一个对己方不利的协议上签了字。

【分析】 内定的谈判期限,不宜让对方掌握,否则对方就可能施展软泡硬磨战术,等你内定的谈判期限已近,逼你就范,使你做出大的让步而达成对他方有利的协议。

韧劲还表现在当谈判出现曲折时,要显得有"大将风度",有条不紊地分析谈判已经取得的进展和共识,希望求同存异,去寻找"柳暗花明"的结果,尽量避免使谈判陷入僵局以至破 。

第四节 商务仪式礼仪

商务仪式主要有签字仪式、剪彩仪式、庆典仪式、宣 仪式等,在日常商务活动中,仪式逐渐形成了一整套规范的礼仪要求,本节着重介绍签字、剪彩及典礼仪式的礼仪规范。

一、签字仪式

在商务谈判中,当双方谈判成功,达成协议时,通常会举行一个签字仪式,以使双方所达成的协议的合法性得到进一步加强。因此,它极受商界人士的重视。

【案例】 南方某市一家公司同美国的一家跨国公司谈妥了一笔大生意。双方达成合约之后,决定为此举行一次正式的签字仪式。

因为当时双方洽谈在我国举行,故签字仪式便由中方负责。在仪式正式举行的那一天，让中方出乎意料的是，美方差点在正式签字之前"临场变卦"。

原来，中方的工作人员在签字桌上摆放中美两国国旗时，忽视了目前国际通行的惯例"以右为尊"，将中方国旗摆到了签字桌的右侧，而将美方国旗摆到了签字桌的左侧。结果让美方人员恼火不已，他们甚至因此而拒绝进入签字厅。

【分析】 签字仪式属于商务活动，应当遵循右尊左卑的国际惯例。上述风波告诉我们：商务交往中，签约礼仪不可不知。

举行签字仪式需要做相关的前期准备工作，仪式的举行也有固定的程序。

（一）签字仪式前的准备工作

在商务交往中，人们在签字仪式前，为了表示重视和郑重其事，通常会力做好以下准备工作。

1. 准备待签合同文本

（1）主方负责准备。待签合同的正式文本，应由举行签字仪式的主方负责准备。主方应会同有关各方一道指定专人共同负责合同的定稿、翻译、校对、印制与装订。按照常规，主方应为合同正式签字的各方提供一份待签的合同文本，必要时，还可向各方提供一份副本。

（2）使用通行语言。涉外商务的待签合同文本，应比照国际惯例。签署涉外商务合同时，合同文本应同时使用有关各方的官方语言，或使用国际上通行的英文、法文，也可同时并用有关各方法定的官方语言与英文或法文。使用外文撰写合同时应反复推敲，字斟句酌，不要望文生义或不解其意而乱用词汇。

（3）注意印制的规格和质量。待签的合同文本，应以精美的白纸印制，按8开的规格装订成，并以高档质料作为封面。

2. 商定出席人员名单

主方应与合同各方商定签字人员、助签人员和签字仪式参加人员，并安排双方助签人员洽谈有关细节。按照惯例，参加签字仪式的，基本上应是双方参加会谈的全体人员。如一方要求某些未参加会谈的人员出席，另一方应予以同意，但双方参加的人数要大体相等。签字人员通常是相关部门的最高负责人，助签人员一般是礼仪小姐。

3. 签字厅的布置

签字厅分为专用的和临时的两种，临时签字厅一般都以会议室或会客室来代替，其布置的总原则是庄重、整洁。签字厅应满铺地，除了必要的签字用桌椅外，基本没有其他陈设，签字厅厅室正面墙壁挂风式挂画作为照相背景。布置签字厅最重要的是把签字桌摆放正确，正规的签字桌一般是长桌，朝着签字厅的正门摆放。桌后放两把椅子，供签字人员就座。桌上摆放签字用的文本、文具，并根据客右主左的原则摆好签字人员的姓名牌。如果是涉外谈判的签字仪式，还需在桌上摆放双方的国旗,国旗的摆放以右为尊。

4. 安排签字时的位次

签字仪式上的座次问题最能体现商务人员的礼遇高低,故主方在安排时尤其要认真对待。

在签署双边合同时,客方签字人的座位在主方签字人座位的右侧,主方签字人的座位在左侧。双方的助签人站在各自签字人的外侧。双方其他随员分客主各一方,按身份高低站于各方签字人座位之后。当一行站不完时可按照"前高后低"的惯例,排成两行、三行或四行。在签署多边合同时,一般只设一把签字椅,各方签字人签字时,依照有关各方事先同意的先后顺序,依次上前签字,各自的助签人员也随之一起行动,各方的随员,按一定的序列,面对签字桌就座或站立。

5. 规范签字人员的服饰

签字人、助签人以及随员,在出席签字仪式时,应当穿着具有礼服性质的深色西装套装、中山装套装或西装套裙,配以白色衬衫与深色皮鞋。签字仪式上露面的礼仪接待人员,可以穿自己的工作制服,或旗 一类的礼仪性服装。

(二) 签字仪式的程序

签字仪式的时间不长,但气氛庄严、隆重而热烈。其具体程序如下。

1. 参加签字仪式的人员各就各位

签字仪式正式开始前,主方成员应比规定时间早到几分钟,以便在门口迎接客方成员。双方成员行过见面礼后,进入签字厅。签字人员入座时,客右主左,其他成员按身份次序各自排列于签字人员的背后,各就各位。

2. 签署合同文本

签署合同文本采用"轮换制",即在将由己方保存的文本上签字后,由助签人员互相传递文本,然后签字人员再在将由对方保存的文本上签字。如此轮换使各方均有机会居首位一次,以显示机会均等、各方平等。在签字人签字时,双方助签人员分别站立于各自签字人员的后外侧,协助翻揭文本,指明签字处。

3. 交换正式签署的合同文本

待签字人对对方保存文本签字完毕,双方签字人站起来交换文本(此时签字的座椅应迅速撤掉),相互握手,互致祝贺,并相互交换各方使用过的签字笔,以作纪念。全场人员鼓掌,表示祝贺。

4. 饮香槟酒

交换已签的合同文本后,在场的有关人员,尤其是签字人当场用香 酒或其他酒干杯祝贺。这是国际上通行的用以增添喜庆色彩的做法。

二、开业仪式

公司创建、单位成立、商场开业、项目落成之时，为了表示纪念或祝贺，当事者往往会按照一定的程序特意举办一次开业仪式。开业仪式有助于塑造本单位的良好形象，提高知名度，引起社会各界的重视与关心，因此在筹备与运作的具体过程中必须遵循一定的礼仪规范。

（一）开业仪式的准备

开业仪式尽管时间短暂，但关系到单位的声誉，所以一定要认真策划、细心准备，最好成立筹备小组，明确分工，力求周密、细致，不遗漏任何一个环节，力求营造出现场的热烈气氛。具体而言，筹备开业仪式要事先做好 论宣传、来宾邀请、场地选择与布置、接待服务、确定程序等五个方面的工作。

1. 舆论宣传

举办开业仪式的目的之一就是要提高企业或单位的知名度，因此 论宣传工作十分重要。企业可酌情邀请新闻媒体单位出席开业仪式，通过报纸、电视、广播等 道来扩大宣传，还可以用给来宾馈赠礼品的方式加深人们对企业的印象。礼品的选择应当具有独特性，能够体现本单位的鲜明特色，可以选择本单位的产品，也可以在礼品或外包装上印上本单位的企业标志、广告用语、产品图案等，这样才能产生良好的宣传效果，让人过目不忘。

2. 来宾邀请

开业仪式的来宾邀请要考虑周全，为了扩大仪式的影响力，应当力争多邀请一些社会地位高的领导来参加开业仪式。地方领导、上级主管部门与职能部门的领导、与本单位有业务往来的单位领导、社会团体的负责人、社会名流、媒体人员，都是应优先考虑的对象。邀请来宾的请柬应认真书写，保持整洁，并装入精美的信封，由专人提前送达，以示尊重。同时仪式的举办单位也可以提前预测当天的到场人数，从而做出相应的安排。

3. 场地选择与布置

举行开业仪式需要较为宽敞的活动空间，所以一般都选择在开业现场的门前广场、展厅或单位的门口举行，也可以是室内大厅。开业仪式宾主一般站立，不设主席台和座位。现场的布置以渲染开业仪式的隆重、热闹气氛为目的，可在来宾站立之处铺设红地 ，在场地四周悬挂横幅、标语、气球、彩带、彩灯，在大门入口两侧的醒目之处，摆放由来宾赠送的花篮、牌 。设置签到处，请来宾留下单位和姓名。场地的布置还应体现方便的原则，本单位的宣传材料、待客的饮料等应当放在方便人们取用的位置。

【案例】 某电器设备公司成立,公司领导准备举办一次开业仪式,邀请一些市、区的领导参加,以此来取得一个好彩头。公司领导十分重视,办公室主任决定在仪式上播放音乐来渲染热烈的气氛,可是公司没有音响,需要向其他单位租赁,主任将这个任务交给了刚毕业的大学生小杨。开业仪式在8月10日上午10点举办,小杨打电话给市歌舞团,对方答应在10日上午8点半将音响准时送过来。

10日上午,仪式开始前,工作人员们正在紧张地做着最后的准备工作。小杨一看表,呀,已经9点了,音响还没有送到。小杨马上打电话去问,对方回答音响已送出。眼看来宾已陆续进场,小杨心急如焚……

【分析】 开业仪式举行过程中可能需要用到如音响、照明等设备,这些设备至少应提前一天备齐,还要认真检查、调试,以防使用时出现故障。

4. 接待服务

开业仪式举办当天,来宾众多,需要专人负责接待服务工作,一般由本单位的礼仪小姐负责。而贵宾到场时,则需由本单位地位相当的负责人亲自出面接待。接待人员应保持良好的形象,热情、主动地为来宾服务。来宾较多时,还需为来宾准备好专用的停车场、休息室,并为其安排饮食。

5. 确定程序

为保证开业仪式顺利、成功地举行,在做准备工作时,必须认真拟好具体的程序安排,报领导批准,并选好称职的仪式主持人。

(二) 开业仪式的程序

在开业仪式中,由于名目不同、场合有别,故具体的名称也不同,常见的有开幕仪式、开工仪式、通车仪式、破土仪式等,它们都属于开业仪式的大范 。一般情况下,这些仪式都由开场、过程、结局三大基本程序组成。开场,即奏乐,来宾就位,宣布仪式正式开始,介绍主要来宾。过程,是开业仪式的核心内容,通常包括本单位负责人讲话,来宾代表致词,启动某项开业标志,等等。结局,开业仪式结束后,宾主一道现场参观、联欢、座谈等。下面以开幕仪式为例,对开业仪式的程序作简略的介绍。

(1) 仪式开始,全体肃立幕前,主持人介绍来宾。

(2) 剪彩或揭幕。揭幕的方法是:揭幕人身着礼服,在左、右宾相陪伴下走到彩幕前恭立,宾相双手将彩索递给揭幕人,揭幕人目视幕门,双手拉索,使之开启。全场目视彩幕,鼓掌,奏乐,放 炮。

(3) 在主人的引导下,来宾依次进入。

(4) 来宾致贺词。进店(馆、院、场),揭幕人先向主人握手祝贺,其他来宾再依次向主人道贺。

(5) 主人答谢。主人对来宾的祝贺表示感谢,并备茶点招待来宾。
(6) 主人陪同来宾参观。

开幕仪式结束,经营性单位正式营业,商品博览会、展示会正式接待观众。

(三) 剪彩的礼仪

剪彩不是一种独立的仪式,而是众多开业仪式中一项极为重要的、不可或缺的程序,因此有必要对剪彩的相关礼仪做一定的了解。

1. 剪彩用具的准备

剪彩仪式上需要使用到某些特殊用具,例如,红色缎带、新剪刀、白色薄手套、托盘以及红色地毯,这些用具都要进行仔细的准备。

(1) "彩"。"彩"即剪彩仪式中的主角、万众瞩目之处,一般由一整匹未曾使用过的红色绸缎,在中间结成数朵花团而成。所结的花团,不仅要生动、硕大、醒目,而且具体数目往往同现场剪彩者的人数直接有关。

(2) 新剪刀。剪刀是专供剪彩者在剪彩仪式上正式剪彩时使用的,必须是每位现场剪彩者人手一把。

【案例】 裕达公司是一家高新技术企业,日前公司在香港成功上市,为此公司拟举办一次庆典仪式,公司邀请了三位市里的领导与董事长一起剪彩。谁知,主管工业的副省长得知此事也前来祝贺,这一举动让公司领导受宠若惊,也让工作人员措手不及。很显然,主剪者应当由副省长担任,可是现场只准备了四把新剪刀,从哪儿再找把新剪刀呢? 正在大家一筹莫展时,秘书小李迅速从手提袋中拿出一把剪刀,递了过去,大家顿时松了一口气。

【分析】 剪彩仪式一定要考虑细致、准备充分,尽可能多准备几把剪刀,以应对紧急情况。

剪刀还必须崭新、锋利、顺手,事先要逐把检查剪刀好不好用,确保剪彩者在正式剪彩时可以一举成功,补刀在民间被认为是不吉利的。

(3) 白色薄纱手套。在正式的剪彩仪式上,剪彩者如果戴上一副白色薄纱手套,会显得更郑重一些。

(4) 托盘。托盘由礼仪小姐手持,用于盛放剪刀、白色薄纱手套和"彩"。剪彩仪式上使用的托盘必须崭新、洁净,通常首选银色的不锈钢制品,上面铺上红色的绒布或绸布会显得更为正式一些。托盘的数量应与"彩"的数量保持一致。

2. 剪彩人员的安排

剪彩的人员包括剪彩者和助剪者,人员的安排必须慎重。

(1) 剪彩者。

剪彩者即在剪彩仪式上持剪刀剪彩之人,可以是一个人,也可以是多个人,但一般不超过五人。能够担任剪彩者,是一种莫大的荣誉。而剪彩者的身份也往往决定了剪彩仪式档次的高低,所以剪彩者的选择一定要慎之又慎,一般多由上级领导、合作伙伴、社会名流、员工代表或客户代表担任。剪彩者的名单必须在剪彩仪式开始前尽早、尽快确定。一经确定,即应尽早通知对方,使其有所准备。

剪彩者要特别注意自己的仪容仪表,着套装、套裙或制服,不允许穿便装、休闲装,头发梳理整齐。

若剪彩者不止一人,那么就必须注意上场剪彩时位次的尊卑。主剪者站在中间,其他剪彩者按照"右尊左卑"的国际惯例排列位次。

(2) 助剪者。

助剪者是在剪彩者剪彩的过程中从旁为其提供帮助的人员。助剪者一般由相貌好、身材长、年轻健康、气质高雅的礼仪小姐担任。礼仪小姐的服饰应整洁、美观、统一,一般穿款式、面料、色彩统一的单色旗袍,配肉色连裤丝袜,也可以穿单色的套裙。礼仪小姐的头发应当盘起来,化淡妆,除戒指、耳环、耳钉外,不佩戴其他任何首饰。在个人素养方面,担任助剪者的礼仪小姐必须反应敏捷、机智灵活。

3. 剪彩的做法

在准备剪彩时,红色缎带由专人在两侧拉直,助剪者将托盘置于"彩"下,剪彩者向拉缎带者、接"彩"者示意,等他们有所准备后,集中精力,右手手持剪刀,表情庄重地将红色缎带一刀剪断。若多名剪彩者同时剪彩,其他剪彩者应注意主剪者的动作,与其保持一致,力争大家同时将红色缎带剪断。这时担任助剪者的礼仪小姐应动作敏捷地用托盘接住"彩",切不可让"彩"掉落地上。

三、庆典仪式

庆典是各种庆祝仪式的统称。在商界,单位成立的周年之日会举行庆典仪式,单位荣获某项荣誉、取得重大业绩或显著发展时也会举行庆典仪式。举行庆典仪式要注意庆典的组织准备礼仪和参加庆典的礼仪两个方面。

(一) 组织庆典的礼仪

组织筹备一次庆典,需要记住两大要点:其一,要体现出庆典的特色;其二,要安排好庆典的具体内容。总之,庆典的组织筹备一定要考虑细致,并体现出红火、热闹、欢愉、喜悦的气氛。

1. 确定出席者

组织者首先应精心确定好庆典的出席人员名单，通常应包括如下人士：上级领导、社会名流、大众传媒、合作伙伴、社区关系、单位员工。领导对单位的发展给予过关心，为了表示感激之情，首先应当邀请。社会各界名人和大众传媒有助于提高本单位的知名度，也应当在被邀请之列。庆典仪式的举办更不能忘记本单位的员工，单位每一项成就的取得，都离不开他们的敬业和努力奋斗。

出席人员名单一旦确定，就应尽早发出邀请或通知。鉴于庆典的出席人员甚多，牵涉面极广，故不到万不得已，不得将庆典取消、改期或延期。

2. 来宾接待

典礼开始前应精心安排好来宾的接待工作，确定专职接待人员。主办方不但要热心细致地照顾好全体来宾，还应当通过热情的接待工作，使来宾感受到主人真挚的尊重与敬意。对于某些年事已高或非常重要的来宾，应安排专人陪同，以便关心与照顾。

3. 现场布置

为使典礼显得热烈、隆重，举行庆祝仪式的现场应当精心布置好。首先要选择适当的地点，本单位的礼堂、门前的广场都可作为考虑的对象。为了烘托出热烈、隆重、喜庆的气氛，还应当尽量美化现场环境，可在现场张灯结彩，悬挂彩灯、彩带，张贴一些宣传标语。庆典仪式上往往有领导或来宾致辞环节，所以务必要把音响准备好。在庆典举行前后，可以适当播放一些喜庆、欢快的乐曲。

4. 庆典程序

拟定庆典的程序时，要注意时间宜短不宜长，以一个小时为限，程序也要尽量简单，宜少不宜多。

一般庆典仪式大致包括以下几项程序：

(1) 请来宾就座，出席者保持安静，介绍嘉宾；
(2) 宣布庆典正式开始，全体起立，奏国歌；
(3) 本单位主要负责人致辞，对来宾表示感谢，介绍此次庆典的缘由；
(4) 邀请嘉宾讲话，一般为上级主要领导、合作单位或社区关系单位的领导，请谁讲话一定要提前约定好，不要当众推来推去；
(5) 邀请来宾参观或欣赏文艺演出。

（二）出席庆典的礼仪

按照仪式礼仪的规范，所有出席庆典的商界人士必须注意以下七点礼仪要求。

1. 仪容整洁

参加庆典的人员仪容要整洁大方，不要蓬头垢面、浑身臭汗，否则，不仅有损个人形象，也会给单位形象"抹黑"。

2. 服饰规范

仪式的主办单位最好制作统一式样的制服，至少也应要求本单位人员穿着礼仪性服装，即男士穿深色的中山装套装，或深色西装套装，配白衬衫、素色领带、黑皮鞋。女士穿深色西装套裙，配长统肉色丝袜、黑色高跟鞋，或穿深色的套裤。

3. 遵守时间

这是基本的商务礼仪之一。庆典仪式应准时开始，准时结束，要向社会证明本单位言而有信。

4. 表情庄重

在庆典的举行过程中，所有人都要表情庄重、全神贯注、聚精会神。

5. 态度友好

主办单位的工作人员遇到来宾要主动热情地问好，对来宾提出的问题，要予以友善的回答。当来宾发表贺词或随后进行参观时，要主动鼓掌表示欢迎或感谢。

6. 行为自律

主办单位的工作人员举止应大方得体，合乎礼仪，维护本单位的形象，力图给来宾留下好印象。

7. 发言简短

发言者要注意控制发言的时间，不要长篇大论，信口开河。

总之，人们在商务交往中必须遵循一定的约定俗成的礼仪，这是人与人之间商务活动最起码的要求，是双方相互尊重的一种体现。在商务活动中，合乎礼仪的举止在很大程度上决定着活动的成败，这对商务人员的礼仪素质提出了较高的要求，应当予以高度重视。

思考与练习

1. 零售商业中导购员在接待顾客时要注意哪些礼仪细节？
2. 商务谈判中如何做到既有礼有节又保证己方利益？
3. 签字仪式前要做好哪些准备工作？
4. 阅读下面的案例，分小组讨论、总结接待人员有哪些可取之处值得借鉴。

有一个法国旅行团，由于飞机误点，直到下午一点才到达上海虹桥机场，午饭也未来得及吃，加上旅途中的其他不顺当，全团人员就像一个快要爆炸的火药桶，大有一触即发之势。接待他们的是一位颇有经验的翻译人员，他意识到此时做任何解释都无济于事，首要的是行动。友善的微笑自不待言，立即送他们去宾馆吃午餐，并要求餐厅把菜肴做得精致可口一些，因为他们来自欧洲"吃在法国"的法国。让客人吃好，休息好。热情微笑的服务，美味可口的菜点，舒适幽静的环境，使这些客人的情绪开始平静下来，脸色由"阴"转"多云"到"少云"。翻译导游人员见时机成熟，进一步开展微笑服务，热情地向法国客人介绍上海的风土人情，并针对法国人喜欢古代文明，了解历史及愿意直接与市民接触的两大特点，而他们在沪旅游观光日程又较短，遂把参观的重点放在博物馆及豫园，使他们既增加了对中国历史的了解，又增加了与市民接触的机会。经过一番努力，法国客人转怒为喜。临别时，客人说，尽管前面有不愉快的小插曲，但上海之行总体上是很满意的。

第七章 涉外礼仪

中国自古就是礼仪之邦,国外的礼仪与我国的礼仪有许多相似之处,但有些中国礼节与国外礼节的差别还是很大的。现今随着对外交流的不断延伸,跨国交际日益增多,因中西方礼仪有着较大的差异,在交际中有可能会因不同的习惯、生活方式而产生隔阂。因此我们有必要学习一下涉外礼仪知识,用心体会各国在文化、风土人情与礼节上的差异。

第一节 日常礼仪

一、见面礼仪

每个国家在传统上都有一套各自的见面礼节,从握手、问候到互相介绍都有约定俗成的习惯。

（一）打招呼

见面打招呼是最基本的礼节。在欧美国家见面打招呼是很自然的,而打招呼的目的,并不是为了要跟你有进一步的交往,只是一种生活礼仪形式。其实不论任何人,面对有人微笑打招呼,都会受到感染,像是沐浴到阳光一样觉得温暖亲切,心情跟着好起来。因此,在西方国家旅游的时候,如果迎面而来的人对我们说"hello",别置之不理,以为对方认错了人,那可是非常失礼的,请你很自然地回应。如果怕自己英文不好,至少微笑点个头。

1. 招呼语是多种多样的

日常打招呼,中国人大多使用"吃了吗"、"上哪呢"、"上班呀"等,这些招呼语体现了人与人之间的亲昵。可是对西方人来说,这种打招呼的方式会令对方感到尴尬和不安,因为西方人会把这种问话理解成为一种"盘问",感到对方在询问他们的私生活。

在西方,最常用的问候语大多有两类。

（1）谈天气。如:"今天真是阳光灿烂呵!"

（2）谈近况。不过这仅限于泛泛而谈,例如说:"近来好吗?"初次见面一般说"认识你很高兴"之类的客套话。

2. 在交际场合中,握手是最常见的礼节

(1) 一般是在相互介绍和会面时握手;遇见朋友先打招呼,然后相互握手,如果关系亲密则边握手边问候。握手时应双目注视对方,微笑致意。

(2) 在一般情况下,握手的姿势、力度和持续时间的长短等能表达不同的感情信息:手掌直伸,略微用力表平等、尊重;手心朝上表顺从、谦恭,晚辈宜采取这种方式;手心向下则显得比较傲慢、粗鲁,不受欢迎;双手重叠握住对方,显得真挚、热情。握手的时间可长可短。

(3) 握手也有先后顺序,应由主人、年长者、身份高者、妇女先伸手,客人、年轻者、身份低者见面先问候,待对方伸出手后再伸手。

(4) 多人同时握手,切忌交叉进行,应等别人握手完毕后再伸手。

3. 有些国家还有一些传统的见面礼节,这些礼节在一些场合也可使用

例如,我国传统行拱手礼;在东南亚信仰佛教的国家见面时双手合十行礼;而在日本、朝鲜等许多东方国家里,鞠躬是常见的传统礼节,行鞠躬礼时须立正站直,双手垂在眼前面,俯身低头并同时问候。一般来说,身体弯下越低,越表示敬意。如果遇见日本人、朝鲜人对你行鞠躬礼,你不对他们还礼是不礼貌的。

(二) 称谓

西方人在称谓上似乎"不拘礼节",见面时都喜欢直呼其名,这是亲切友好的表示,纵使交谈之初可能互相用姓称呼,但过一会儿就改呼名字。而在中国,只有彼此熟悉亲密的人之间才可以"直呼其名"。一般人们很喜欢被称为××经理,××总裁,认为这是身份与地位的象征。

(1) 由于各国历史背景和风俗习惯的区别,人的姓名排列顺序大体上分三类。

① 名前姓后:欧美各国等。

② 姓前名后:中国、朝鲜、韩国、越南、日本、蒙古、阿富汗、匈牙利和一些非洲国家。

③ 有名无姓:缅甸、印度尼西亚。

(2) 按国际惯例,称男子为先生,称女子为夫人、女士、小姐。已婚女子称夫人,未婚女子称小姐。千万不要把小姐误称为夫人,这会让对方很不开心。所以,对不了解婚否的女子称小姐,除非戴有结婚戒指才可称夫人。一般称呼前可冠以姓名、职称、头衔等,例如,"施密特先生"、"市长先生"、"上校先生"、"玛丽小姐"、"秘书小姐"、"护士小姐"、"布朗夫人"等。

总之,在和外国人相处时既要注意世界通用的习惯称呼,也要考虑对方所在

国的具体情况。可以说,恰如其分的称呼在外事交往中是非常重要的。例如,对地位比较高的官方人士,一般称"阁下",然而美国、墨西哥、德国等就没有称"阁下"的习惯。

(三) 介绍

"介绍"是社交活动中常见的方式。一般来说,通过老朋友的介绍,结识新朋友,易为大家所接受。但在有的情况下,当你身边没有人可以帮你做介绍时,用简洁、清楚、有礼貌的语言做自我介绍被视为友善的行为,甚至可以起到意想不到的效果。万一遇到对方不理睬你,也不要生气,认为没有面子。所以,在涉外场合,不要有惧怕心理,或者过于矜持,要敢于自我介绍,打开局面。不过,在社交场合或联系工作时,自我介绍也应选择适当的时间,当对方没有兴趣、没有要求、心情不好,或正在休息、用餐、忙于处理事务时,切忌去打扰,以免尴尬。

(四) 告别

(1) 握手告别和挥手告别是中外人际交往中常规的告别手势。采用握手告别手势时由客人先伸手。挥手告别手势的正确做法是:身体站直,不要摇晃和走动;目视对方,不要东张西望,眼看别处;可用右手,也可双手并用,不要只用左手挥动;手臂尽力向上前伸,不要伸得太低或过分弯曲;掌心向外,指尖朝上,手臂向左右挥动;双手道别,两手同时由外侧向内侧挥动,不要上下摇动或举而不动。

(2) 中外语言中有多种不同的告别语。

① 欧美人在和朋友告别时常说:"我会保持联系。"其实,这句话仅仅是一种告别词语,相当于"再见",说话人并无他意,也没有作任何许诺,所以,你可以不必放在心上。

② 西方文化中如果客人想告别,通常要提前几分钟将告别的意思暗示或委婉地向主人表达,并征得同意,然后才可以离开。如果突然说"时间不早了",随即站起来和主人告别,会被认为不礼貌。

【案例】 1998年在英国伦敦第二次亚欧会议开幕前夕,举行的一次招待会上,法国总统希拉克向当时的中国总理朱镕基自我介绍说:"您还认得我吗?我是雅克·希拉克,法国总统。"于是两人十分亲切高兴地相互紧紧握住对方的手。

【分析】 法国总统希拉克向朱镕基做自我介绍,直呼自己的名字,很亲切,也很自然地拉近了两国领导人之间的距离。

【案例】 一次,中国留学生在美国西部的一个城市举行盛大聚会。当地一所名牌大学的校长和他的母亲也光临盛会。留学生的代表在致欢迎词时特别提到:

"××老夫人的光临使我们全体同学感到荣幸。"没有想到"老夫人"这个"老"字却冒犯了这位校长的母亲,当时她脸色十分尴尬,而且从此再也不参加中国留学生的聚会了。

【分析】 "尊老"是众所周知的美德,是当今世界上大多数国家所通行的礼仪。然而应考虑到各国不同的观念和习俗。在我国或者其他东方国家,以"老"字为尊称。一般见了老人称"老太太"、"老爷爷"、"老师傅"是对表示老年人尊敬。而在许多西方国家,人们对年龄的看法同我们大不相同。在欧美"老"这个词是不受人欢迎的。老人不愿别人称自己老,提到自己高龄。因此对待欧美上了年纪的人,说话做事更要注意。如果他们上楼或爬山,千万不要去搀扶,他们觉得这样有失体面。因为他们希望自己以充满青春活力的姿态出现在别人面前。

二、往来礼仪

(一) 赴约

(1) 当你受到邀请时,你必须立即回复,明确地说明你究竟能不能接受这次邀请。如果你接受了邀请,忽然有事不能赴约,你应当把你不能前往的真实原因告诉对方,接受了邀请而又不赴约是一件极不礼貌的事情。即使对方是在谈话中或偶然遇见时口头提出邀请的,也应当给予明确的回答。

(2) 在你应邀赴宴的时候,如果对吃西餐的礼节不熟悉,那么最好的办法是注意女主人的动作,照她的样子做是不会错的。饭后也应由女主人领头离席客人才离席。在餐桌上,外国人有许多习惯都与我们的不同。人们常常会发现一个有趣的现象:同样为了表达友好的感情,不同国家的人民却有截然相反的说法和做法。中国人请客吃饭时,往往是自谦地表示饭菜做得不好,请客人多多包涵,而欧美人却常常说"这是我最拿手的菜,希望你们喜欢吃"一类的话。国人聚餐时常常喜欢劝酒,而外国人聚餐时饮酒则根据各人情况,适可而止。

(3) 一般来说,在外国人家中做客的时间不宜太长,以免耽搁主人过多的时间。但饭后不要立即告辞,应和主人再攀谈一会儿,然后道谢离去。如果是夫妇一同到别人家去做客,应由妻子先起立告辞。在比较正式的宴会上,如果客人较多,应等年长位高的宾客或重要的女宾先告辞后,自己再告辞。如果确实有事需要先走,应向主人请求原谅后再离去。

(二) 招待

由于工作和友谊的需要,有时也常常需要招待外国朋友,常见的如邀请他们来家做客。总之，招待外宾应谦虚有礼，不卑不亢。要尊重外宾的生活习惯，对其服饰和形貌，不要品头论足，更不能讥笑。

如果要宴请客人，宴请时间要注意避开对方重大节日、禁忌日。宴请地点要顾及主客双方人数和身份，如果在家中不方便，也可以选择在客人所住宾馆或带有当地风味和特色的酒店。在家中或旅馆房间内接待临时来访的外国客人时，如来不及更衣，应请客人稍坐，立即换上服装、穿上鞋袜，不得赤脚或只穿内衣、睡衣、短裤、拖鞋接待客人。

(三) 交谈

(1) 和外国友人交谈时，首先要注意谈论话题的选择。

① 在欧美社会中，人们十分讲究"个人空间"，认为个人利益神圣不可侵犯，一切行为都以个人为中心。这种准则也渗透在社会生活的各方面。人们日常交谈，不喜欢涉及个人隐私。有些问题甚至是他们所忌讳的，例如，询问年龄、婚姻状况、收入多少、宗教信仰等。因此，一般的交谈，尽量不要涉及敏感的政治问题和疾病、死亡、性等话题。

② 有人担心在涉外交谈中找不到合适的话题，造成相对无言的尴尬场面。其实，涉外场合的话题是十分广泛的。例如，环境保护、人口增长、交通拥挤、疾病防治，青少年教育，以及体育运动、电影电视、绘画音乐等，都可以成为有趣的话题，而且有的外国人对中医中药、太极拳、气功、京剧等也很有兴趣。可见，可谈的话题是很多的，完全可以结合所处的环境、场所，谈话对象的年龄、职业、兴趣、知识水平等引出话题。这样既可以避免"冷场"，又可增进了解和友谊，丰富自己的知识。

③ 交谈时适度的幽默和风趣很受欢迎，但要避免语带讥讽，不要说些庸俗的俏皮话。社交中难免要说几句礼节性的恭维话，但要把握好分寸；当外宾夸奖你时，则应道谢，而不应该按我们的习惯一味地谦虚。

④ 对于对方谈到的不便谈论的问题，不应轻易表态，可转移话题。

⑤ 要善于聆听对方的讲话，不要轻易打断，不提与谈话内容无关的问题。

(2) 相互交谈时，要注意两点。

① 应目光注视对方，以示专心。别人讲话时不要左顾右盼、心不在焉，或注视别处、老看手表等，做出不耐烦的样子，或做伸懒腰、玩东西等漫不经心的动作。

② 不要站得太近，一般在 50 cm 以外为宜。在国外，你一定要记住：天气再冷，都不要把手插进口袋里取暖。因为外国人认为，只有流氓和乞丐才会把手插进口袋里。

(3) 如果别人正交谈，不要凑前旁听；如果你有意参与谈话，则应视情况而定,不可勉强。谈话现场超过三人时,应适当照顾所有在场人员,不要只同其中一两个攀谈,而冷落其他人。

(4) 在交际场合,一方面,自己讲话要给别人发表意见的机会;另一方面,在别人讲话时,不应态度冷淡,也应适时发表个人的看法。

(四) 馈赠

在涉外友好往来中,互赠礼品已成为一种国际惯例,送礼能增进感情、加深友谊、促进合作、表示感谢。赠送礼物没有固定的规矩,但也要讲求约定俗成的馈赠礼节。

1. 送礼

(1) 送礼首先要选择恰当时机。一般说,欧美人不随便送礼,在不合适的时间接到礼物时他们常常显得有些难为情。特别是凑巧他们没有东西回礼时,会觉得欠了"人情"。送礼的具体时间一般可定在生日、婚礼、宴请、探病、圣诞节、复活节,以及其他一些可送礼的节日。

(2) 送礼要把握礼品数量的多少和礼品价值的高低。有些数字是要避讳的,比如西方人认为 13 是个不吉利的数字。这源于基督教的典故:出卖耶稣的犹大是耶稣的第 13 个弟子,人们厌恶"13"。此外,非洲的加纳、埃及,亚洲的巴基斯坦、阿富汗、新加坡及拉美一些国家也不大喜欢这个数字。日本人则避讳 4 和 9 两个数字,因为日语中"4"和"死","9"与"苦"发音相近。他们喜欢奇数,通常喜欢 1、3、5、7 等奇数。礼品价格的也很重要,价格太高或者太低都是不合适的。送礼要了解对方的爱好情趣,一般来说,具有民族特色的工艺品,如瓷器、漆器、刺绣、丝绸、茶具、字画、景泰蓝和唐三彩等都很受外国友人的青睐。

(3) 送礼还有一些具体的规则和要求:礼品一般要当面赠送,尽量不要委托他人;赠送礼品时要用右手或双手递过去;送出去的礼物不论厚薄,都必须要用礼物纸包好。最好还附带一张卡,写上对方的名字和你的姓名。外国人有接到礼品后当面打开包装并加以欣赏、赞赏的习惯,当遇到这种情况时,送礼人可进一步对礼品作一些简要的介绍说明,但要避免夸耀之嫌。

(4) 送礼还要考虑到外国人的礼俗传统,例如,给阿拉伯人送礼极有讲究。若为初次相见,切勿送礼;送礼最好在有第三者在场时进行,不要私下送礼。送给阿拉伯人的物品,价值不能低,不能送带有动物形象的物品,更不能送女人的画片、图像等;也不能给阿拉伯人的妻子送礼,但给孩子送礼特别受到欢迎。

另外,有的物品在某些国家是不受欢迎的,例如,在拉美不要赠送与刀剑有关的礼品,因拉美人认为,送刀剑意味着割断关系;手帕也不能作为礼品,因为它和眼泪相联系,被看作不祥之物。

2. 送花

值得一提的是，送花在国外非常普遍。送花时必须重视鲜花的寓意。所谓鲜花的寓意，指按照人们的一般看法，某种鲜花依其品种、色彩、数量、搭配的不同而表示什么，或具有某种含意。这也是送花时必须重视的一个问题。假如事先不了解鲜花的寓意，或者在选择鲜花时不考虑这点，那么赠送鲜花时往往就容易出差错。

(1) 一些鲜花的寓意是相传已久、人所共知、广为沿用的，这就是所谓鲜花的通用寓意。在许多情况下，人们习惯用鲜花的通用寓意来表达人类的某种情感和愿望，即借送花来传情达意。例如，在国外，人们通常用玫瑰代表爱情，用百合代表纯洁，用橄榄代表和平，用桂花代表光荣，用白桑代表智慧，用水仙表示尊敬，用茶花表示美好，用紫藤表示欢迎，用豆蔻表示别离，用垂柳表示悲哀，用石竹表示拒绝，等等。

(2) 由于习俗不同，某些花的寓意在不同的国家也有区别。例如，荷花在中国被誉为"花中君子"，而在日本却被认为是不吉祥之物，仅用于祭奠；菊花是日本皇室的专用花卉，而在比利时、意大利和法国人眼中，菊花却与死亡相联系，只能在墓地使用；康乃馨一般表示温馨，代表母爱，而在法国却表示不幸。

(3) 送花还要注意禁忌。这些禁忌由于历史文化、传统习惯、政治宗教等各种原因，各国与各地间的差异也很大。例如，在国内，人们最喜爱红色的鲜花，因为在中国的礼俗里，红色象征吉利和喜气。新人成亲时，赠新娘以红色鲜花，但在西方人眼里，应送新娘白色鲜花，象征着纯洁，而在老一辈的中国人眼里，白花用于葬礼，送给新人则是不吉利的。

(4) 一些用于表示爱情、用于探望病人，或是表示绝交的花，均不能用于交际活动，否则将会产生不良后果。送花的数量也要注意。

3. 受礼

中国人受礼往往表现出不好意思，说些"不敢当"、"您太客气，太见外了"等之类的套话，并再三推却，礼品一般不当送礼人的面打开。西方人受礼如果不当面赞赏并说些表示感谢的话，送礼者就会认为这份礼物不受欢迎，或对方拒绝接受自己的情谊。所以接受外国友人的礼物，不管你是否真正喜欢它，都应在对礼品的赞美和夸奖声中收下礼品，并表示感谢。你可以说"谢谢，这正是我所需要的"、"太好了，我很喜欢它"等。

另外受礼时，注意用双手接过礼品。一般来说最好不要拒收外国友人的礼物，否则会很让送礼人没面子，伤对方的感情。

【案例】 李鸿章应德国首相俾斯麦之邀前往赴宴，由于不懂西餐礼仪，他把一碗吃水果后洗手用的水端起来喝了。当时俾斯麦不了解中国虚实，为不使李鸿章丢丑，他也将洗手水一饮而尽，见此情形，其他文武百官只得忍笑奉陪。

【分析】 东方与西方进餐的习惯有很多不同，特别是正式的西餐宴会，规矩很多。如果对吃西餐的礼节不熟悉，为了避免出错，那么最好的办法就是注意女主人的动作，照她的样子做不会错。因为在西餐桌上，女主人是无形中的首脑人物。上菜之后，客人一般要待女主人动手吃后才开始吃。饭后，也应由女主人领头离席客人才离席。另外，进餐时不要将碗碟端起来。喝汤可以将盘子倾斜，然后用汤匙取食。

【案例】 一次，小凤去探望生病的美国朋友玛丽，在和病人告别时，小凤对玛丽说了一些"多喝点开水"、"早点休息"之类的话。没有想到这些都让玛丽觉得莫名其妙，面露尴尬之色。

【分析】 在我国，表示自己对病人的关心，常这样嘱咐病人，让病人也觉得贴心。但不要轻易对一个外国人说"多喝水"之类的话，因为这样说会被认为有指手画脚之嫌。只要说"多保重"或"希望你早日康复"等就很好了。

三、出国礼仪

随着我国对外开放的广泛与深入，我国出境访问、留学、探亲、旅游的人数迅速增长。无论是出国旅游还是出差，都应该时刻意识到自己的一言一行代表着国家的形象，反映着国家的整体文明程度，而不仅仅是自己的个人行为。因此要格外注重自己的言行举止。

（一）出国前的准备

（1）凡出国人员必须持有护照，用它证明自己的国籍和身份。并且凭护照购买国际航班机票和车、船票等。个人拿到护照后，核查一下姓名、出生年月、地点是否正确，然后在签字格上签上自己的名字。护照一定要随身妥善保管，不要污损，不可涂改，严防遗失。如果在国内遗失，应立即向当地公安局或派出所挂失查找；在国外遗失，应立即报告我驻该国大使馆、领事馆，并通知该国有关当局。如果查找无获，则须申请补办。

（2）除了护照外，签证也是必需的。它是一国官方机构对本国和外国公民进出国境或者在本国停留、居住的许可证明。否则，你将被视为"偷渡客"遣送回国。

（3）出国之前，应根据季节，前往国家的气候以及自己所去的具体场合，选择与其相适应的服装。一般来说，如果出国人员担负着公务活动任务，就要订做适合对外活动穿着的正装。按照国际惯例，男士最好选择西装套装，要打领带，颜色最好为灰色或藏青色。内穿白色衬衫，脚穿深色袜子，黑色皮鞋。女士最好身着单一色彩的西服套裙，内穿白色衬衫，脚穿肉色长统丝袜，黑色高跟皮鞋。

同时，也要适当准备一些适合旅游的便装。在准备着装时，还要尊重东道主的要求和习惯。

（4）除开这些常识性的礼仪，在出国前，应多了解前往国家的民俗风情和生活习惯乃至各种禁忌。现在我国有许多机构还专门对出国人员进行培训，这也是有必要的。你可以酌情考虑是否参加培训，以使自己能更自如地面对国外环境。

（二）乘飞机

（1）乘飞机时应尽量轻装，手提物品尽量要少，一般航空公司规定手提物品不得超过 5 kg。

（2）座位头顶上方有聚光灯和呼叫服务员的按钮，有事可按此钮呼叫服务员。

（3）在飞机上不要大声喧哗，谈话声音不要太大，以免影响他人。

（4）在飞机上如果不当心碰到别的旅客，应表示歉意。

（5）上下飞机时要向站在机舱口的航空小姐简单打招呼或点头致意。

（6）飞机上的一切用品均不得拿走。

（三）住宿在外国人家

一般来说，出国旅游或者留学，都可以住在外国人家里，许多国家的家庭提供这种方便，住宿者与房东之间，往往不是私交，就是租赁关系。

住宿在外国人家里，要注意如下内容。

（1）尊重他人的隐私，这是最重要的。外国人都很强调个人隐私。

① 无论居住的时间长或者短，也不管你与房东是关系密切的熟人还是素昧平生，都要注意自己的一言一行，不要侵犯房东的隐私。不要主动打听主人的年龄、收入、婚恋、家庭、健康、经历、住址、籍贯、宗教信仰以及政治见解等。

② 如果同住的还有其他房客，也不要妨碍他人的私生活，更不要时不时不打招呼去串门、乱拿、乱动、乱用人家的私人物品。总之，做文明房客，不要因为自己的行为而制造矛盾、招惹是非。

（2）要遵守约定。对于你与房东之间的约定，不管是书面的还是口头的，大到交付房租的日期，小到对于房东生活习惯的具体要求，都要严格遵守。

（3）要爱惜房内物品。在国外租用房屋时。有时会连其家具一同租用，即使借住在友人家中，不交房租，对属于房东的物品，也要自觉地加以爱护。如果不小心损坏了房东的物品，要致歉，还要给予相应的赔偿。

（四）住旅馆

（1）住旅馆要先登记并交检护照，确定房间后即可住下。

（2）进入房间要随手关门，在室内休息时可穿睡衣。但不要穿着睡衣在走廊或旅馆公共场所游逛。旅馆的钥匙一般带有木牌或金属牌，以防客人带走。每次离开房间，应带上钥匙、锁上门并将钥匙交给服务台，以免造成不必要的麻烦。

（3）旅馆大都设有餐厅，开饭时间固定，过时不候。新到一旅馆要问清开饭时间，以免因旅途疲劳、贪睡而耽误吃饭。

（4）国外旅馆一般不供应开水，只供应饮料。有的旅馆房间有冰箱，摆有酒水和各种饮料，饮用时要登记付费。

（5）住宿时，保持良好的个人卫生习惯非常重要。这不仅仅与个人教养直接相关，而且往往涉及对其他人，尤其是对饭店服务人员的尊重问题。

（五）参观博物馆或美术馆

各个大城市都有一些展品丰富的博物馆或美术馆，那是出国在外的人消磨时光的好去处。前去参观可以帮助我们了解历史，增长知识和提高对艺术品的鉴赏水平。参观博物馆或美术馆要注意如下内容。

（1）博物馆和美术馆要求人们共同保持安静的环境，因此，参观者不要大声说笑，大声品评展品或者与同伴嬉戏，也不要吃零食或吸烟。

（2）大多数博物馆和美术馆一般都设有衣帽间，进场时，可以将大衣、帽子以及雨伞等杂物存放在那里。男士戴帽进入馆内是不文明的举止。

（3）进入展览厅，走动脚步要轻，要爱护展品，不得损坏博物馆或美术馆的其他设施。

（4）博物馆和美术馆一般都不允许参观者拍照，对于这一点，要特别注意遵守。

（六）关于小费

一般来说，我们在出国前都被嘱咐随身携带些小额现金，以便支付小费。世界上多数国家都有付小费的习惯做法，这种本意为赢得迅速周到服务的小费，已形成一种制度，从18世纪一直延续至今。

（1）各国各地的做法不一样，收小费的比例差距也比较大。到一个新的地方可以向我驻外使馆打听一下付小费的做法，尽量做到"入乡随俗"。

（2）对警察、海关检查员、大使馆职员、政府机关职员等公职人员给你的服务绝不可付小费，对他们只能是口头感谢或者写信表示感谢，否则会被视为一种不恭敬的行为。

（3）一般来说，凡是站柜台的服务员一般都不收小费，如问询处职员、售票处职员、商店的服务员、画廊导游、博物馆导游、电梯司机等都不收小费。

（4）付小费时要尊重对方，不要居高临下，摆出施舍的态度。

最常见的付小费的方式有两种。

① 取整留零，指在消费结束，结账时将整钱取走，留下零钱充当小费；

② 任由自取，是指将小费置于茶盘、酒杯或床头等处，由服务员自取。

（七）关于吸烟

在西方，很多地方不得吸烟。除剧场、商店、会议厅、教堂、博物馆不得吸烟外，在火车、轮船、巨型飞机上则分吸烟和不吸烟的座位。

（1）绝不违犯当地有关约束吸烟的法律、法令；不要在标有"不准吸烟"标志的场所吸烟。

（2）一般在工作中，参观、谈判、观看表演时不允许吸烟，休息时间可到休息室吸烟。

（3）在别人家里，吸烟一定要得到主人和在场其他客人的同意。而在宴会上，用甜点以前绝不可吸烟。

（4）吸烟时随时注意烟飘到哪里，不要把烟吹到任何人的脸上。吸完烟后，把烟头完全熄火、并放进烟灰缸里。

【案例】 一个旅游团到南美旅游，正好遇见一些印第安人载歌载舞，有人觉得新奇，值得留影，拿出照相机啪啪照相，没想到这些印第安人非常生气，甚至要毁坏游客的相机。

【分析】 许多印第安人认为照相会夺走人的灵魂，在东南亚、非洲各国直到现在还有很多人也会这样想，所以在国外照相时一定要慎重。另外，国外很多舞厅、剧场等地方都是禁止使用闪光灯的，这也要注意。总之，出国在外，入乡随俗很重要，只有这样才能得到热情的回报，拥有一段美好的值得回忆的旅外生活。

第二节 外事礼仪

外事工作主要是根据本国的对外方针政策，组织安排对外交往的有关活动。所谓外事工作礼仪，就是指在对外交往中所涉及的礼仪活动，各种礼节、仪式的规范化做法。自我国改革开放以来，来我国进行经贸洽谈、文化交流、观光游览的来宾及各地华侨及我国港澳台同胞不断增多，外事礼仪也就日显重要。我们有必要掌握基本的外事礼仪常识，这将有助于发展我国人民同世界各国、各地区人民的友谊，也有利于展现中国礼仪之邦的风貌。

外事礼仪有一定的客观性，即国际约定和惯例。如对外交往要遵循平等互利的原则，要遵时守约，要尊重老人与妇女等。但不同的国家、民族，由于不同的历史、文化、宗教等因素，各有其特殊的风俗习惯和礼节，我们在外事交往中均应予以重视，必要时要作相应的变通和灵活的处理。

一、迎送礼仪

迎来送往是常见的社交礼节。在国际交往中，对外国来访的客人，一般根据来访者的身份和访问性质，以及两国关系等因素，安排相应的迎送活动。

（一）准备工作

为了慎重，特别是接待重要外宾时，一般需要成立专门接待小组，制订详细的接待计划，全面负责一切接待事宜。

（1）应了解来访者的基本情况，弄清来访者的国别、名称、成员名单、来访目的等内容。必须准确掌握来宾乘坐飞机(车、船舶)抵、离时间，及早通知全体迎送人员和有关单位。如有变化，应及时通知。由于天气变化等意外原因，飞机、火车、船舶都有可能不准时。一般大城市中机场离市区较远，因此，要准确掌握抵、离时间以便既顺利地接送客人，又不过多耽误迎送人员的时间。

（2）制订一份周密的书面接待活动日程安排表，最好中外文各一份。日程安排应尽量事先征询来宾意见，还要考虑来宾的风俗习惯和宗教信仰。日程安排印制妥当后，要让来宾人手一份。

（3）组织好迎送仪式。安排献花、照相等内容，具体如飞机(火车、船舶)抵离时间、献花人员的挑选和鲜花花束(花环)的准备、介绍宾主相见的方式、车辆顺序的编排、座次的安排、国旗的悬挂等，都要逐项落实。

（4）要考虑有关保安宣传方面的事宜，这既是十分敏感的话题，又直接制约着整个接待工作的成败。

（二）一般程序

1. 等候

（1）迎接人员应在飞机(火车、船舶)抵达之前到达机场(车站、码头)。

（2）送行则应在客人登机之前抵达，如果离去时有欢送仪式，则应在仪式开始之前到达。

（3）如客人乘坐班机离开，应通知其按航空公司规定时间抵达机场办理有关手续。如果客人身份较高，则应由接待人员提前前往代办手续。

2. 介绍

迎宾时，外宾下飞机(火车、船舶)后，礼宾人员应主动将迎宾人员的姓名、职务一一介绍给来宾，迎宾人员随即与来宾握手表示欢迎。

3. 献花

安排献花，一般在迎宾的主要领导人与客人握手之后进行。值得注意的是，所献鲜花忌用菊花、杜鹃花或黄色花朵。

4. 陪车

客人抵达后，从机场到住地，以及访问结束，由住地到机场，一般会安排主人乘车同行。乘车时，要注重以右为尊的原则，请客人从右侧上车。

（三）注意事项

（1）迎送要依据来访者的身份来确定礼仪规格。

① 依照国际惯例，在外事活动以及双边关系中讲究的是对等。对等的含义，就是要求交往双方礼尚往来。具体表现在迎送中，双方身份要对等。

② 若遇有高层外宾来访问，要按上级接待部门的通知要求安排党政领导人出面迎送，同时还要参照外方在接待我方身份相仿者时所采用的具体的礼宾规格。

（2）在迎送中，除了要遵循对等原则外，还要坚持一律平等的原则。在确定礼宾规格时，一定要明确平等待客的正确理念，不论国家大小、强弱、贫富、亲疏，都要无条件地平等相待，注意各方面的平衡。同时应注意充分尊重对方的风俗习惯，不能千篇一律。

（3）重要外宾和大型团体来访，应安排专人、专车提取行李并及时送到客人房间。外宾抵达住处后，不宜马上安排活动，应给对方留下休息以及更衣的时间。

（4）所有的迎送人员都应始终面带微笑，亲切大方，要使对方感到自己在这里受到了尊重和欢迎，从而心情愉快。

【案例】 毛泽东主席1949年12月16日第一次访问苏联抵达莫斯科时，苏方的礼仪规格很高，特意安排毛泽东所乘专车在正午12时车站大钟敲响时进站，并在车站举行了隆重的欢迎仪式。当天下午，克里姆林宫会见时，斯大林和全体苏共政治局委员在办公室门口站成一排，欢迎毛主席和其他中国客人。

1993年初，美国总统布什访问莫斯科，俄罗斯总统叶利钦到机场迎接，但在机场未举行任何欢迎仪式，外电反映"布什受到的礼遇是低调的"。

【分析】 安排迎送往往要视来访者的身份地位而定。但有时又要灵活处理，为了表示双方的特殊关系，对迎送可破格安排，破格的接待往往有它的寓意，也反映了两国的关系。以上案例正是典型。

二、会务礼仪

（一）外事会见、会谈

会见与会谈在国际交往中是一种十分重要的交往方式。

会见，国际上一般称接见或拜会。凡身份高的人士会见身份低的，或是主人会见客人，称为接见或召见；凡身份低的人士会见身份高的，或是客人会见主人，称为拜会或拜见。会见可分为礼节性的、政治性的和事务性的，或兼而有之。

会谈内容较为正式，政治性或专业性较强，既可以就某些重大的政治、经济、文化、军事问题以及其他世界人民共同关心的问题交换意见，也可洽谈公务或就具体业务进行谈判。

1. 会见、会谈的准备工作

（1）布置好会见、会谈的会场，如有合影，则应事先画好合影图。一般主人居中，主宾紧挨主人的右侧，队尾两端应安排主方人员。

（2）安排会见、会谈的一方，应主动了解对方出席人员、目的等，并通知己方出席人员。将会见、会谈的时间、地点、主方出席人、具体安排、注意事项通知对方。

（3）准确掌握会见、会谈的时间、地点和双方参加人员名称。主方应提前到达。

（4）会见、会谈场所应安排足够的座位。会谈如用长桌，则应事先排好座位图，现场放置中外文座位卡。并准备好各色饮品。

2. 会见、会谈的程序

（1）主人或者由工作人员在大楼正门或会客厅门口迎接客人，将客人引入会客厅。

（2）会面介绍，宾主握手。介绍时，应先向客人介绍主人，随后向主人介绍客人。如客人是贵宾（国家元首），或大家都熟悉的知名人物，就只将主人向客人介绍。

（3）合影留念。

（4）入座、会见、会谈。

（5）会见、会谈结束，主人送客人至车前或门口握手告别，目送客人离去后再退回室内。

一般来说，在正式谈话开始前几分钟可以安排记者采访。

3. 注意事项

（1）领导人之间的会见，除个别陪同人员和必要的译员、记录员外，其他工作人员安排就绪后均应退出。谈话过程中，旁人不要随意进出。

（2）会谈通常用长方形、椭圆形或圆形桌子，宾主按各人名牌所示相对而坐，以正门为准，主人占背面一侧，外宾面向正门。主谈人座位居中。

（3）会谈由主谈人主持，其他人员未经主谈人许可，不得随便发表意见。如其他人有不同看法，可写条子递给主谈人，供主谈人参考。如主谈人请大家做补充发言，其他人可按主谈人的谈话口径做适当补充，但不要提出与主谈人意见相反的看法。

(4) 按照惯例，双方会谈时，主客双方分别在各自主谈人桌上用旗架悬挂本国国旗。值得注意的是国旗不能倒挂，也不能反挂。

(5) 鲜花是友谊的象征，会客厅用鲜花加以布置，会产生祥和、生机盎然的气氛。值得一提的是，用与来访外宾的国旗颜色相同的花朵装点会客厅，是对来宾的礼遇。

(二) 宴会

(1) 国宴。宴会中国宴是国家最隆重、最正式的宴会，一般在欢迎外国元首、政府首脑时举行。一般由国家元首或政府首脑出面主持。宴会厅内悬挂两国国旗，奏两国国歌，一般需要致辞或祝酒。

(2) 正式宴会。正式宴会除不挂国旗、不奏国歌以及出席规格不同外，其余安排大体与国宴相同。

① 要事先排好座次。座次排定后，一般在宴会厅门口置桌次示意图，在餐桌杯盘前放置写有客人姓名的座位卡和桌次牌，以便宴会参加者入席时井然有序，各就各位。

② 定好就餐方式，可根据来宾身份、人数，酌情选择就餐形式。

③ 排定座次。宜用圆桌，每桌不宜超过10人，宜用双数。

④ 适时准备乐队和鲜花。

⑤ 选择餐饮。在餐饮的选择上，应坚持"主随客便"的原则。要尊重宾客的宗教风俗习惯和客人本身的喜好。如，伊斯兰教徒不吃猪肉，不饮酒；印度教徒则不吃牛肉等。宴会也不要定在对方有重大的节日或者禁忌的时间。例如，对信奉基督教的客人不要选13日或者星期五，若对方是伊斯兰教徒，要考虑其是否在斋月，因为斋月内白天禁食，宴请要安排在日落后举行。

(3) 便宴。便宴通常在餐馆举行，是国际交往中最广泛的一种宴会。便宴形式简便，不排座次。它不仅广泛应用于各种民间交往，官方和业务宴请也常常采用这种形式。

(三) 舞会

舞会是对外交往中重要的交际联谊活动，通常在晚上举行。

(1) 安排舞会要有所注意。

① 舞会场地要宽敞，舞池地板要擦净打蜡以保持光洁，最好用彩灯装饰舞厅；要安排伴奏的乐队，备足饮料和点心。

② 要确保男女数量相当，同时要配备一定的礼宾、接待、保安人员，演奏、灯光、音响、服务人员及伴舞者。

③ 舞曲要快慢交错，时间长度要合适。

(2) 参加舞会则要注意以下几点。

① 着装。

② 跳舞时男士应主动请女士共舞，女士可以婉拒，但男士不得拒绝。

③ 一般只请一位异性跳一支舞曲。值得注意的是，在涉外舞会中同性不宜共舞。

④ 一曲结束，全体跳舞者须在原地立定，面向乐队鼓掌致谢后离去。

(四) 晚会

晚会一般是指在晚上所举行的以表演文艺节目为主要内容的聚会。在外事活动中，它是最为常见的文娱活动之一。

(1) 要重视晚会的筹备，事先精心安排好节目。一般来说，安排节目要考虑来宾的身份、风俗习惯、双方的相互关系，以及本地的传统文化和风俗。

① 以具有本地特色的音乐、歌曲、戏剧、舞蹈为主；也要照顾来宾特别是主宾的兴趣，安排一些来宾所属国家、民族的节目。

② 要防止演出内容侵犯来宾的个人尊严、国家尊严或者有悖其民族习俗、宗教信仰。

③ 如果要邀请来宾表演节目，要事先告知对方，并征得其同意，让其做好准备。

(2) 必须重视晚会的现场组织。参加晚会的观众应准时入场，一旦进入会场，一般不得提前退场。

(3) 印制专门的节目单。晚会的节目单人手一份，可适当对每个节目略加介绍。

(4) 安排座位时要让宾主集中就座，在正规的剧场内观看演出，通常最好的座位在第七至九排的中间。

(5) 演出结束时，主人与来宾要一同上台，向演员献花、见面、合影。但一般而言，主人不应提醒客人献花，更不能要求客人登台与演员见面。

(五) 茶会

所谓茶会，即意在联络老朋友、结交新朋友，是具有对外联络和进行招待性质的社交性集会，它是一种更为简便的招待形式。举行时间一般在下午 4 时左右。

(1) 茶会形式多种多样，其主题大致可分为如下三类。

① 以联谊为主题。

② 以娱乐为主题。

③ 以专题工作为主题。

按照惯例，餐厅、歌厅、酒吧等处，均不宜用来举办茶话会。一般，我们在主办单位的会议厅，主办单位负责人的私家客厅、私家庭院或茶楼、茶室举行茶话会。

(2) 安排与会者的具体座次，主要采取以下四种办法：环绕式、散座式、圆桌式、主席式。在茶话会上，除主要供应茶水之外，还可以为与会者略备一些点心、水果、是地方风味小吃。

(3) 茶具的选择一般用陶瓷器皿，不用玻璃杯，也不用热水瓶代替茶壶。

【案例】 小张受到邀请去参加一个外事晚会，他感到特别开心。带上朋友小黄一同前往。在晚会上，一个外宾用英语朗诵诗歌，小张听不明白，由小黄给他翻译讲解。晚会中有明星献艺，小张拍了不少照片，很是得意。

【分析】 案例中的小张不该携小黄前往，因为小黄并没有受到邀请。其次，为了保证文艺演出的顺利进行，观众必须自始至终地保持剧场之内的安静。不要大声喧哗，接听电话，小黄向小张翻译诗歌时会影响他人。而且，为了保证良好的演出效果，在举行正式晚会时，除了经过批准的新闻单位外，其他观众不得录音、摄影，小张不该私自拍照。

三、其他礼仪

国旗的悬挂与礼宾次序在涉外活动中尤为重要，都有公认的国际惯例，这里做一下简单介绍。

(一) 国旗的悬挂

国旗、国徽、国歌等是一个主权国家的象征和标志，代表着一国的地位和尊严。在国际交往中，如何悬挂国旗，已形成了各国所公认的惯例。

按国际准则，一国元首、政府首脑在他国访问期间，在其下榻处及乘坐的交通工具上悬挂国旗，是一种外交特权。东道国接待来访的外国元首或政府首脑时，在隆重的场合下，于贵宾下榻的宾馆和乘坐的汽车上悬挂对方（或双方）的国旗，是一种礼遇。按国际惯例，悬挂国旗有并挂、竖挂、交叉挂几种，如图 7-1 至图 7-6 所示。

图 7-1　两面国旗并挂　　　　　　图 7-2　三面国旗并挂

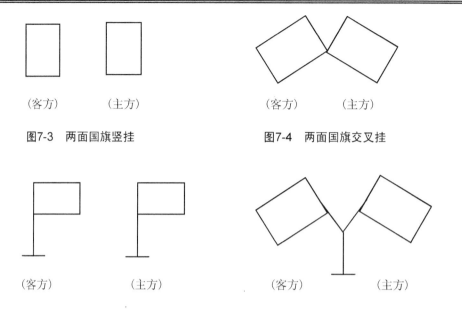

图7-3　两面国旗竖挂　　　图7-4　两面国旗交叉挂

图7-5　两面国旗并列悬挂　　图7-6　两面国旗交叉悬挂

在国际交往中,悬挂国旗是一桩极其严肃的事情。不仅不能将他国国旗弄错、挂错,而且还须在悬挂他国国旗时给其适当的礼遇。必须予以强调的还包括以下内容。

(1) 悬挂双方国旗,以右为上,以左为下。所谓主客,不以活动举行所在国为依据,而是以举办活动的主人为依据。如:外国代表团来访,东道国举行的欢迎宴会上,东道国为主人;答谢宴会上,来访者是主人。

(2) 国旗不能倒挂。正式场合悬挂国旗要把正面面向观众,即以旗套的右边为准。一些国家的国旗由于图案和文字的关系,不能竖挂和反挂。

(3) 各国国旗的图案、式样、颜色、比例均由本国宪法规定。因此,不同国家的国旗,由于比例不同,两面旗帜悬挂在一起,就会显得大小不一。在并排悬挂不同比例的国旗时,应将其中一面适当放大或缩小,以使所挂旗的面积大致相同。

(二) 礼宾次序

礼宾次序,是指在国际交往中对出席活动的国家、团体、各国人士的位次按某些规则和惯例进行先后次序的排列。一般来说,礼宾次序体现了东道主对各国宾客给予的礼遇,礼宾次序安排不当或不符合国际惯例,会引起不必要的争执与交涉,甚至会影响国家关系。

常见的礼宾次序的排列方法如下。

(1) 根据身份不同排列。

这是礼宾次序排列的主要方法。一般的官方活动,如会见、会谈、宴请等通常是按身份的不同安排礼宾次序。一般在多边活动中,有时按其他方法排列。但无论何种方法排列,都要考虑身份地位。

(2) 按字母顺序排列。

多边活动的礼宾次序按参加国国名的字母排序居多。这种排列方法多见于国际会议、竞技比赛等。

(3) 按到任时间排列。

在各国大使同时参加的多边活动中,一般按大使的到任时间先后排列礼宾次序的。

在实际工作中,要考虑到各种因素,可将几种方法交叉使用。

(三) 参观访问

这里谈的参观访问不是一般的旅游观光,而是礼宾活动的一项重要内容。它是对外活动的一种重要形式,参观访问可了解一个国家的实际情况,同时增进相互了解,促进相互合作。所以繁忙紧张的会见、会谈、业务活动之余,安排一些参观访问和游览是必要的。具体安排如下。

(1) 根据来访外宾的情况,选择参观访问的项目和路线。有许多驰名全球的景点是初访者的必游之地,比如我国的长城、紫禁城、兵马俑等。此外,我们可根据外宾参观访问的目的以及其兴趣来考虑具体项目,比如选择有代表性的城市基础设施、科研单位、著名院校、各类博物馆、民族民俗展等。

(2) 制订详细具体的全程计划,要充分考虑各种因素,包括车辆、食宿、参观地点的天气情况等。

(3) 要通知参观地点的相关部门,让他们协助接待。

【案例】 1995 年 3 月在丹麦哥本哈根召开联合国社会发展世界首脑会议,出席会议的有近百位国家元首和政府首脑。3 月 11 日,与会的各国元首与政府首脑合影。照常规,应该按礼宾次序名单安排好每位元首、政府首脑所站的位置。首先,这个名单怎么排,究竟根据什么原则排列?哪位元首、政府首脑排在最前?哪位元首、政府首脑排在最后?这项工作实际上很难做。丹麦和联合国的礼宾官员只好把丹麦首脑(东道国主人)、联合国秘书长、法国总统以及中国、德国总理等安排在第一排,而对其他国家领导人,就任其自便了。好事者事后向联合国礼宾官员"请教",答道:"这是丹麦礼宾官员安排的。"向丹麦礼宾官员核对,回答说:"根据丹麦、联合国双方协议,该项活动由联合国礼宾官员负责。"

(资料来源:马保奉. 外交礼仪浅谈[M]. 北京:中国铁道出版社,1996.)

【分析】 国际交际中的礼宾次序非常重要,在安排礼宾次序时所考虑因素非常多,有许多约定俗成的惯例。但也不能生搬硬套,要灵活运用、见机行事。如案例中由于时间紧迫,无法从容安排,就只需要照顾到主要人员即可。

思考与练习

1. 根据本章所学知识,简述东、西方礼仪的异同。
2. 联系实际,谈谈在涉外活动中,注重宗教礼仪的重要性。
3. 看下列宴请席位安排图(见图 7-7 至图 7-10),指出这些桌次的尊卑,并谈谈应该怎样安排贵宾入座。

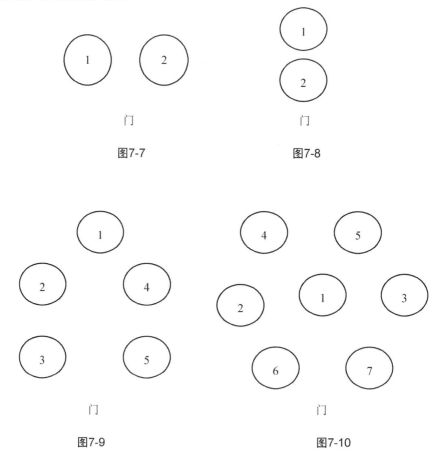

后 记

华中科技大学文华学院在新时代阳光的沐浴下,像雨后春笋般破土而出、茁壮成长。

几年来,学院董事会、院领导坚持培养"具有创新、创业能力,适应社会需要的高素质专业人才"的目标,坚持"育人为本,质量第一"的办学宗旨,在崭新的教育理念和办出文华特色思想的指导下,使文华学院获得了较好的社会效应和声誉。

在培养目标实施过程中,文华学院既从保证学科专业质量和水平出发,强调专业的核心能力和竞争能力,突出所长;又从市场需求和就业竞争力出发,强调"合理定位,打好基础,着重能力,因材施教,凸显特色"。在重点培养创新、创业能力的同时,还注重培养学生交际沟通、协调组织的谋生及社会适应能力,以发掘潜能,彰显个性。

按照这一原则,在通识教育基础类课程中,增设了全院学生必修或限选的应用写作、演讲口才、社交礼仪课程,以及自然科学类、经济管理类、其他人文科学或艺术修养类等任选课,以期全面提高学生的素质,保证培养目标的实现。几年来,受到学生普遍的欢迎和社会的热切关注。

社交礼仪课程更是引起了媒体的极大兴趣,武汉教育电视台、湖北教育电视台的编辑、记者扛着摄像机走进文华的课堂,拍摄了师生互动的教学实景,现场采访了老师和学生。《楚天金报》发文说,"这门必修课引起了该校学生的极大兴趣","不少学生对老师讲授的礼仪知识感到新鲜",尤其是课堂上"采取模拟环境教学","手把手指导学生如何与人握手,怎样着衣等","很有意思"。

热情洋溢的话语激励和鞭策着正在编写《社交礼仪》的我们——文华学院中文系的老师。在教学实践中,我们感到现行的《社交礼仪》教科书不大适合独立学院学生的实际,在课堂上进行实践环节和培养学生动手能力方面又显得相对薄弱,因而致力于编写出一本能体现文华特色,受社会认可和青年学子喜读的实用教材。

在繁重的教学之余,我们挑灯夜战,战胜寒暑,现在《社交礼仪》终于得以成书。欣慰之余,我们首先感谢文华学院董事会、院领导为教师创造的展示自我价值的机会。感谢出版社编辑的大力支持和辛勤工作。在编写过程中,我们参阅了诸多专家、学者的著作和论文，均已加以注明，遗漏之处，敬请见谅，在此一并致以诚挚的谢意。

全书撰写分工如下：第一、二章，卢云芳；第三、五章，方蔚；第四、六章，王燕；第七章，江锦年。廖超慧教授主持了全书的编写工作，并对全书进行了审定。

由于我们才疏学浅，加之时间紧迫，书中留有不少遗憾，其中错漏疏误之处在所难免，恳请专家学者及读者诸君不吝指教，匡正为幸。

编　者

二〇〇六年岁末于喻家山山麓

参 考 文 献

1. 孟建伟．科学与人文精神[J]．哲学研究，1996（8）：18-25．
2. 金正昆．社交礼仪[M]．北京：北京大学出版社，2005．
3. 李荣建，宋和平．礼仪训练[M]．武汉：华中科技大学出版社，1999．
4. 熊经浴．现代实用社交礼仪[M]．北京：金盾出版社，2003．
5. 王琪．现代礼仪大全[M]．北京：地震出版社，2005．
6. 凡禹．人际交往的艺术[M]．北京：北京工业大学出版社，2004．
7. 陈平．社交礼仪[M]．北京：中国电影出版社，2005．
8. 王世平．社交礼仪[M]．北京：中国冶金出版社，2000．
9. 张贤明．日常实用礼仪必读[M]．北京：中国旅游出版社，1996．
10. 谷敏．社交礼仪[M]．北京：中国农业出版社，1994．
11. 金正昆．社交礼仪教程[M]．北京：中国人民大学出版社，1999．
12. 张文．求职礼仪：就业面试指南[M]．广州：华南理工大学出版社，2000．
13. 胡锐，边一民．现代礼仪教程[M]．杭州：浙江大学出版社，2004．
14. 麻美英．现代实用礼仪[M]．杭州：浙江大学出版社，2005．
15. 陈静和．礼仪与服务艺术[M]．第2版厦门：厦门大学出版社，2004．
16. （美）戴尔·卡耐基著．完美交际[M]．殷世江编译．北京：中国华侨出版社，2004．
17. 李斌．国际礼仪与交际礼仪[M]．北京：世界知识出版社，1985．
18. 李荣建，宋和平．外国习俗与礼仪[M]．武汉：武汉大学出版社，1996．
19. 孙乐中．实用公务礼仪[M]．南京：江苏科学技术出版社，2005．
20. 董保军．中外礼仪大全[M]．北京：民族出版社，2005．
21. 李涵．办公室弹性沟通[M]．北京：中国国际广播出版社，2002．
22. （日）服部幸应．西餐礼仪[M]．昆明：云南人民出版社，2004．

图书在版编目(CIP)数据

社交礼仪/廖超慧主编. —武汉:华中科技大学出版社,2007年3月(2024.9重印)
ISBN 978-7-5609-3978-0

Ⅰ.①社… Ⅱ.①廖… Ⅲ.①人际交往-礼仪-高等学校-教材 Ⅳ.①C912.1

中国版本图书馆 CIP 数据核字(2007)第 023187 号

社交礼仪

Shejiao Liyi

廖超慧　主编

责任编辑:张　琼
责任校对:胡金贤
封面设计:刘　卉
责任监印:周治超

出版发行:华中科技大学出版社(中国·武汉)　　电话:(027)81321913
　　　　　武汉市东湖新技术开发区华工科技园　　邮编:430223
录　　排:华中科技大学惠友文印中心
印　　刷:广东虎彩云印刷有限公司
开　　本:787mm×960mm　1/16
印　　张:12.75
字　　数:221千字
版　　次:2024年9月第1版第12次印刷
定　　价:39.80元

本书若有印装质量问题,请向出版社营销中心调换
全国免费服务热线:400-6679-118　　竭诚为您服务
版权所有　侵权必究